| 博士生导师学术文库 |

A Library of Academics by
Ph.D.Supervisors

文化：发展、服务与治理

吴理财　著

光明日报出版社

图书在版编目（CIP）数据

文化：发展、服务与治理 / 吴理财著 . -- 北京：
光明日报出版社，2020.5
（博士生导师学术文库）
ISBN 978 - 7 - 5194 - 5713 - 6

Ⅰ . ①文… Ⅱ . ①吴… Ⅲ . ①公共管理—文化工作—
研究—中国 Ⅳ . ①G123

中国版本图书馆 CIP 数据核字（2020）第 065037 号

文化：发展、服务与治理
WENHUA：FAZHAN、FUWU YU ZHILI

著　　者：吴理财

责任编辑：李壬杰　　　　　　　　责任校对：姚　红
封面设计：一站出版网　　　　　　责任印制：曹　净

出版发行：光明日报出版社
地　　址：北京市西城区永安路 106 号，100050
电　　话：010-63139890（咨询），63131930（邮购）
传　　真：010 - 63131930
网　　址：http：//book. gmw. cn
E - mail：lirenjie@ gmw. cn
法律顾问：北京德恒律师事务所龚柳方律师

印　　刷：三河市华东印刷有限公司
装　　订：三河市华东印刷有限公司
本书如有破损、缺页、装订错误，请与本社联系调换，电话：010 - 63131930

开　　本：170mm×240mm
字　　数：270 千字　　　　　　　印　　张：15.5
版　　次：2020 年 5 月第 1 版　　印　　次：2020 年 5 月第 1 次印刷
书　　号：ISBN 978 - 7 - 5194 - 5713 - 6
定　　价：95.00 元

前　言

　　研究当代中国，就不得不研究其文化，文化是当代中国的一个重要表征。对当代中国文化的研究，有许多迥异的路径，而我更愿意采取经验研究的方式，去关照当代中国文化发展、文化服务和文化治理等重大现实问题。

　　本书汇集了我近些年关于当代中国文化的一些理论思考和学术探索。在文化发展方面，由于某些原因，本书仅收录了两篇文章。第一篇就当代中国社会文化发展及其阶段性特征进行了论述。改革开放以来，我国社会发生了翻天覆地的变化。这个变化反映在观念形态上，体现为当代中国社会文化的发展，并表现为现代化、理性化、世俗化、多元化等阶段性特征。第二篇文章考察了当代中国农村社区文化变迁。改革开放以来，农村社区文化在经验层面、话语层面和规范层面几乎同步发生了不可逆转的激变，使中国农村社会发生了深刻的历史变迁。当代中国农村社区文化变迁的一个鲜明社会场景不仅仅是形式上所呈现的大规模人口流动以及它所带来的城乡之间的文化互动，还是越来越多的人从农村社区生活关系网络中脱离出来，产生的一种"脱域"状态。"脱域"既是当下农村社区文化变迁的一种表征，也是改革开放以来我国农村社区文化变迁的一个结果，对农村社区文化将产生严重冲击。

　　文化服务的研究，是我这些年的主攻方向。自 2010 年获得国家社科基金重大项目立项以后，我便转向文化服务研究。文化服务，乃是我国文化事业和文化产业发展转型的逻辑结果。2005 年，我国才正式提出"公共文化服务体系"的概念；而在此之前，一般把文化分成"文化事业"和"文化产业"两个部分进行政策论述。发展文化事业的主要目的是向人民群众提供公共文化服务，发展文化产业也是"市场经济条件下繁荣社会主义文化、满足人民群众精神文化需求的重要途径"，不过它更主要的是通过市场的机制向民众提供多样化、多层次的文化服务。一般而言，不少地方政府更加重视文化产业，愿意把大量的资金投入文化产业发展，而公共文化服务体系建设似乎一时对地方经济发展没有明显的、直接的贡献，许多地方政府不愿意在这个方面花钱，于是造成二者之间的不均衡发展。在学术研究上亦如此，许多学者热衷于文化产业研究，相对的公共文化服务研究较为冷清。

我愿意将更多的的精力花在公共文化服务研究上。本书收集了我十余篇公共文化服务研究成果，其关切点是公共文化服务的均等化发展。譬如，关于城乡公共文化服务的均等化发展、关于农民工群体的公共文化服务问题，尤其是关于农村公共文化服务体系建设和发展的探讨，都是围绕促进公共文化服务在城乡、区域和人群之间的均等化发展这个主线来展开的。习近平总书记在党的十九大报告中指出，新时代我国社会主要矛盾是人民日益增长的美好生活需要和不平衡不充分的发展之间的矛盾。在我国当前的公共文化服务体系建设中也存在同样的矛盾。其中，最突出的不平衡发展，是城乡之间的公共文化建设的不平衡发展；最突出的不充分发展，是农村公共文化建设的不充分发展。

公共文化服务不仅仅是一个"编码"的过程，还必须重视服务对象的"解码"。霍尔的编码与解码理论对于改善我国公共文化服务具有重要的启示价值。公共文化服务涉及价值的生产和再生产，因此需要引入文化治理的新视角，不能仅仅从"文化福利"（或"文化民生"）、"文化权利"的角度来看待公共文化服务。公共文化服务实质上既是文化治理的一种形式，也是文化治理的一项内容。于是，我较早地倡导把治理引入公共文化服务，这又促使我的研究转向文化治理。

在本书的最后部分，我对文化治理内容、文化权利概念、文化政治学进行了初步论述。客观而言，我在这个方面的研究，才刚刚起步，一些思考十分粗糙浅陋。我希望通过对公共文化、文化治理乃至文化与权力之间互动的研究来建构文化政治学，但前路漫漫，吾将上下而求索。

目 录
CONTENTS

1

第一篇 01

文化发展

当代中国社会文化发展及其阶段性特征

一、当代中国社会文化概述

改革开放以来，我国社会发生了翻天覆地的变化。这个变化反映在观念形态上，体现为当代中国社会文化的发展或转型。虽然学界不乏关于当代中国文化的学术讨论，但是其中鲜有真正关于当代中国社会文化的探讨，这不能不说是一种缺憾。现有关于当代中国文化的讨论，要么局限于主流文化的范畴，要么局限于精英文化的层面，将中国文化与中国主流文化、中国精英文化等量齐观。例如，著名学者俞吾金认为，当代中国文化是由中国传统本位文化、苏联马克思主义文化和西方的自由主义文化构成的。这一特殊的文化结构蕴含着以下的文化冲突：一是普世主义与种族中心主义的冲突，二是总体本位与个体本位的冲突，三是商品经济发展的不平衡与共同富裕的冲突，四是发展科学技术与科学主义泛滥的冲突，五是激进主义与保守主义文化心态的冲突。[①] 陈立旭也持类似的观点，认为21世纪中国文化发展的选择应该是"三大传统的良性互动"。他所谓的三大传统，即中国文化传统、西方文化传统、中国化了的马克思主义文化传统。[②] 如果将当代中国主流文化或精英文化视为当代中国文化（或当代中国文化的主要形式），那么什么是当代中国社会文化？

笔者认为，所谓当代中国社会文化，简言之就是当代中国社会的价值、理念和规范的总称，是当代中国社会的观念形态的反映。从社会的构成而言，它包括社会精英和社会大众，因此，社会文化反映的是社会精英和社会大众的共同价值、共同意识和普遍规范，而不是通常意义上的大众文化（更不仅仅是精

① 俞吾金．当代中国文化的内在冲突与出路［J］．浙江大学学报（人文社会科学版），2007（4）．

② 陈立旭．改革开放以来的中国文化发展［J］．中共中央党校学报，1999（1）．

英文化）。

通常意义上，大众文化是相对于精英文化而言的，并与之相区别，但是就大众文化本身的含义而言却有诸多不同的意见，其中有两种代表性意见：（1）将大众文化与通俗文化（popular culture）等同，是反映大多数人的文化兴趣和爱好，易为大多数人所接受的文化表现形式①，甚至将之视为资本主义社会的一种特殊文化形式，是人类进入工业社会之后出现的文化现象，它通过大众传媒传播，由文化产业按照资本主义现代化生产方式进行生产，满足大众私人文化空间需求②；（2）将大众文化与市民文化并论，认为大众文化本质上是现代工业社会背景之下所产生的并与市场经济和商品社会相适应的一种市民文化③。概言之，大众文化就是市民社会文化。为此，有学者对应中国社会的知识分子群体、市民群体和农民群体将中国社会文化划分为精英文化、大众文化和民间文化三种形式，并且认为大众文化在中国经历了一个从支流到合流再到主流的发展过程④。特别是中国经济向市场经济转型以后，大众文化对主流文化和民间文化的渗透日益加剧，以致消费主义、享乐主义乃至后现代主义在中国社会得以广泛蔓延。

二、影响社会文化的因素

一般而言，大多数社会的文化与其社会结构是相统一的，但也有不相统一的情形。美国社会学家丹尼尔·贝尔（Daniel Bell）就发现，现代资本主义的社会结构（技术—经济体系）同其文化之间存在着明显的断裂或矛盾：前者受制于一种效益、功能理性和生产组织之类术语表达的经济原则；后者则趋向靡费和混杂，深受反理性和反智情绪影响，这种主宰性情绪将自我作为文化评价的试金石，并把自我感受当作是衡量经验的美学尺度。⑤ 如果我们进一步分析现代资本主义社会文化的矛盾，毋宁认为它是现代资本主义社会文化的一种特性，而且这种反理性的、反智主义的、以自我为中心的现代资本主义社会文化随着

① 中国社会科学文献情报中心. 社会科学新辞典 [M]. 重庆：重庆出版社，1988.
② 王治河，等. 后现代主义辞典 [M]. 北京：中央编译出版社，2005.
③ 邹广文. 当代中国的主流文化、精英文化与大众文化 [J]. 杭州师范学院学报（社会科学版），2002（6）.
④ 高丙中. 精英文化、大众文化、民间文化：中国文化的群体差异及其变迁 [J]. 社会科学战线，1996（2）.
⑤ [美] 丹尼尔·贝尔. 资本主义文化矛盾 [M]. 赵一凡，等，译. 北京：生活·读书·新知三联书店，1989：82-83.

经济全球化、资本化，正以所谓的现代性名义向世界其他社会渗透、扩展。当代中国社会文化无疑也受到了市场经济发展的深刻影响，市场经济不但有力地推动了当代中国社会文化的发展，同时它的一些核心原则或规则也日益成为当代中国社会文化的主要结构元素。因此，在新的历史条件下，建设社会主义核心价值体系，将社会主义核心价值观融入当代中国社会文化发展之中，引领当代中国社会思潮，成为一个现实性课题。

与此同时，当代中国社会文化的发展还与政治体制改革、思想解放运动有着密切的联系：首先，是全能主义政治体制的解体和改革开放以来的思想解放运动，为当代中国社会文化发展创造了自主空间；其次，是政治与社会的日渐分离，为当代中国社会文化发展奠定了社会基础；最后，是政治体制本身的民主化以及公民文化权利的追求，为当代中国社会文化发展提供了制度保障和持续动力。

此外，现代工业的迅猛发展和科学技术的快速进步，也为当代中国社会文化发展提供了必要的物质条件和重要载体。尤其是随着互联网的迅速发展，网络文化发挥着越来越重要的作用，它不但成为当代中国社会文化不容忽视的组成部分，而且还大大影响了当代中国社会文化的发展趋向。网络文化对于当代中国社会文化的发展犹如"双刃剑"，如果不对网络文化加以正确引导、合理规范，它将对当代中国社会文化发展产生消极乃至负面的影响。如何建设中国特色的网络文化，是当代中国社会文化发展的另一个关键性问题。

三、当代中国社会文化阶段性特征

改革开放以来，当代中国社会文化发展表现为现代化、理性化、世俗化、多元化等阶段性特征。

当代中国社会文化的现代化转型反映了中国社会现代化的总体要求。中国的改革开放本身就是一个现代化的过程。诚如俞可平所言，现代化是一个整体性的社会变迁过程，经济上，它追求的是工业文明和市场经济，政治上，它所要实现的是民主政治，文化上，它所倡导的核心价值是自由、平等和人的主体性。中国社会文化的现代化，归根到底是中国社会现代化的需要，它是中国社会现代化的有机组成部分。①

而中国的改革开放则直接推动了当代中国社会文化的理性化发展。改革开

---

① 俞可平. 现代化和全球化双重变奏下的中国文化发展逻辑［J］. 学术月刊，2006（4）.

放摒弃了狂热的社会运动，破除了盲目的个人崇拜，解除了单一的思想禁锢，为当代中国社会文化"除魅"（disenchantment）及理性化创造了前提条件。随后市场经济的发展则进一步推动了当代中国社会文化的理性化发展。诚如韦伯（Max Weber）所言，虽然"直接支配人类行为的是（物质上及精神上的）利益，而不是理念。但是，通过'理念'创造出来的'世界图像'，经常如铁路上的转辙器一般，规定了轨道的方向，在这轨道上利益的动力推动着行动"①。在当代中国社会，理性主义伴随着市场经济的发展和科学技术的进步而日渐张扬，成为规范人们行为的一个重要"转辙器"。因此，当代中国社会文化理性化的同时也为经济市场化、政治民主化提供理念支持和价值资源。

但是，不得不引起注意的是，理性化的另一面却是功利化。理性化在追求效率、科学的同时往往也精于"算计"。这种工具理性——只问以何种手段来达到最为有效的计算性行为——盲目扩张的后果，也将导致卢卡齐（Georg Lukács）所言的"理智的毁灭"，或哈贝马斯（Jürgen Habemas）所说的生活世界的"殖民化"。② 为此，哈贝马斯开出了"沟通理性"的药方，以治疗工具理性的疾病。③

世俗化是当代中国社会文化的另一个重要特征。当代中国社会文化的世俗化也突出表现为现实化、去政治化的特色。建筑在相对自主的社会基础之上的当代中国社会文化，也与国家的意识形态相分离，成为一个独立发展的文化领域，较少受到政治力量的钳制或国家意识形态的强制干扰。

随着社会阶层的分化，当代中国社会文化也呈现出多元化发展样态，这也是社会自由进步的一种表现。在近代初期，中国社会文化基本上由精英文化、市民文化与民间文化三分天下，其中，精英文化变化最为剧烈，其间完成了传统士大夫文化向现代知识分子文化的转换，五四运动是这一转换的社会仪式；市民文化获得了长足发展，民间文化一如既往地在乡村社会流传。中华人民共和国成立以后，这种三分的社会文化逐渐被改造为一体化的全民文化。这种一体化的全民文化以全民同质性为前提，又以高度集中的计划经济为基础。直到实行改革开

① ［德］施路赫特．理性化与官僚化：对韦伯之研究与诠释［M］．顾忠华，译．桂林：广西师范大学出版社，2004：6.
② 顾忠华．韦伯学说［M］．桂林：广西师范大学出版社，2004：35.
③ ［德］哈贝马斯．交往行为理论［M］．曹卫东，译．上海：上海人民出版社，2004.

放，我国社会文化才重新趋于多元化。① 由此，费正清论述道："20 世纪晚期中国的文化多元、知识活力、社会多样，从某些方面看来似乎是 20 世纪最初几十年的重演。这两个时期中，对外开放、新的商贸契机、地方分权日甚、中产阶级兴起、地方精英行动积极、没有凌驾一切之上的意识形态，加上中央控制趋弱，都给知性探索和个人创造力以更大的施展空间。"② 多元化既是当代中国社会文化的一个鲜明特征，又是当代中国社会文化发展的一个内在动力和源泉。

四、中国社会文化内部结构性冲突

但是，多元化同样也会导致当代中国社会文化内部的结构性冲突。这些结构性冲突，当前主要表现在不同社会阶层、不同族群、不同宗教信仰和城乡之间的价值冲突上：（1）社会阶层的分化和利益冲突，必然表现为不同阶层的文化需求、文化生活方式以及文化发展之间的矛盾；（2）我国是多民族、多宗教的国家，而且地区差异较大，不同的民族、宗教信仰之间或不同地区之间的文化生活方式不尽相同，如何正确处理不同民族、不同宗教信仰、不同地区文化生活方式及其文化发展的矛盾问题，不仅是我国当前和谐社会文化建设的一个重要内容，也是构建和谐社会的一个关键性问题；（3）在我国，农村文化和都市文化是两种不同形态的文化，前者以农业文明为支柱，后者以工业文明为主导，二者之间的文化冲突主要表现为流动农民（农民工）的文化适应问题以及强势的都市文化对弱势的农村文化的侵蚀与解构。如何解决二者之间的文化冲突，也在一定程度上影响着当代中国社会文化的整体发展。

此外，当代中国社会文化的结构性冲突还表现在传统与现代的价值冲突、经济与道德的价值冲突、公平与效率的价值冲突、个体与整体的价值冲突等方面。总之，当代中国社会文化的发展，既要保持多元化的生动局面，又要调适其结构性矛盾，在多元的基础上进行适度、合理的整合，促进中国社会文化的和谐共生，将成为当代中国社会文化发展的一项重要主题。当代中国社会文化的和谐化，还必须借鉴文化生态学的观念，诚如俞吾金所言，只有从文化生态学的视角出发，自觉地协调各文化要素之间的辩证关系，才能促使当代中国文

---

① 高丙中. 精英文化、大众文化、民间文化：中国文化的群体差异及其变迁 [J]. 社会科学战线，1996（2）.

② ［美］费正清. 中国新史 [M]. 增订版. 薛绚，译. 台北：正中书局，2004：506.

化沿着健康的轨道向前发展①。

当代中国社会文化的和谐发展，实质上是建构社会共同价值和基本认同。这种"文化认同应该是一种'建构性认同'的方式，不是静态地对历史或现实的文化价值的认定，而是以一种积极的、参与的、建构的方式，通过对什么是'好的'共同体文化的开放性讨论，比较各种文化价值的意义，在一种动态的过程中逐步构建共同体的文化认同"②；这种社会文化的认同或共同价值的建构，同时必须建基于"文化自觉"之上，生活在该社会文化之中的人"对其文化有'自知之明'，明白它的来历、形成的过程，所具有的特色和它的发展的趋向，自知之明是为了加强对文化转型的自主能力，取得决定适应新环境、新时代文化选择的自主地位"③。"建构性认同"和"文化自觉"是当代中国社会文化和谐发展的主要路径。在当代中国，社会文化的整合与和谐发展绝不是同时也不允许用单一、同质的意识形态来覆盖、替代多元、活泼的社会文化。

那么，当下中国社会文化发展应该建构什么样的共同价值？笔者认为，这个共同价值就是现代公民社会理性应具有的价值、理念和规范，简言之就是公民性或公共理性，公民在关注个性的自由发展和公民权利增长的同时，也应积极履行公民义务、参与公共事务、关注公共利益，实现社会的良性治理，并建设一种健康文明的公共生活方式。建构公共理性，就是要自觉扬弃工具理性或形式理性的弊端，防止个体私欲和自我中心主义的无限膨胀，强调"重返社会"，采用一个健康善治的公民社会应有的思考方式、行为方式和生活方式。

---

① 俞吾金. 当代中国文化的内在冲突与出路［J］. 浙江大学学报（人文社会科学版），2007（4）.

② 许纪霖. 文化认同的困境［J］. 战略与管理，1996（5）.

③ 费孝通. 关于"文化自觉"的一些自白［J］. 学术研究，2003（7）.

当代中国农村社区文化变迁

一、什么是农村社区文化

（一）概念性争议

对于什么是农村社区文化，目前似乎没有统一的定义，甚至一些学者并未严格区分"农村社区文化"和"农村文化"两个不同概念，常常将它们相提并论或者混为一谈。很明显，农村社区文化是指农村社区的文化，而非一般意义上的农村文化。不同的农村社区具有不同的社区文化，俗话说农村"五里不同风，十里不同俗"，讲的就是农村社区文化的差异。而农村文化这个概念，主要是相对于城市文化（或都市文化）而言的。农村社区文化是农村文化的重要组成部分。

在界定农村社区文化之前，首先要清楚什么是文化。文化的定义纷繁复杂。一般认为英国人类学家泰勒（Edward B. Tylor）最早对文化进行定义，他说："文化或者文明，就其广泛的民族学意义而言，是指这样一个复合整体，它包含了知识、信仰、艺术、道德、法律、习俗以及作为一个社会成员的人所习得的其他一切能力和习惯。"① 格尔茨（Clifford J. Geertz）认为，这种泰勒式大杂烩理论方法将文化概念带入一种困境。这在克拉克洪（Clyde Kluckhohn）的《人类之镜》② 一书中表现得尤其明显。在论述文化概念时，克拉克洪用了将近27页的篇幅将文化依次界定为：（1）"一个民族的生活方式的总和"；（2）"个人从群体那里得到的社会遗产"；（3）"一种思维、情感和信仰的方式"；（4）"一种对行为的抽象"；（5）就人类学家而言，是一种关于一群人的实际行为方式的理论；（6）"一个汇集了学识的宝库"；（7）"一组对反复出现的问题的标准化

---

① TYLOR. EDWARD B. Primitive Culture ［M］. New York：Harter & Row，1958：1.
② CLYDE KLUCKHOHN. Mirror for Man ［M］. New York：Fawcett，1944.

认知取向"；（8）"习得行为"；（9）"一种对行为进行规范性调控的机制"；（10）"一套调整与外界环境及他人的关系的技术"；（11）"一种历史的积淀物"；最后，或许是出于绝望，他转而求助于比喻手法，把文化直接比作一幅地图、一张滤网和一个矩阵①。格尔茨从符号学（semiotic）角度，把文化定义为"一些由人自己编织的意义之网"，他因此主张"对文化的分析不是一种寻求规律的实验科学，而是一种探求意义的解释科学"②。

　　尽管人们不满意泰勒对文化所下的定义，但是几乎每一个研究文化的学者都不得不引用他的定义开始自己的研究。在博安南（Paul Bohannan）和格雷泽（Mark Glazer）看来，泰勒的文化定义是"当其他定义被证明为太麻烦的时候，人类学家可以回头求助的定义"③。其实，对泰勒文化研究的最大争议并非其文化的定义，而是他关于文化的观念。

　　　　一方面，遍及各种文明的一致性，在很大程度上或许能够归结为基于相同的原因而产生的相同行为；然而另一方面，其不同的级别可能被视为发展或者进化的不同阶段，每一阶段都是之前历史的产物，并且为塑造未来的历史扮演相应的角色。④

　　简单地说，泰勒关于文化的观念，实际上是由两个部分组成的：一是均变论（uniformitarianism）；二是遗留物（survivals）的概念。泰勒这一进化论思想影响了一大批文化学者。例如，摩尔根（Lewis H. Morgan）的《古代社会》就体现了类似的文化进化论观点。他在该书开篇就表明了自己的观点：

　　　　关于人类早期情形的最新研究结果都倾向于得出这样一种结论：人类是从最低等级开始其生涯的，并通过缓慢的经验性知识的积累，逐步从蒙昧迈向文明。不可否认，人类家庭中仍然有部分生活在蒙昧社会状态，也有部分生活在野蛮社会状态，当然还有部分生活在文明社会状态。他们都经历了或是即将从蒙昧迈向文明的过程，这似乎是一样的，从而这三种不

①　［美］克利福德·格尔茨. 文化的解释［M］. 韩莉，译. 南京：译林出版社，1999：4 - 5.
②　［美］克利福德·格尔茨. 文化的解释［M］. 韩莉，译. 南京：译林出版社，1999：5.
③　PAUL BOHANNAN, MARK GLAZER. High in Anthropology［M］. New York：McGraw - Hill, 1988：62.
④　EDWARD B. TYLOR. Primitive Culture［M］. New York：Harter & Row, 1958：1.

同的情形在一个自然的，同时也是必然的进化序列中彼此关联。①

　　尽管有许多学者批评了这种单线历史进化观，但是直到今天，文化进化论仍然得到不少人的认同。文化进化论实际上是一种历史普遍主义，与之不同的是，如今越来越多的学者主张历史具体主义的文化观点，试图对各种特殊文化模式进行解释，甚至强调从特殊的文化语境中理解一个特定社会的文化实践。例如，格尔茨认为，文化只是"地方性知识"②。这种文化相对主义思潮日渐抬头，对于我们研究中国农村社区文化具有重要启发性。

　　接下来再来看看国内关于农村社区文化的定义。从现有的研究来看，国内关于农村社区文化的专题研究还不多见，其中不少论文回避了农村社区文化概念的界定，直奔主题讨论农村社区文化和农村社区文化建设问题。从个别文章的定义来看，无论是关于社区文化还是农村社区文化的界定，基本上是泰勒式的。例如，张健认为："社区文化是指在特定区域内的社会生活共同体所反映出来的有关人的行为模式、社区习俗、生活方式、价值观念、思维走向等文化现象的总和。"③ 郑杭生认为："社区文化包括物质生活方式和精神生活方式两方面。前者主要是指人们衣食住行以及工作和娱乐的方式；后者主要包括人们的价值结构（追求、期望、时空价值观等）、信仰结构和规范结构（风俗、道德、法律等）诸方面。"④ 毕天云认为："社区文化是指社区居民在长期的生产和生活过程中产生和形成的并为社区居民分享的思想价值观念（values）和行为规范（norms）的总和。"⑤ 对于农村社区文化的定义，一般只是在前述社区文化定义的基础上加上"农村"二字而已。例如，赖晓飞、胡荣认为，社区文化是我国新时期兴起的一种社会文化形态，农村社区文化建设作为农村社区建设的一个重要方面，已不仅仅是一种文化娱乐、文化设施，还影响和包容着人们的行为规范、民情习俗、信仰观念、人际关系等。⑥ 张桂芳认为，农村社区文化就是由居住在农村的一定地域范围内（非严格的行政区划）的人们，由一定的纽带

　　① LEWIS H. MORGAN. Ancient Society or Researches in the Lines of Human Progress from Savagery, through Barbarism to Civilization ［M］. New York：Henry Holt, 1877：3.

　　② ［美］克利福德·吉尔兹. 地方性知识：阐释人类学论文集 ［M］. 2 版. 王海龙，张家瑄，译. 北京：中央编译出版社，2004.

　　③ 张健. 论城市社区文化的功能与发展 ［J］. 学术交流，2000（1）.

　　④ 郑杭生. 社会学概论新修 ［M］. 北京：中国人民大学出版社，1997：363.

　　⑤ 毕天云. 社区文化：社区建设的重要资源 ［J］. 思想战线，2003（4）.

　　⑥ 赖晓飞，胡荣. 论社会资本与农村社区文化建设：基于 CGSS2005 调查数据的分析与思考 ［J］. 西南政法大学学报，2008（6）.

和联系而形成的共同的价值观、生活方式、情感归属和道德规范等。从形态的视角出发，农村社区文化可分为三个层次：物质文化、制度文化和观念文化。三者缺一不可，相互联系，相互促进，构成社区文化统一体。① 张兴杰等认为，农村社区文化就是居住在农村的一定地域范围的人们，由一定的纽带和联系而形成的共同的价值观、生活方式、情感归属和道德规范等。② 诸如此类的农村社区文化定义，严格来讲不利于农村社区文化研究的累积或增量推进。

（二）处境化经验

这些关于农村社区和农村社区文化的定义，都试图找出一个关于什么是农村社区、什么是农村社区文化的本体主义的答案来，然而，人们世界观和价值观的不同必然对于一个事物是什么存在不同的看法，这就导致一个概念界定的分歧或争议；这样的界定更多是一种概念的分析或词语的"考古"，而不是一种经验性研究——缺乏实践性内容和生活意义。所谓经验性研究，就是根源于社会实践，在理解的基础上对社会实践的一种阐释，因此它不得不深入社会实践而具有属人的生活价值。从经验性研究而言，所谓农村社区，就是指一群农民日常生活的范畴（这一范畴不单指地理区位的范围，更主要是指生活本身的差别与界分），他们享有共同的价值规范。因此，农村社区不能仅从区域上进行解释，还须从生活本身去理解，也就是说，与其说农村社区是一个界限分明的地理区域，毋宁说是一个活生生的生活共同体；所谓文化，是指一套处境化的经验以及论证该套经验合理性的话语和相应的维护机制（如行为规范等）。在这样的基础上，不妨将农村社区文化定义为，一群农民日常生活所共同享有的处境化经验及其价值规范。

1. 农村社区文化首先是一种在地性文化

在地性具有本地性、地方性和区域性等多种意涵。这也就是说，农村社区文化是农村社区本地人所共享的文化，也是一种"地方性知识"，因而它具有区域性特点，不同的区域具有不同的文化。

2. 农村社区文化具有特定的社会适应性

每个具体的农村社区文化只是适应那个农村社区的社会生活需要，与该社区特定的物质条件和生产方式相统一。恰如毕天云所言，对于"局外人"来说，

---

① 张桂芳. 试论转型期农村社区文化建设［J］. 兰州学刊，2004（5）.
② 张兴杰，游艳玲，谭均乐. 农村社区建设与管理研究［M］. 广州：华南理工大学出版社，2007：111.

社区文化是一个重要的社区象征，了解一个社区的文化，也就在很大程度上把握了一个社区；对于"局内人"而言，熟悉和掌握本社区的文化就成为一种适应社区的"生存和生活技艺"，这种"技艺"能够使他（或她）在社区里的一切生活和活动显得"自然而然"①。

3．农村社区文化跟农民的日常生活相关联

农村社区文化不是脱离日常生活的独立实体。尽管农村社区文化一旦生成就具有一定的独立性，但是这种独立性也只是相对于生活，在其中的个体而言的。即便如此，个体的行动虽然一方面受制于该社区文化，但另一方面也在某种程度上实际地影响着该社区文化，吉登斯（Anthony Giddens）的结构化理论对此已有恰到好处的解释。②

4．农村社区文化是生活经验的表征

文化是作为经验存在的，它只在实践时发生。③ 经验是一种实践性知识，因此农村社区文化是农村社区日常生活实践理性的表现，它跟这个社区农民的生产和生活实际相联系。这种实践性知识是长期累积的结果，在当地反复进行实践，并被实践所检验、印证和改造。为什么在传统的农村社区里社区的长老具有很高的威望和权力？因为他们人生阅历丰富，拥有了应付该社区生产、生活几乎一切的实践知识或生活经验。如果该社区成员实际地脱离了这种生产和生活实践领域，这一农村社区文化对他也就失去了作用。譬如，一个农民进城务工以后，若他的工作脱离了农业生产，其生活的重心也转向城市的话，不但原有的农村社区文化和社会资本无益于他现今的工作和生活，而且也对他产生不了规制或约束作用，其行为必然脱离原来社区的道德生活，产生一种"脱域"④ 效应。

5．农村社区文化是一套经验体系

农村社区文化既包括具体的生活经验知识，也包括与之相应的意识形态和价值规范。所谓的意识形态，实际上是一种论证性话语，它常常论证并维护某

---

① 毕天云．社区文化：社区建设的重要资源［J］．思想战线，2003（4）．
② ［英］安东尼·吉登斯．社会的构成：结构化理论大纲［M］．李康，李猛，译．左岸文化，2007.
③ ［美］杰里·D．穆尔．人类学家的文化见解［M］．欧阳敏，邹乔，王晶晶，译．北京：商务印书馆，2009：274.
④ ［英］安东尼·吉登斯．现代性的后果［M］．田禾，译．南京：译林出版社，2000：25.

一社会结构的合理性。严格地说，农村社区文化本身具有一定的层次结构，基础层次是一套生活经验知识，其次是与这套经验知识相适应的意识形态和价值规范。意识形态论证该套生活经验的合理性，价值规范则规约人们按照这套经验知识去行动——玛丽·道格拉斯（Mary Douglas）说得好，她说："从公共意义上说，文化是将一个群体的价值观标准化，它在个人经验间起仲裁和调和的作用。"①

6. 农村社区文化呈现差序格局

生活经验体系是有层次的，农村社区文化也因此而具有一定的差序结构。一个具体的社区生活经验只是符合该社区的生活需要，与该社区处于同样物质条件和生产方式的相邻社区则一起表现同一区域的文化形态。譬如，皖南农村地区文化与皖北农村地区文化不同，华南农村文化与华北农村文化相差异，农业文化与游牧业文化相区别。从一个具体的农村社区由内向外看，农村社区文化呈现出明显的差序格局。

（三）处境化理解

那么，如何来研究农村社区文化？既然农村社区文化是一套处境化经验体系，我们也就只能通过处境化的方式去理解、阐释。

所谓处境，就是一个东西存在于其中的各种情况的相互关联的网络。处境总是基于特定社区而言的：

> 居于语境这个概念基础深处的，是地点这个要素。语境是地点创造的：地点是最底层形式的语境。地点不仅就地理方面而言，还包括观念上的地点。这样的地点是由意义、文化价值取向、支配社会礼仪礼节的规则、地区性的场景和空间方位、时间和历史契机、个人经历上的因素、与会话直接相关的圈子、当前的境遇等意识形态的、宗教的华盖塑造形成。一个世界就是围绕着由类似于此的因素组成的地点而崛起。②

这里所说的"地点"，便是我们所说的社区。

处境化理解采取的是主位的视角。简单地说，所谓主位的视角，就是研究者站在被研究者的角度、立场去看问题。在研究农村社区文化时，只有站在该

---

① ［英］玛丽·道格拉斯. 洁净与危险［M］. 黄剑波，卢忱，柳博赟，译. 北京：民族出版社，2008：49.
② ［美］W. E. 佩顿. 阐释神圣：多视角的宗教研究［M］. 贵阳：贵州人民出版社，2006：151.

社区人民的角度、立场去看待他们的文化，才能发现该社区文化是符合当地人的生活实际需要的。也只有从这个角度才能得出这样的结论：其实每一种文化不分高低、落后与先进，它之所以存在有其存在的理由，而且这个存在的理由也只是局限于这个特定的社区范围，它是由这个社区特定的生活条件和生产方式所决定的。

处境化理解也是一种"内部的视界"（the native's point of view）。格尔茨非常赞赏马林诺夫斯基用"文化持有者的内部视界"去研究另一个文化，"你不必真正去成为特定的'文化持有者本身'而理解他们，亦即文化人类学的分析方法所昭示的两重概念所揭示的角色处理问题。或者，更确切地说，在不同的个案中，人类学家应该怎样使用原材料来创设一种与其文化持有者文化状况相吻合的确切的诠释"①。强调从文化持有者的内部眼光来看问题，而不是把研究者的观念强加到当地人的身上，不仅是从研究者的视角来对当地的文化现象做出解释和评判。

　　去理解一些别人贴近感知经验的概念，并将之有效地重铸进理论家们所谓已知的关于社会生活一般知解的遥远感知经验中去，是一种极其设身处地精微细致的任务，即使它不像魔术那样不可思议，也应像是钻进别人皮层内里一样深入体察。其关键就是别被向你提供信息的当地人把你导入其内在精神的同一对应。或许，应该像我们大多数人一样，用他们自己的方式去指称他们自己的心灵，他们毕竟不似有人指称的那样敏锐。最重要的是描述出他们自己是怎么想，怎么做的。②

处境化理解尽管不是跟文化持有者融为一体，却要求把研究者纳入社区整体进行思考，即研究者是处于其中对社区文化进行理解和阐释，而且把研究者与该社区的人关联起来，不是简单地把二者对立起来或者采取主—客二分的方式去解释。语言人类学家派克（Pike Kenneth）针对人类学描写的"族内人"（insider）和"外来者"（outsider）两种不同视角，提出了"emic/etic"的描写理论：emic 是文化承担者本身的认知，代表着内部的世界观乃至其超自然的感知方式。它是内部的描写，亦是内部知识体系的传承者，它应是一种文化持有

---

① ［美］克利福德·吉尔兹. 地方性知识：阐释人类学论文集［M］. 2 版. 王海龙，张家瑄，译. 北京：中央编译出版社，2004：73.
② ［美］克利福德·吉尔兹. 地方性知识：阐释人类学论文集［M］. 2 版. 王海龙，张家瑄，译. 北京：中央编译出版社，2004：74.

者的唯一的谨慎的判断者和定名者；而 etic 则代表着一种用外来的观念来认知、剖析异己的文化。在这儿，"科学性"是 etic 认知及描写的唯一的谨慎的判断者。① 王海龙认为，etic 这种以外部的描写、外部的理解来对特定的文化颁布给定的名义，它到底有多少"科学性"，以及在什么意义上赋予其"科学性"是值得质疑的。② 尽管派克的"emic/etic"的描写理论抛弃了"主/客"的分析，但是他讨论的两种描写方式仍然是判然相对的。处境化理解显然超越了这种对立的描写和思考方式，将二者构成一个互动的统一体。研究者在进入异己文化理解之前，是一个"外来者"，往往持有"科学性"的价值理念，但是在理解的过程之中，他试图深入这个异己文化结构的深处，站在"族内人"的角度去体验、去看问题，并在此基础上再抽身出来进行理论的阐释，这一阐释虽然不可避免地带有一定的主观，却也带有文化持有者的印记，这是 etic 所不具有的。

我们在关于中国农村社区文化的研究中看到，更多的学者戴着"有色眼镜"研究农村社区文化，在他们眼中，农村社区文化不免是落后或者低人一等的，他们主张用先进的城市文化去取代农村社区文化。即便有个别学者自觉地抛却了这种"有色眼镜"，但他们采取的却是 etic 描写方式，以所谓科学或客观的名义去研究农村社区文化。问题是，这一 etic 描写方式的结论最终跟前者合流，他们主张用所谓的现代性文化去改造落后的中国农村社区文化。与之相反，如果采取处境化理解，或许看到中国农村社区文化的另一番景观，在这种景观中不可能存有任何的文化偏见；在处境化理解方式中，我们看到中国农村社区文化正在遭遇千年未有之变化，国家的力量和市场的力量正在重新建构中国农村社区文化。

二、改革开放以来农村社区文化的变迁

改革开放以来，农村社区文化在经验层面、话语层面和规范层面几乎同步发生不可逆转的激变，使中国农村社会发生了深刻的历史变迁。

① KENNETH L. PIKE. Language in Relation to a Unified Theory of the Structure of Human Behavior [M] . 2ⁿᵈ ed. The Hague：Mouton，1967：46 – 58.
② 王海龙. 导读一：对阐释人类学的阐释 [M] // [美] 克利福德·吉尔兹. 地方性知识:阐释人类学论文集 [M] .2 版. 王海龙，张家瑄，译. 北京：中央编译出版社，2004：18.

（一）经验层面的变化

在经验层面上，传统的生活经验日渐衰微。传统生活经验是围绕小农生产产生并累积起来的，因此农民脱离农业生产和农业生产模式的改变都将直接导致传统生活经验的衰落。改革开放伊始，小部分人通过考学、当兵、招工、招干等渠道脱离农村社区，当初他们之所以脱离农村社区大多认为留在农村从事农业生产没有出息。进入20世纪90年代，越来越多的农民（尤其是青壮年劳动力）从土地上走出来，进入当地的乡镇企业工作或者进城务工，在初期他们往往利用农闲的时间去从事非农工作，到了90年代中后期，农民从事非农工作逐渐成为他们维持生计的主要职业，传统的农业已由农民家庭的主业演变为副业（一般由妇女或老人承担）。于是，传统的农村社区因为外出务工农民的增多而日益"空心化"——它不仅表现为社区成员的减少，而且表现为社区生活的衰落——原本应付这个社区生活的一整套生活经验逐渐失去它的功能。特别是进入21世纪以来，与老一代农民工相比，新生代农民工具有更加强烈的城市生活取向，他们不再愿意也不可能再回到农村社区生活，他们不屑于了解传统的农村社区生活经验，在他们眼里，这些生活经验不但是无用的东西，而且是落后的东西。

此外，进入21世纪，国家倡导现代农业生产和合作经营模式，在一些农村，传统的小农生产逐渐被这种现代农业生产和经营模式所取代，农业也加速了卷入市场经济的步伐；另一部分农地则由于城市的扩张、基础设施建设的征用而消失，还有些农地在政策许可之外被流转变成非农用地，无论是前者还是后者，农民因为失去土地不再从事农业生产。这些变化使得传统生活经验在一些农村社区失去了作用。

与此同时，现代生活技术逐渐取代传统生活经验，在社区生活中发挥着越来越重要的作用。这些现代生活技术借助图书、电视、电脑等现代技术装置深入社区生活，填补被抛弃的传统生活经验留下的空白。生活技术与生活经验有诸多不同之处，譬如，生活技术是专业性知识，而生活经验是"地方性知识"；生活技术在某一专业领域内具有普适性，生活经验则局限于某一"地方"或特定处境，具有特殊性；生活技术主要依赖"文本"传播，而生活经验主要依靠"身体"传授。但是，对于生活在特定社区里的人来说，二者根本的分野是：生活技术是弥散的，可以随在学习；而生活经验是累积的，只能是前辈向后辈手口相传。

现代生活技术取代传统生活经验，不单是现代科学技术进步推动的，也跟现代教育的发展相关。现代教育既提高了农民的识字率，也在无形中向他们灌输了现代性思想。现代传媒和现代教育的发展，完全可以摆脱老人，按照书本、电视或电脑进行农业生产。此外，农村卫生条件的改善及卫生观念的转变，使巫医失去了市场，日常生活经验因此而祛魅化，破除了对传统生活经验的迷信和神秘感。

这些生活经验层面的变化，导致了农村社区长老政治的衰落。长老政治之所以在传统农村社区盛行，一个主要的原因是这些长老掌握和控制了该社区的生活经验。一旦这些生活经验失去功用，或者年轻人可以随在学习并能掌握生活技术，老年人的权威必将趋于消解，从而导致老人社会地位的下降。这些生活层面的变化，也必然冲击着社区原有的道德生活。① 这也从一个侧面反映了当代农村社区道德生活的退化。这种变化体现在价值层面上，对老人的轻视使得人们的祖先意识趋于弱化。② 农村家庭的代际关系不仅"失衡"，而且发生了根本性逆转，甚至伦理"倒置"。在许多农村，人们发现年轻人对父辈的剥夺越来越严重，也越来越赤裸，孝道日益衰落，同时，年轻一代的兄弟关系也越来越离散③。一个家庭的伦理道德尚且如此，建基于一个个家庭之上的农村社区道德生活状况亦可想而知。

（二）话语层面的变化

所谓话语，实际上是这个社会的观念形式，对于维持、整合该社会具有重要的作用。在本文中，"话语"跟"意识形态"的意思基本相同，都是指一组观念。诚如伊格尔顿（Terry Eagleton）所言："意识形态是指很大程度上被掩盖了的贯穿在并奠基于我们实际陈述的那些价值观结构……它们和我们所生活的社会的权力结构和权力关系有关。"④因之，"意识形态通常被感受为自然化和普遍化的过程，通过设置一套复杂的话语手段。（意识形态）把事实上是党派的、争议性的和特定历史时期的价值，呈现为任何时代和地点都确乎如此的东西，

---

① 陈柏峰．代际关系变动与老年人自杀：对湖北京山农村的实证研究［J］．社会学研究，2009（4）．
② 贺雪峰．农村家庭代际关系的变动及其影响［J］．江海学刊，2008（4）．
③ 陈柏峰．农民价值观的变迁对家庭关系的影响：皖北李圩村调查［J］．中国农业大学学报（社会科学版），2007（1）．
④ TERRY EAGLETON. Literary Theory［M］．Minneapolis：University of Minnesota Press，1983.

因而这些价值也就是自然的，不可避免的和不可改变"①。"简言之，意识形态是一个话语问题，一个处于历史情境中的主体间的实践交往问题，而不只是一个语言问题（我们所叙说的命题问题）。"② 我们在这里之所以舍弃"意识形态"而使用"话语"概念，是因为担心"意识形态"一词受到意识形态化的污染而产生不必要的误解。

然而，在这个意义上，"话语"似乎并不比"意识形态"好多少。因为在当下社会科学里，话语不再单纯是一个语言学的概念，而更主要的是一个多元综合的关于意识形态再生产方式的实践概念，它具有自身的实践性。这一话语意涵主要受福柯（Michel Foucault）的影响。福柯意义上的"话语"，就是对展示出某种外在功能的符号系统的称呼。换言之，话语的基本含义是展现秩序的符号系统。③ 在任何社会中，话语的生产是根据一定程序被控制、选择、组织和再分配的。④ 简言之，"话语"也跟现实的权力相关联，它跟"意识形态"一样具有某种家族相似性。

每个社会（无论大小）都有自己的一套话语或观念，为该社会群体所共同享有。尽管话语本身也是处境化的，但它跟经验相比较，总企图超越其特定处境表现为一种普遍的形式。以致弥尔顿（Kay Milton）认为，"话语具有跨越文化边界的特征，它能沿着交流的渠道流向任何方向"⑤。

伴随着农村社区文化经验层面的变化，与之相适应的话语必然发生改变。在当下农村社区里，现代性话语逐渐盛行，话语总体上呈现出碎片化结构状态，而话语的本质从集体指向转向个体自身。

尽管自近代以来，国家一直都在追求现代化，即便在今天现代国家建构仍然没有完成，但现代性话语真正进入农村社区则主要是最近 30 年来的事情。特别是现代传媒的传播和农民大规模进城务工，加剧了现代性话语大举

---

① TERRY EAGLETON. Ideology. In Stephen Regan ed. , The Eagleton Reader ［M］. Cambridge：Blackwell，1988：236.

② TERRY EAGLETON. Ideology. In Stephen Regan ed. , The Eagleton Reader ［M］. Cambridge：Blackwell，1988：237.

③ 吴猛. 福柯话语理论探要 ［D］. 上海：复旦大学，2004.

④ MICHEL FOUCAULT. The Archaeology of Knowledge & The Discourse on Language ［M］. New York：Pantheon Books，1972：216.

⑤ ［英］凯·弥尔顿. 环境决定论与文化理论：对环境话语中的人类学角色的探讨（Environmentalism and Cultural Theory：Exploring the Role of Anthropology in Environmental Discourse）［M］. 袁同凯，周建新，译. 北京：民族出版社，2007：209.

进入乡村社会的步伐，使得现代性话语普遍流行于农村社区，原有的传统话语快速失势。

在一些农村地区，诸如权利、自由、法治、平等、民主等现代精神并没有真正在农村社会生活中扎根，人们充其量也只是在话语层面上言说而已，这些言说只是用来遮掩自身功利主义或利己的诉求，变成一种工具性"价值"。譬如，人们使用权利话语，往往是为了逃避义务；使用自由话语，往往是为了规避责任。于是，当所谓的法治话语取代乡情、民俗时，传统的礼治秩序被打破，社区生活从和谐趋向紧张；当所谓男女平等话语取代父权话语、婚姻自由取代旧的婚姻模式时，传统的家庭道德生活也趋向瓦解，一方面是孝道衰落，另一方面是所谓的性解放和性自由冲击着原本稳定的夫妻关系；当所谓的市场交易原则取代社区既有的互惠合作等交换原则以后，人与人之间各种关系的维持只能依靠金钱，沦为即时性的金钱交易。

需要注意的是，这些进入农村社区的现代性话语本身并不是一个统一的观念体系，而是杂糅的混合物，即各种非传统的多元乃至相互冲突的观念谱系。因此，它与失势但未消失的传统话语一起呈现出一种完全碎片化的结构状态。这样的话语结构，对于现有的农村社区文化不但没有起到维持、建构的作用，相反正在消解或破坏农村社区文化。

现代性话语对农村社区文化的"污染"，表面上看是从外部浸染的，实际是从内部开始作用的，即生活在农村社区的人逐渐接受了极端自私自利的个体主义，这一个体主义在农村社区的抬头和兴起，往往被诸如权利、自由等现代性话语的外衣所包裹。换言之，当下农村社区的话语从本质上而言已由原来的集体指向转换为个体取向，一切以个体自身的利益最大化为旨趣。不幸的是，原来守望相助的社区成员如今已转变为一个个原子化的"无公德的个人"。阎云翔认为，市场经济的价值观、商品生产的方式以及全球性的消费文化等成为推动农村社会变迁的主导力量，特别是随着市场经济的日益发展和全球化进程的加快，这种影响加速了对传统农村社会生活方式的解构作用。非集体化后，国家对地方社会干预的减少引起私人生活发展，同时造成了公共生活的迅速衰落；村民的个性和主体性的发展基本被限制在私人领域之内，从而导致自我中心主义的泛滥——他们只强调个人的权利，却无视应有的义务与责任，最终沦为

"无公德的个人"①。其实，仅仅将这些变化归因于国家、市场的力量是不够的，除此之外，还有农村社区内在因素的作用，具体来讲就是人们自身价值观念的改变。更准确地说，这些变化是国家、市场和农村社区三者共同作用的结果。

（三）规范层面的变化

跟社区生活经验和社区话语同步发生变化的，还有农村社区规范，这些规范原本起着维护农村社区文化的作用。具体来说，农村社区规范主要体现在组织、规约和舆论三个方面，农村社区公共组织的弱化、村规民约的消解和公共舆论去公共化以及三者之间的相互影响，不仅导致了农村社区规范整体式微，而且农村社区规范也逐渐去功能化。

社区规范大致可以划分为两种类型。一种是内生的规范，这些规范是从社区生活中自然生成的，一般处于内隐的状态，或者人们的行为不自觉地受其驱使，觉得之所以这样行动是理所当然的，不需要缘由（且不需要向人说明缘由）。这种内生的规范，或可称为"潜规范"（或"隐规范"）。另一种是外在的规范，这些规范一般是由正式的组织制定或从外部强加给社区居民的。这些规范更加具有硬化的形式和硬性的力量，但是，在制定和实施的时候，一般都需要进行合理性或正当性论证，以此说明制定和实施这些规范是符合社区的公共利益。这些外在的规范，或可称为"明规范"（或"显规范"）。与内生规则不同的是，这些外在规则更容易受到组织的影响——组织越强，这些外在规范发挥的作用越强；组织越弱，这些外在规范发挥的作用越弱。

因此，后一种社区规范往往依托于一定的组织载体。一般而言，强规范是由强组织支撑并发挥着强功能的。在中国传统农村社区里，家族（或宗族）组织承担着社区规范的制定和执行职能，这套社区规范适应那个时候社区生活的需要。中华人民共和国建立以后，国家为了在农村社会加强政权建设，对宗族（或家族）组织实行打压、破坏的政策，这个时候准政权的社队组织代替了传统的宗族（或家族）组织行使社区规范的实施职能。改革开放以后，国家废除了"队为基础、三级所有"的高度集权的人民公社体制，逐渐在村级推行村民自治制度。国家在农村基层治理方式的这一改变，大大减弱了对农村社会的直接控制和强力整合。于是，在一些地方，农村家族（或宗族）组织开始"复兴"。但是，这些新起的家族（或宗族）组织往往是一种礼仪性组织，主要承担祭祖

---

① 阎云翔. 私人生活的变革：一个中国村庄里的爱情、家庭与亲密关系 1949—1999 ［M］. 龚小夏，译. 上海：上海书店出版社，2006：257 – 261.

和修家（族）谱等文化性功能，不再具有传统家族（或宗族）组织那种全面涉及社区经济、政治、社会和文化生活的总体性功能。这些改变，使得农村社区组织的作用趋向弱化。特别是农村税费改革以后，许多农村地区进行了大规模的撤村并组，有不少地方撤销了村民组长的设置，即便是村级组织也普遍被削弱，成为一种事实上的维持会，在广大中西部地区农村尤其突出。问题之严重尚不仅如此，税费改革之后村级干部的工资由于依赖国家财政的拨款而更加官僚化，加之村级组织不能给村民带来直接的经济利益，以及大量村民外出打工无暇顾及村级组织的选举（更不必说参与村庄的日常治理），村级组织在村民中的合法性大为减弱。总之，改革开放以来，农村社区组织逐渐弱化，人们对仅存的村级组织认同也非常低，原本依存于社区组织的社区规范势必随之式微。出于同样的原因，村规民约由于缺乏强有力的社区组织去行使，往往成为一纸空文，不再发挥应有的规制功能。

　　当然，这些变化主要是从外在规范上来说的。如果说当下农村社区的外在规范更主要地受到国家力量的影响的话，那么其内在规范更主要地受到市场原则的浸染。市场经济的利益算计原则日益渗透于社区生活之中，人与人之间关系日益功利化，这种利益算计原则日益解构着农村社区传统的内在规范。

　　这种深刻的变化在社区的公共舆论方面，突出地表现为公共舆论的去公共化。这种去公共化，首先是指公共舆论从公开场合或公共领域退隐到私下场合或私性领域。人们不再在公开场合或公共领域谈论、批评甚或指责某个人的失范或败德行为，如果说对某人的失范或败德行为有所微词的话也仅局限于私下场合或非常狭隘的圈子范围内，这种谈论、批评根本不想失范者或败德者知道并扩散到整个社区，这种谈论与其说是公共舆论不如说是私下宣泄，对维持社区的规范起不了一点作用。

　　社区公共舆论的去公共化，还指的是公共舆论不再以公共利益为旨归。人们关注自身的利益远远超过了社区的公共利益，社区公共事务陷入了"越是集体的越少有人关注"的自利经济学陷阱之中①。与之相关的，人们所谈论的公共话题也仅限于无关痛痒的表达或者无关社区生活实质的内容。诸如"那是人家的事"这样的社区公共舆论，形式上似乎趋向尊重他人的个人权利和隐私而显得更加包容，实质则是公共道德力量的式微或消解。没有了公共舆论，也没

---

　　① 吴理财，李世敏，张良. 新农村建设中的农村文化：现状、问题及对策：来自武汉市蔡甸区的问卷调查［R］.（内部）咨询报告，2009 – 05 – 01.

有了对村庄公共舆论的顾忌，村庄的公共性和伦理性不但日益衰竭，村庄本身也越来越缺乏自主价值生产能力。① 农村社区成为无规制之地，丛林原则肆虐横行，成为当下农村治理不可回避的重要问题。

三、脱域与农村社区文化变迁

（一）仅是涵化吗

改革开放以后，尤其是 20 世纪 90 年代中后期以来，农村人口流动不但规模逐渐扩大，而且速度不断加快。有不少学者讨论了人口流动对农村社区文化变迁的影响。例如，陈小娟认为，流动人口是社会变迁和文化变迁的一个现实载体和鲜活样本，是正在变迁着的一个片段。流动不是无意义的，流动着的不仅是人口，也是一种社会结构和文化观念。无论是在流动的启动还是流动中的经历，都渗透着文化观念的变迁。通过文化社会学视角对流动人口进行社会变迁和文化变迁的深层剖析，有助于我们理解一个社会中的结构、制度、行动者与文化之间相互建构、相互制约的过程。② 张兆远则认为，农民工对农村文化变迁起着积极的作用，推进了农村文化的更新。③ 陈赵阳肯定了青年农民工的"文化反哺"功能，认为青年农民工必将对新农村建设起着积极的作用。不过，他也指出，处于乡村社会和城市文明之间的青年农民工，文化素质整体偏低，思想尚未成熟，在经过城市体验提升现代素质的同时，也存在着一些消极的思想观念和价值取向，需要正确引导④。尚妍、彭光芒注意到，城乡之间的频繁互动和现代传媒技术在农村社会的发展，城市现代文化通过各种途径不断涌入农村社会。在这个过程中，大众传媒不仅本身作为一种新的文化形式为农民群体所接受，成为农村文化变迁的内容之一，而且充当了推动农村文化由传统向现代转变的"加速器"⑤。大部分研究肯定了人口流动（特别是农民外出打工）对于农村（社区）文化变迁的积极作用。在许多研究者看来，农村（社区）文化是一种落后的文化形态，人口的流动为这种落后文化注入了新鲜"血液"。也

① 贺雪峰. 现代化进程中的村庄自主生产价值能力 [J]. 探索与争鸣，2005（7）.

② 陈小娟. 农村流动人口的文化社会学研究 [J]. 安徽大学学报（哲学社会科学版），2004（1）.

③ 张兆远. 农民工对农村文化变迁的作用 [J]. 湖北经济学院学报（人文社会科学版），2007（11）.

④ 陈赵阳. 青年农民工初显"文化反哺"功能 [J]. 中国国情国力，2006（9）.

⑤ 尚妍，彭光芒. 大众传媒与农村社会文化变迁 [J]. 理论观察，2006（3）.

许他们从未显明地表述"农村文化是落后的"这一想法，但其隐藏的背后逻辑却是这样的。不过，也有较少数研究者注意到人口流动以及城市文化对农村（社区）文化的消极影响。总之，既有的这些研究基本上仍然属于文化涵化的范畴。

所谓文化涵化（acculturation），简单地说就是由于文化接触或文化交往产生文化变迁。不同的是，一部分学者强调文化涵化的过程，一部分学者强调文化涵化的结果。例如，美国人类学家荷伯尔（E. A. Hoebel）认为"文化涵化是两个社会之间相互影响或互动的过程"；哈维兰（W. A. Harviland）也认为"文化涵化是指有着不同文化的人类共同体进入集中的直接接触后，造成一个群体或两个群体原来的文化形式所发生的文化变迁"。与之不同的是，人类学家克鲁伯（A. L. Kroeber）则认为，"文化涵化是文化与文化之间的影响所造成的结果"，或"文化与文化接触后在文化上所产生的结果。涵化包括一种文化受另一种文化的影响所产生的变化，其结果使两者变得日益相似"①。克鲁伯关于涵化的这一定义带有明显的同化论色彩，后来被一些人类学家加以修正，认为涵化指的是这类现象，亦即具有不同文化的数个群体的个体之间，发生持续的、直接的接触，结果导致一方或双方原有文化模式发生变化。② 同化或相似只是这些变化中的一种。中国学者在研究农村（社区）文化变迁的时候，往往把城市文化与农村文化视为两种不同的文化模式，借用涵化的理论范式讨论前者对后者的影响抑或相互作用。尚且不说把农村文化跟城市文化相对立是否妥当，这些讨论大多局限于或停留于整体上的论述，因此它无法解释二者之间的影响是如何发生的或具体的涵化机制是什么。

常永才认为文化人类学的涵化概念和涵化理论本身存在"先天不足"，因为人类学一般采取文化整体主义的态度，它关注的是涵化对文化变迁的总体影响，主要进行群体层面的分析，忽视甚至反对进行个体心理层面的考察。他认为，人类学关于涵化的"定义过于简单笼统，方法论意义上的可操作性不足。这主要表现在以下三个方面：未反映卷入接触的文化间关系的相对复杂性，即没有

① E. ADAMSON HOEBEL. Man in the Primitive World：An Introduction to Anthropology［M］. N. Y.：McGraw - Hill, 1949：495；W. A. Harviland. Anthropology［M］. N. Y.：Holt, Rinehart and Winston, 1983；A. L. Kroeber. Anthropology［M］. N. Y., 1948. 转引自李安民. 关于文化涵化的若干问题［J］. 中山大学学报（哲学社会科学版），1988（4）.

② R. REDFIELD, R. LINTON, M. HERSKOVITS. Memorandum on the Study of Acculturation［J］. American Anthropologist, 1935, 38：149 - 152.

表明涵化场境中一个文化是否统治另一个文化，抑或二者处在一个比较平等的平台上；未全面概括涵化实际中存在的几类现象，即接触双方发生互动，或者只是一方向另一方借用，或者结果根本没有互动；该定义要求对文化进行广泛的研究，排斥对文化某一具体维度的考察。这些局限致使该概念难以揭示涵化这一复杂现象的具体过程以及个别差异"①。为此，他主张借用心理学的视角及其理论资源，从群体层面转换到个体层面，对个体的心理涵化过程进行具体分析。

早在 20 世纪 50 年代，研究拉美文化的美国人类学家理查德·N. 亚当斯在探讨危地马拉印第安人的文化涵化时，将涵化划分为群体涵化和个体涵化两种形式：群体涵化指的是在不同文化的接触中，社会结构、经济基础和政治组织的变化；个体涵化是指个人的行为、认同、价值观以及态度的变化②。个体涵化必然涉及心理过程的分析。1967 年，格雷维斯（T. D. Graves）明确提出了"心理涵化"（psychological acculturation）概念，这一概念是指参与文化接触场境中的个体因直接受到外部文化的影响，又经历了自己所属文化的变迁，而发生于个体身上的变化③。到了 20 世纪 90 年代，跨文化心理学家 J. W. 贝里（J. W. Berry）在前人研究的基础上进一步细化了心理涵化分析，他认为个体心理涵化适应过程有三种基本情形。（1）行为变换。个体经历涵化时，会为了适应新情境而通过文化学习和文化放弃（culture shedding）及社会技能习得等方式，实现较容易的心理变化——行为变换，同时对自己的涵化经验和行为变换的意义做出评价，视之为种种新机遇、困难之源或危害。在此阶段，个体可能多少会感受到文化冲突。（2）涵化压力。当个体经历较大程度的文化冲突时，会感到简单的行为变换不能解决问题，但问题尚可控制和克服。这就会产生涵化压力，即文化震荡。为应对这种压力，个体会选择和形成自己的涵化策略。（3）心理失调。当个体感受到过大的涵化压力而自己不能应对这一压力时，可能还会出现心理失调。个体在上述涵化经历的基础上，发生调适性结果：一方面是内部性的个体心理适应，通常包括自尊、自我控制感、自我文化认同感、心理健康以及对新环境中的生活满意度等；另一方面是外部文化的社会心理适

① 常永才. 人类学经典涵化概念的局限及其心理学视角的超越 [J]. 世界民族，2009（5）.
② 马季方. 文化人类学与涵化研究（上）[J]. 国外社会科学，1994（12）.
③ T. D. GRAVES. Psychological Acculturation in a Triethnic Community [J]. South – Western Journal of Anthropology，1967，23：337－350.

应，即在新的文化场境中对日常生活的管理，主要有文化知识、社会技能、人际和群际日常关系、家庭和社区关系以及工作适应等。

涵化中之所以出现个体差异，贝里认为，除了与个体的人格特征、文化知识和接触程度等因素有关以外，更主要的是与个体因文化认同而采取不同的涵化策略有关。他进一步区分出"整合"（integration）、"同化"（assimilation）、"分离"（separation）和"边缘化"（marginalization）四种不同的文化适应策略。当文化适应中的个体既重视保持他们原有的文化，也注重与其他文化群体进行日常的交往时，他们所采用的策略就是"整合"；当个体不愿意保持他们原有的文化，却愿意与其他文化群体有经常性的日常交流时，他们所使用的策略就是"同化"；当个体重视他们原有的文化，却希望避免与其他文化群体进行交流时，就出现了"分离"；最后，当这些个体对保持原有文化和对其他文化群体进行交流都没有什么很大可能性，也缺乏兴趣时，这时的策略就是"边缘化"。① 为什么人们会选择不同的涵化策略？贝里似乎没有更多的论述，或许这也不是一个心理学家所关心的议题。在讨论中国农村（社区）文化变迁时，对个体层面的涵化较少有深入细致的分析②。

前述心理涵化研究基本上局限于个体层面，尤其是个体的心理方面，并且有个体归因的嫌疑。然而问题却是，文化涵化都发生在特定的社会场景之中，忽略或者悬置这个特定的社会场景根本无法解释人们选择不同涵化策略的原因，也就无法揭示文化涵化的实际逻辑。

（二）脱域及其后果

当代中国农村社区文化变迁的一个鲜明社会场景不仅仅是形式上所呈现的大规模人口流动以及它所带来的城乡之间文化互动（与历史上任何时期都不相同），而是越来越多的人从农村社区生活关系网络中脱离出来，产生一种"脱

---

① JOHN W. BERRY. Acculturation：Living Successfully in Two Cultures ［J］. International Journal of Intercultural Relations，2005，129（6）：701。转引自常永才. 人类学经典涵化概念的局限及其心理学视角的超越 ［J］. 世界民族，2009（5）；或者参阅 J. W. 贝里. 涵化心理学：多文化应用心理学 ［M］. 加利福尼亚：Sage 出版社，1990。转引自马季方. 文化人类学与涵化研究（上）［J］. 国外社会科学，1994（12）.

② 在中国知网（http：//www.cnki.net）上，仅一篇论文与之相关（2010 年 11 月 30 日搜索）。在这篇论文中，王道勇、郎彦辉认为："以农民工和失地农民为代表的城市新市民在漫长的市民化过程中，将会实现从乡村文明向城市文明的整体转变。在这一进程中，他们将经历文化震惊、文化涵化、文化再适应直至文化创新的过程。"参阅王道勇，郎彦辉. 农民市民化：内涵、进程与对策 ［J］. 党政干部学刊，2009（1）.

域"或者"离场"的状态。

"脱域"（disembodying①）这个概念是吉登斯提出来的。他所谓的脱域，"指的是社会关系从彼此互动的地域性关联中，从通过对不确定的时间的无限穿越而被重构的关联中'脱离出来'"②。很显然，吉登斯是站在现代性的全域立场上讨论"脱域"问题的，因此，对于他而言，这一概念不仅"指的是社会关系从彼此互动的地域性关联中……脱离出来"，还指在更广阔的时空内"被重构"。于是，吉登斯区分了两种"脱域"机制，一个是象征标志（symbolic tokens），另一个是专家系统（expert system）。货币是象征标志的一种特殊类型，它对现代经济活动之"脱域"起着极其关键的作用。与象征标志一样，专家系统也把社会关系从具体情景中直接分离出来。③ 笔者借用吉登斯的"脱域"概念，主要是指前一种含义（因为我们是站在农村社区这个立场上开展研究的），即人们的社会关系从彼此互动的地域性关联中脱离出去，使得原本为人们日常生活所熟悉并且所依赖的地域性社区被"掏空"。也就是说，生活在农村社区的成员从该社区的社会关联中脱离出来，从而产生了农村社区与其成员相互分离的现象。

与这种"脱域"或"离场"状态相对应的是，吉登斯认为，传统社会（或者吉登斯所说的"阶级分化社会"）特别是小规模的农业社会"尤其与在场（presence）或者我所说的'高在场可得性'（high presence – availability）相联系。在这些社会中，与身体缺场者的社会交往相对稀少，人类记忆则是组合时空关系的主要'储存器'"④。他在另一本专著中论述信任的情境时再次强调："在绝大多数前现代制度下，包括在大多数城市中，地域色彩浓烈的具体环境是大量社会关系相互交织的场所，它在空间上的低度延伸支撑着时间上的高度凝固。……前现代情境中的地域性既是本体性安全的焦点，也有助于本体性安全

---

① 台湾学者将 disembodying 翻译为"去形体化"。
② ［英］安东尼·吉登斯. 现代性的后果［M］. 田禾，译. 南京：译林出版社，2000：18. 吉登斯认为："由脱域唤起的图像能够更好地抓住时间和空间的转换组合，这种组合一般而言对社会变迁，特殊地说对现代性的性质，都是特别重要的。"（同上，第19页）
③ ［英］安东尼·吉登斯. 现代性的后果［M］. 田禾，译. 南京：译林出版社，2000：19 – 25.
④ ［英］安东尼·吉登斯. 历史唯物主义的当代批判：权力、财产与国家［M］. 郭忠华，译. 上海：上海译文出版社，2010：5.

的构成，但是在现代性条件下，这种地域化的本体性安全实际上已经被消解了。"① 地域化的本体性安全之所以被消解，一个重要原因是人们从他们熟悉的地域性社会关系网络（即社区）中脱离出来。

对照中国农村历次社会变迁，"脱域"现象主要发生在最近十年。在此之前，尽管也有大量农民走出自己的社区进城务工或者外出经商、从事他业，但是他们的生活重心依然放置在生养他们的农村社区，他们没有（也无意）脱离这个社区的社会关系。对于他们而言，外出务工或者经商、从事他业仅仅是一种"副业"或者增加现金收入（以应付娶妻生子、子女教育等高额现金花销的压力）的一种手段，他们仍然看重农业生产这个主业，并且对乡土寄予一种深厚的情感。② 甚至有些农民常年"漂泊"异乡，但始终割舍不了乡土情结，至死也要魂归故里，把"根"留在生养他的那个乡土社区，"把种子埋入土里"③。与之不同的是，当今年轻一代的农民的户籍身份尽管依然是"农民"，但是他们的生活重心已经转移到城市，他们的理念偏好和行为取向都是城市化的，他们不屑在农村社区建构和维持社会关系，即便他们在城市社会被排斥或边缘化，他们宁愿选择在互联网这个虚拟世界里重新构造属于自己的社会网络。他们不再知道如何从事农业生产，也不屑去了解农业生产知识技能，他们对土地不能产生任何情愫，甚至对生养他们的农村社区也不存在好感，更遑论他们会遵守社区的行为规范和伦理道德，以致他们经常招致乡邻窃窃私语甚至公开批评，说他们"说话南腔北调""穿着奇装异服""行为怪异""不懂人情世故""没有礼貌""不尊敬长辈""道德败坏"，尽管如此他们照样我行我素！

这些新生代农民并没有打算把自己视为农村社区的一分子，而是千方百计地从这个社区"抽身"（或许用"摆脱""逃离"更为恰当）出来。他们之所以"说话南腔北调""穿着奇装异服""行为怪异"，因为其行为取向根本就是非在地化的，而是城市化的（刻意模仿城市人的谈吐格调和行为举止），甚至像城市人那样"用土气来藐视乡下人"④，认为说土语方言"很老土"，"农村人不会穿

① ［英］安东尼·吉登斯. 现代性的后果［M］. 田禾，译. 南京：译林出版社，2000：90.
② 费孝通说："靠种地谋生的人才明白泥土的可贵。城里人可以用土气来藐视乡下人，但是乡下，'土'是他们的命根。""直接靠农业来谋生的人是粘着在土地上。"参阅费孝通. 乡土中国　生育制度［M］. 北京：北京大学出版社，1998：7.
③ 林耀华. 金翼：中国家族制度的社会学研究［M］. 北京：生活·读书·新知三联书店，1989：206.
④ 费孝通. 乡土中国　生育制度［M］. 北京：北京大学出版社，1998：7.

着打扮"。他们之所以"不懂人情世故""没有礼貌""不尊敬长辈""道德败坏",因为他们已从这个社区"抽身"出来,其行为逻辑外在于这个社区的关系网络,不知晓也不愿意遵从这个社区的伦理道德规范。也就是说,这些新生代农民从其心理意识、思想观念到具身表现(embodiment)都是离域的(delocalization)(或脱域的)。农村社区不是他们(身体或精神)的"家园",它不可能像其他任何共同体那样对其产生文化区隔①或行为规训的作用。

这些新生代农民虽然已经从生养他们的农村社区关系网络中"脱离出来",但是并没有被另一个社区(譬如城市社区)所接纳,重构相对稳定的社会关系——一方面他们"脱离"了农村社区,摆脱了旧的社会关联,另一方面又像无根的浮萍"漂浮"在新的社区之外,不能融入新社区。这样的境遇极有可能导致这样的后果:要么找不到归属感,对前途迷茫无措而消极颓废、得过且过;要么游离于城乡社会边缘地带,不受任何一方约束、规制而脱序、失范;要么二者兼而有之。无论哪一种情况,都不利于社会的和谐、进步。在"脱域"状态下,人们可以做出各式各样"出格"乃至败德的事情。年轻的农家女孩爱慕虚荣,不以出卖身体为耻;外出农民工可以不顾自己的家庭婚姻与他(她)人同居生活;……一切都回归到身体的原始本能上来,个体化(individualization)的身体日渐"视之为个体认同的表达"②。也就是说,"身体越来越成为许多人的自我认同感中的核心要素"③。这样一来,人与人之间只能是"一种随时可以中断的社会关系,只有当它能够为每一个个体提供充分的心理回报的时候,这种关系才能得以维持"④。这种关系以自身为标准,它缺乏任何外在的参照性框架和约束机制;他(她)的身体需要直接决定了他(她)的行为逻辑。人们"'日常生活'中的大部分活动不再具有道德方面的含义,它们仅仅是习惯或者'麻木的经济强制'的表现"⑤。如此的"脱域",势必会瓦解人们正常的社会关

① 关于文化与区隔的讨论,请参阅:PIERRE BOURDIEU. Distinction:A Social Critique of the Judgement of Taste[M].Boston:Harvard University Press,1984.

② [英]克里斯·希林.身体与社会理论[M].李康,译.北京:北京大学出版社,2010:2.

③ [英]克里斯·希林.身体与社会理论[M].李康,译.北京:北京大学出版社,2010:1.

④ [英]安东尼·吉登斯.现代性与自我认同[M].赵旭东,方文,译.北京:生活·读书·新知三联书店,1998:220.

⑤ [英]安东尼·吉登斯.历史唯物主义的当代批判:权力、财产与国家[M].郭忠华,译.上海:上海译文出版社,2010:10.

系、消解社区本身。

（三）何以脱域

"脱域"既是当下农村社区文化变迁的一种表征，也是改革开放以来我国农村社区文化变迁的一个结果。

在我国，改革开放以来农村社区文化的变迁受到诸如国家、市场等力量的牵引和交互作用。当下的"脱域"，追根求源同样离不开改革开放以来国家和市场的双重作用。整个"脱域"过程大致经历了两个基本阶段，首先是个体化阶段，其次才是脱域化阶段，前一阶段为后一阶段进一步变化铺垫。如果用改革开放以来的时间做粗略划分的话，20世纪80年代中期到20世纪90年代中期是个体化时期，20世纪90年代中期开始步入脱域化时期。

阎云翔对下岬村的调查研究大致在前一个时期。他发现，"自80年代以来，公共生活衰落，社会秩序恶化，乡村社区也在解体。……国家在撤除了对地方公共生活的所有政治经济支持后却依然不相信任何形式的社会自组织，这又使得已经衰落的公共生活雪上加霜。农民无法参与任何政治与公众生活，只得闭门家中，对道德滑坡、自我中心主义盛行等社会问题采取视而不见和曲意逢迎的应对态度。最终，无论是在公共领域还是在私人领域，他们对群体和其他个人的义务与责任感也就日渐消亡。……从而变成无公德的个人"①。简言之，他把这些变化归因于国家在农村基层治理的转变，改革开放以后，"非集体化后国家对地方社会之干预的减少却引起了在私人生活发展的同时而使公众生活迅速衰落。村民的个性和自主性的发展基本被限制在私人领域之内，从而导致自我中心主义的泛滥"②。这种现象在中国农村具有一定普遍性。

在意识形态方面，农村"集体化终结、国家从社会生活多个方面撤出之后，社会主义的道德观也随之崩溃。既没有传统又没有社会主义道德观，非集体化之后的农村出现了道德与意识形态的真空。与此同时，农民又被卷入了商品经济与市场中，他们便在这种情况下迅速地接受了以全球消费主义为特征的晚期资本主义道德观。这种道德观强调个人的权利，将个人欲望合理化"③。坦率地

---

① 阎云翔．私人生活的变革：一个中国村庄的爱情、家庭与亲密关系（1949—1999）[M]．龚小夏，译．上海：上海书店出版社，2006：260－261.

② 阎云翔．私人生活的变革：一个中国村庄的爱情、家庭与亲密关系（1949—1999）[M]．龚小夏，译．上海：上海书店出版社，2006：261.

③ 阎云翔．私人生活的变革：一个中国村庄的爱情、家庭与亲密关系（1949—1999）[M]．龚小夏，译．上海：上海书店出版社，2006：260.

说，笔者并不赞成他关于农民"迅速地接受了以全球消费主义为特征的晚期资本主义道德观"的说法，对于农民而言，所谓的"以全球消费主义为特征的晚期资本主义道德观"不知为何物，也从未听说过这样的名词，更为重要的是这种过分强调个人权利、忽视对集体或他人责任和义务的自我中心主义未必全是"晚期资本主义道德观"。

不过，笔者倒是赞同他关于农民道德观念的变化跟经济基础的转变紧密关联的观点。特别是随着市场经济的发展，农民的行为逻辑和道德观念受到市场经济原则的深刻影响，个体的逐利和自利意识愈来愈强烈，人与人之间的社会关系越来越趋向于现实利益的交易（或交换），甚至在一些农村地区，人际交往完全受经济利益原则所驱使。其结果是，人们的社区意识瓦解，社区成员日渐原子化为"无公德的个人"。

在完成个体化过程以后，一旦年轻一代再从农村社区抽身出来，脱离生养他们的农村社区，"脱域"就不可避免。作为原子化的个体，他们既脱离于农村社区，又游离于城市社区，没有任何社区共同体的归属，同时缺乏社区的规制和约束，完全按照个人的意志行动（而不顾及任何他人利益和社会责任）。这样的"脱域"，对农村社区文化将造成灾难性毁坏，对整个社会秩序构成潜在的威胁和风险。

新生代农民之所以能够从农村社区"脱离出来"，一方面要归功于城乡二元结构的"松动"，他们直接得益于改革开放时国家对农村户籍制度、农村土地经营制度和农村税费制度等各种改革，以及市场经济的发展，使之可以自由地流动和选择职业；另一方面也要归咎于城乡二元结构的"遗留"——无论是在现实生活层面还是在社会心理方面，城乡之间的二元结构依然存在，城乡社会的不平等不但没有缩小反而在扩大。然而，新生代农民从小阅读的是城市化版本教材、影视剧、"故事"，接受的是渗透于其中的城市化文化观念的教育，当他们走出农村社区步入城市的花花世界的时候，心生的是对城市生活的向往之情和对农村生活的厌恶之感，所以，他们千方百计地"逃离"农村、"拥抱"城市。可是，城市并没有如他们单纯想象的那样热情地接纳他们。在这种处境中，他们的行为逻辑"脱域"——既脱离了农村社区的道德生活，又脱离了新的社会场域的约束——似乎不可避免。

第二篇 02

文化服务

积极推进城乡公共文化服务均等化

——基于 20 省（区、市）80 县（市、区）的问卷调查分析

通过对一项问卷调查数据的分析，笔者认为我国公共文化服务的显著差异更主要地体现在城乡之间。这种差异既表现在公共文化设施供给或政府公共文化服务方面，也表现在个体文化生活、社区公共文化生活方面。而且，民意决策影响社区公共文化生活和政府的公共文化服务。笔者建议，当前应着力改善城乡之间公共文化服务的不均等现象，加快推进城乡公共文化服务均等化。在推进城乡公共文化服务体系建设中，应积极探索建立健全民意决策机制。

一、问题与假设

一般认为，我国公共文化服务总体上十分不均衡，尤其是城乡之间、地区之间公共文化服务差异显著。因此，我国在公共文化服务体系建设中历来强调"均等性"原则。譬如，2006 年 9 月 13 日发布的《国家"十一五"时期文化发展规划纲要》就提出，"坚持公共文化服务普遍均等原则，兼顾城乡之间、地区之间的协调发展"①。2007 年 8 月 21 日，中共中央办公厅、国务院办公厅《关于加强公共文化服务体系建设的若干意见》再次明确提出，公共文化服务体系建设"坚持城乡、区域文化协调发展，坚持把建设重心放在基层和农村"。2012年 2 月 15 日发布的《国家"十二五"时期文化改革发展规划纲要》继续强调公共文化服务体系建设的"均等性"要求，并就"加快城乡文化一体化发展"展开论述，提出"增加农村文化服务总量，缩小城乡文化发展差距，以农村和中

---

① 国家"十一五"时期文化发展规划纲要［EB/OL］. 新华网，2006 – 09 – 13.

西部地区为重点"①。随后出台的《文化部"十二五"时期文化改革发展规划》明确提出了"推进基本公共文化服务均等化"②的目标。为了实现公共文化服务均等化，2013年11月12日党的十八届三中全会又提出"推进基本公共文化服务标准化、均等化"③，通过"标准化"建设促进公共文化服务的"均等化"④。

　　近几年，越来越多的研究涉及我国公共文化服务或公共文化服务体系建设，其中不乏公共文化服务均等化的探讨。此外，也有一些关于公共服务均等化的分析涉及公共文化服务均等化的议题。大部分研究认为，我国公共文化服务在城乡、地区之间的差异明显是不争的现实。例如，顾金喜等人通过对基本公共文化服务均等化系数的测算发现，我国地区间基本公共文化服务非均等化特征明显；东部地区的基本公共文化服务均等化程度总体上高于中西部地区⑤。李敏纳、覃成林构建了包括教育服务、文化服务、卫生服务、社保服务、环保服务在内的社会性公共服务水平测度指标体系，对1990—2005年中国社会性公共服务空间分异程度进行分析，发现我国社会性公共服务的空间分异程度总体上偏高，社会性公共服务空间分异过程呈V字形，且东、西两极分化明显，呈东高西低的空间格局⑥。豆建民、刘欣运用收敛模型对基本社会保障、基本医疗服务、义务教育、公益性基础设施、生态环境保护和公共文化服务水平的分析结果也表明，我国区域基本公共服务水平绝对差距十分明显，东部地区收敛速度较快，西部收敛速度最慢；中部地区明显落后于东、西部地区，甚至存在"中部塌陷"现象⑦。高伟华采用倍差、标准变异系数以及差异指数等统计指标对我国省际和区际间基本公共文化服务的均等化程度进行分析，发现我国地区间绝大部分基本公共文化服务类别上存在很大差异，并且也认为中部地区基本

①　中共中央办公厅，国务院办公厅. 国家"十二五"时期文化发展规划纲要［EB/OL］. 中国政府网，2012 – 02 – 15.
②　文化部"十二五"时期文化改革发展规划［EB/OL］. 中国政府网，2012 – 05 – 07.
③　中共中央关于全面深化改革若干重大问题的决定［EB/OL］. 新华网，2013 – 11 – 15.
④　蔡武认为，"标准化"是"实现均等化的有效手段"。
⑤　顾金喜，宋先龙，于萍. 基本公共文化服务均等化问题研究：以区域间对比为视角［J］. 中共杭州市委党校学报，2010（5）.
⑥　李敏纳，覃成林. 中国社会性公共服务空间分异研究［J］. 人文地理，2010（1）.
⑦　豆建民，刘欣. 中国区域基本公共服务水平的收敛性及其影响因素分析［J］. 财经研究，2011（10）.

公共文化服务的均等化程度是最低的①。不过，王晓玲利用熵值法分析2011年我国各省区的基本公共服务水平及其区域差异，结果显示我国各省区的基本公共服务水平整体偏低，多数省区处于中低水平；包括公共文化服务在内的基本公共服务在区域分布格局上有所差异，但并不显著②。王晓洁运用泰尔指数（Theil Index）对1999年和2009年数据进行比较分析后表明，我国东中西部不同地区之间的基本公共文化服务非均等化水平近几年呈下降趋势，但是各省区市之间的非均等程度进一步提高了③。总之，现有的研究基本上都认定，公共文化服务的地区之间和城乡之间的差异跟其经济发展水平、地方财力直接相关，但是一些地方案例却表明，公共文化服务水平跟经济变量之间未必存在正相关性，甚至"穷地方也可以搞好公共文化服务"④。夏国锋认为财政因素是影响地区之间公共文化服务差异的主要变量，但领导者的观念、理念及其重视程度以及各地文化资源禀赋等都可能是另外的影响变量⑤。

基于上述研究，我们提出如下假设：

假设1：我国公共文化服务在东、中、西部地区之间存在显著差异。

假设2：我国公共文化服务在城乡之间存在显著差异。

现有的研究大多也认为，城乡、地区之间公共文化服务的差异，直接表现在公共文化设施供给、公共文化活动状况以及经济发展状况等方面。为此，我们进一步假设：

假设3：公共文化服务状况跟外在的公共文化设施供给、公共文化活动活跃状况直接相关。

假设4：公共文化服务状况跟当地经济发展水平相关。

本文将以当地受访者的经济收入水平反映当地经济发展状况，而不采用政府的相应统计指标。

此外，本文还假设：

假设5：公共文化服务状况跟民意决策程度相关。

---

① 高伟华. 我国基本公共文化服务的地区差异分析 [J]. 福建行政学院学报, 2010 (2).
② 王晓玲. 我国省区基本公共服务水平及其区域差异分析 [J]. 中南财经政法大学学报, 2013 (3).
③ 王晓洁. 中国基本公共文化服务地区间均等化水平实证分析 [J]. 财政研究, 2012 (3).
④ 吴理财. 穷地方也可以搞好公共文化服务 [J]. 中国社会科学报, 2011 (7).
⑤ 夏国锋. 公共文化服务发展中的非均衡性 [J]. 湖北文理学院学报, 2013 (6).

因为跟民意相一致的公共文化服务更加容易得到民众的认可，也跟民众的文化需求更加契合。

假设6：公共文化服务状况跟服务对象个体自身的年龄、文化程度和职业等相关。

因为不同年龄、文化程度和职业决定了个体的文化偏好，个体一般是从公共文化服务是否符合自身文化偏好来评价公共文化服务状况。

二、变量及分析

为了检验这些假设，本文从课题组 2013 年暑期一项关于民众基本文化需求的问卷调查①中选取几个变量进行分析。

（一）总体描述

表1是这次问卷调查受访者的基本情况。受访对象包括工人、农民（包括农民工）、干部职工等不同职业群体；平均年龄为 35.86 岁，以中青年为主（20~49 岁之间的占 77.04%）；平均月收入 2971.40 元，但收入结构总体趋向分散，月收入不足 500 元和超过 5000 元的分别占 15.59% 和 8.12%，中下收入者居多，因此本次调查的数据基本上体现了普通群众对当前公共文化服务的看法和意见。

本文仅分析了当前公共文化服务在不同区域和城乡不同居住地的差异性及其影响因子。为了便于比较和分析，本文定义了如下几个主要变量，并对它们做了描述性统计（参见表2）。

从统计来看，（根据受访者反映）当地政府在准备提供公共文化服务时征求群众意见的平均值为 1.08，也就是说，当地政府几乎没有征求群众意见，说明政府在公共文化服务供给上的民意决策程度非常低；不过，从其标准差来看，各地也存在一定的差异。即便如此，公共文化服务供给的民意决策程度的总体水平仍然亟待提高。

---

① 课题组委托华中师范大学、河南大学、湖北文理学院、湖南工业大学、南昌航空大学的学生在自己家乡实施问卷调查。共收回问卷 1313 份，其中有效问卷 1244 份，涉及江苏、浙江、山东、广东、上海、福建、河北、湖北、安徽、河南、湖南、江西、山西、甘肃、广西、贵州、内蒙古、四川、新疆、云南等 20 个省（区、市）80 多个县（市、区）。由于人力和财力等客观条件的限制，本次问卷调查无法按照科学抽样的要求实施，因此调查样本的选择及其分布均具有一定的局限性。

表 1　受访者的基本统计特征

统计指标		人数	%	统计指标	人数	%
年龄	16～19 岁	125	10.05	工人	80	6.48
	20～29 岁	509	40.92	在乡务农	76	6.15
	30～39 岁	204	16.4	外出务工	167	13.52
	40～49 岁	201	16.16	行政干部	85	6.88
	50～59 岁	110	8.84	事业单位职工	167	13.52
	60 岁及以上	95	7.64	经商	68	5.51
文化程度	没上过学	16	1.29	学生	355	28.74
	小学	48	3.86	其他	193	15.63
	初中	146	11.76	无职业	44	3.56
	高中/中专	216	17.39	＜1000 元	56	7.05
	大专	202	16.26	1000～1999 元	110	13.85
	大学及以上	614	49.44	2000～2999 元	220	27.71
居住地	市中心	707	56.92	3000～3999 元	177	22.29
	城郊	180	14.49	4000～4999 元	78	9.82
	镇上	84	6.76	5000～9999 元	119	14.99
	农村	271	21.82	10000～50000 元	34	4.28

注：职业栏与月收入栏合并说明——"工人"至"无职业"为"职业"类，"＜1000 元"至"10000～50000 元"为"月收入"类。

表 2　变量的定义及其描述性统计

变量	变量定义	赋值	均值	标准差	观察值
A. 民意决策程度	政府征求群众意见情况	3＝一般会；2＝有时会；1＝从来不会；0＝不清楚	1.08	1.10	1167
B. 服务供给数量	社区（村）公共文化设施的供给状况	1＝有；0＝无。然后加总，分值越大，供给越多	1.83	1.54	1164
C. 服务效能约束	影响使用公共文化设的因素	1＝有；0＝无。然后加总，分值越大，影响因素越多	2.36	1.39	1157
D. 公共文化活跃度	社区（村）里公共文化活动情况	1＝有；0＝无。然后加总，分值越大，活动越多	1.48	1.27	1122
E. 公共文化约束	影响人们参与公共文化活动的因素	1＝有；0＝无。然后加总，分值越大，影响因素越多	2.25	1.15	1159

续表

变量	变量定义	赋值	均值	标准差	观察值
F. 日常文化丰富度	日常文化娱乐活动情况	1 = 有；0 = 无。然后加总，分值越大，活动越多	4.39	2.02	1193
G. 个体文化生活评价	对自己文化生活的满意度	分值区间为 [1，10]，分值越大，满意度越高	6.08	2.16	1071
H. 社区文化生活评价	社区（村庄）公共文化生活满意度	分值区间为 [1，10]，分值越大，满意度越高	4.63	2.25	1025
I. 公共文化服务评价	政府提供的公共文化服务满意度	分值区间为 [1，10]，分值越大，满意度越高	4.57	2.36	1029

　　本文将调查问卷中列举的文化广场、社区（村庄）图书室、文化活动室（中心）、运动场、户外健身设施、阅报栏、戏台或戏楼视为政府向社区（村）提供的公共文化设施，每项公共文化设施赋值为 1。统计结果表明，社区（村）公共文化设施现有存量的均值为 1.83，说明政府供给社区（村）的公共文化设施平均接近 2 项，公共文化服务设施供给的数量目前仍然处于较低水平。

　　受访者反映，影响他们使用公共文化设施主要有"是否免费（费用多少）""距离远近""设施的功能或服务内容""使用手续是否麻烦""开放的时间"等因素。该项统计均值为 2.36，说明人们在使用公共文化设施时受到其中 2～3 项因素的影响。尽管最近几年我国各级政府投资兴建了大量的公共文化设施，但这些设施所发挥的效能并不令人满意，其中一个关键性原因是公共文化服务设施的可及性（accessibility）[①] 较差。

　　再从文化活动方面看，社区（村）里群体性或集体性文化活动较少，该项统计的均值为 1.48，况且在调查问卷所列的选项中包括了大量民间自办的公共文化活动，可见当地政府举办的公共文化活动则少之又少。总之，社区（村）目前的公共文化活跃度非常低。影响人们参与公共文化活动的因素有 2～3 个之多，这些影响因素分别是"组织""场地""经费""文化骨干或能人""（喜闻乐见的）内容"。根据受访者反映，这些影响因素从强到弱依次是"经费""场

[①] Accessibility 也可以翻译为可获取性、实现性、近用性。联合国经济、社会和文化权利委员会用四 A 标准（Availability，Accessibility，Acceptability，Adaptability）来表示：缔约国在其国家范围内使公民经济、社会和文化权利具有"可提供性、可获取性、可接受性（合意性）与可调适性（适用性）"。

地""组织""内容"和"人才"(参见图1)。

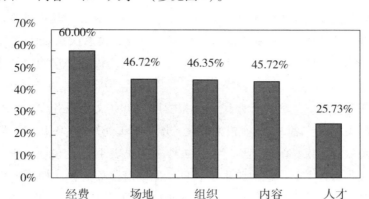

图1 影响人们参与公共文化活动的因素

与之相对,个体的日常文化娱乐活动较为丰富,该项统计均值达到4.39。公共性文化生活与个体性文化生活形成鲜明对照。这一点,也体现在人们对个体文化生活满意度和社区公共文化生活满意度评价的较大差异上,二者的均值分别是6.08和4.63,相差1.45。如果说人们对自身的个体文化生活比较满意的话,那么他们对社区公共文化生活是比较不满意的,而对政府提供的公共文化服务的满意度更低(仅为4.57)。

(二)区域比较

按照通常的做法,本文将地区区分为东部、中部、西部三个不同区域,再比较上述变量均值在不同地区之间的差异。

表3 变量的地区差异比较

		A	B	C	D	E	F	G	H	I
东部地区	均值	0.92	2.54	2.38	1.92	2.44	4.82	6.13	5.49	5.03
	标准差	1.06	2.04	1.60	1.38	1.27	2.47	2.25	2.28	2.57
中部地区	均值	1.08	1.79	2.37	1.41	2.24	4.37	6.11	4.57	4.56
	标准差	1.11	1.49	1.36	1.24	1.14	1.99	2.16	2.25	2.35
西部地区	均值	1.42	1.71	2.08	2.15	2.19	4.14	5.43	4.30	3.98
	标准差	1.03	1.54	1.51	1.38	1.10	1.96	1.90	1.79	2.11
合计	均值	1.08	1.83	2.36	1.48	2.25	4.39	6.08	4.63	4.57
	标准差	1.10	1.54	1.39	1.27	1.15	2.02	2.16	2.25	2.36

　　一个比较有趣的发现是，东、中、西部地区公共文化设施供给的数量依次减少（其均值分别是2.54、1.79、1.71），而公共文化服务设施的效能约束均值也依次递减（其均值分别为2.38、2.37和2.08），民意决策程度却依次增强（其均值分别是0.92、1.08、1.42），而且东部地区的民意决策均值低于全国平均水平（1.08）。

　　依据相关分析，地区分布跟民意决策程度、公共文化服务设施供给数量具有一定弱相关性（二者Pearson相关系数r分别是0.067和 -0.105），跟公共文化服务设施效能约束在统计上不存在相关性（参见表4）。这说明，东部地区尽管在公共文化服务上的民意决策程度较低，但政府服务的主动性更强（也说明当地政府对公共文化服务更加重视），供给的公共文化服务（设施）更多；公共文化服务设施效能约束跟地区差异并没有直接关系。

　　东部地区政府公共文化服务供给的力度更大，使得受访者对政府公共文化服务和社区文化生活的评价分别高于中西部地区（两者评价均值东、中、西部地区分别是5.03、4.56和3.98，5.49、4.57和4.30）。

　　在公共文化活动方面也出现一个比较奇怪的吊诡现象：东、中、西部地区公共文化活跃度均值大体上呈递增趋势（中部地区比东部地区更低，其均值分别是1.92、1.41、2.15），而公共文化约束因子均值则呈递减趋势（其均值分别是2.44、2.24、2.19）。或许可以这样解释：西部地区特定的民族风俗、宗教信仰以及传统习俗的保存，使其民间公共文化活动更加活跃；基于同样的原因，西部地区相对东部、中部地区而言，保留了更多的活动空间、文化组织、文化能人，而且这些活动大多嵌入当地的传统、习俗或宗教习惯而更容易被群众乐于接受，因此无论是在"组织""场地"还是"人才""内容"等方面，西部地区均占有一定的优势。东部地区由于经济市场化的快速发展，不但社会结构日趋个体化，而且人们更加注重经济利益，从而在某种程度上加大了这一地区的公共文化约束因子。

　　进一步的相关分析表明，尽管公共文化活跃度跟公共文化约束之间的确具有一定的相关性（r=0.157），但是二者在各地区之间并不存在统计意义上的相关性，只有日常文化丰富度在各地区之间存在较弱的负相关（r= -0.059）（参见表4）。这在一定程度上说明，东部地区相对于中西部地区而言，个体的私性文化活动较为丰富（东、中、西部地区个体日常文化丰富度均值分别是4.82、4.37、4.14），人们既有经济条件，又有物质技术条件，在私性领域更加容易获取个体的文化娱乐方式。

表 4　变量的相关性分析（1）

	地区分布	A. 民主决策程度	B. 服务供给数量	C. 服务效能约束	D. 公共文化活跃度	E. 公共文化约束	F. 日常文化丰富度	G. 个体文化生活评价	H. 社区文化生活评价	I. 公共文化服务评价
A	0.067*									
B	-0.105**	0.177**								
C	-0.027	-0.038	0.159**							
D	-0.006	0.248**	0.387**	0.144**						
E	-0.042	-0.011	0.167**	0.478**	0.157**					
F	-0.059*	0.055	0.333**	0.334**	0.208**	0.305**				
G	-0.045	0.171**	0.215**	0.091**	0.155**	0.075*	0.249**			
H	-0.102**	0.302**	0.305**	-0.017	0.315**	-0.014	0.121**	0.518**		
I	-0.075*	0.216**	0.225**	0.033	0.149**	0.025	0.091**	0.465**	0.664**	1.000

注：*，**，分别表示 $P \leqslant 0.05$，$P \leqslant 0.01$。

（三）城乡比较

在城乡之间，本文将居住地依次划分为"市中心（城中心、县城）""城郊""镇乡"和"农村"四种类型，它们分别对应于"城市社区""城郊社区""集镇社区""村落社区"。下面，比较几组变量在城乡之间不同社区的差异情况（参见表5）。

表5　变量的城乡之间差异比较

		A	B	C	D	E	F	G	H	I
城市社区	均值	1.00	2.09	2.46	1.37	2.28	4.58	6.39	4.77	4.94
	标准差	1.08	1.53	1.38	1.24	1.18	2.01	2.10	2.30	2.35
城郊社区	均值	1.32	2.11	2.37	1.77	2.21	4.47	6.05	5.03	4.69
	标准差	1.10	1.53	1.31	1.31	1.16	2.01	2.01	2.11	2.34
集镇社区	均值	1.11	2.02	2.18	1.98	2.18	4.63	5.89	4.95	4.57
	标准差	1.08	1.54	1.37	1.25	1.08	2.06	2.38	2.05	2.16
村落社区	均值	1.09	0.87	2.09	1.42	2.19	3.78	5.43	3.94	3.66
	标准差	1.13	1.15	1.40	1.27	1.03	1.98	2.20	2.13	2.21
合计	均值	1.08	1.83	2.34	1.49	2.24	4.39	6.08	4.63	4.59
	标准差	1.10	1.54	1.38	1.27	1.14	2.03	2.16	2.25	2.36

总体上而言，从城市中心、城郊、镇乡到农村，无论是公共文化设施的供给还是个体日常文化丰富度、满意度或者对社区公共文化生活、政府提供公共文化的评价，恰如预期所料，大致呈"差序结构"（参见图2）。也就是说，在城乡之间不同社区间，政府提供的公共文化服务和居民的文化生活具有较大差异，促进城乡之间公共文化服务均等化具有重要现实意义。

不过，有一点似乎比较反常。除了个体日常文化生活丰富度以及对个体文化生活、政府提供公共文化服务的评价以外，城市社区的公共文化服务设施的供给、公共文化生活状况并不优于城郊社区。一个可能的解释是，近几年，随着国家不断推进公共文化服务体系建设，一些地方政府对城郊社区公共文化服务设施的供给和公共文化生活的改善做了更多努力，一方面是因为这些工作上的努力更容易付诸实施，另一方面是因为它可以更快地显示出地方政府改进公共文化服务的绩效。

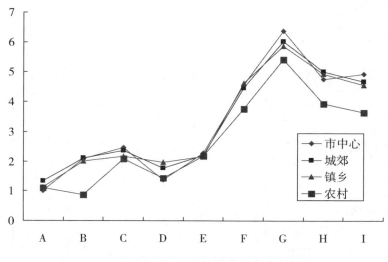

图2 城乡之间几组变量差异比较的示意图

在民意决策程度上，尽管城乡之间在均值上显示了一定的差异（城市社区、城郊社区、集镇社区、村落社区的均值分别是 1.00、1.32、1.11 和 1.09），但相关分析却表明，这种差异跟城乡不同社区之间不具有统计意义上的相关性（尽管人们居住在城乡不同的社区，他们往往处在同质的行政体系之内）。

不过，公共文化服务设施供给数量及其服务效能的约束、个体日常文化生活丰富度以及受访者对自身个体文化生活、社区公共文化生活、政府提供公共文化服务的评价等变量跟在城乡之间不同的社区存在比较显著的相关性（其相关系数 r 分别是 −0.292、−0.111、−0.143、−0.179、−0.133 和 −0.211，参见表6）。这一分析结果也一再表明，政府有必要在城乡之间推进公共文化服务的均等化。

表6　变量的相关性分析（2）

	居住地	A. 民主决策程度	B. 服务供给数量	C. 服务效能约束	D. 公共文化活跃度	E. 公共文化约束	F. 日常文化丰富度	G. 个体文化生活评价	H. 社区文化生活评价	I. 公共文化服务评价
A	0.037									
B	-0.292**	0.177**								
C	-0.111**	-0.038	0.159**							
D	0.042	0.248**	0.387**	0.144**						
E	-0.036	-0.011	0.167**	0.478**	0.157**					
F	-0.143**	0.055	0.333**	0.334**	0.208**	0.305**				
G	-0.179**	0.171**	0.215**	0.091	0.155**	0.075*	0.249**			
H	-0.133**	0.302**	0.305**	-0.017	0.315**	-0.014	0.121**	0.518**		
I	-0.211**	0.216**	0.225**	0.033	0.149**	0.025	0.091**	0.465**	0.664**	1.000

注：$*$，$**$，分别表示 $P \leq 0.05$，$P \leq 0.01$。

　　如果分别以公共文化设施供给和受访者对自己文化生活、社区公共文化生活、政府提供公共文化服务的评价为因变量进行回归分析，这些因变量均跟城乡之间的居住地相关（其标准化回归系数 Beta 分别是 -0.285、-0.150、-0.160 和 -0.202，且 P < 0.01）。与之相比较，在东、中、西部地区的分布上，只有公共文化设施供给、社区公共文化生活跟地区分布相关（参见表7）。

表7　文化服务的回归模型

	公共文化设施供给	自己的文化生活	社区公共文化生活	政府公共文化服务
公共文化设施供给		0.151 ***	0.253 ***	0.237 ***
		(3.426)	(6.031)	(5.337)
政府征求群众意见	0.120 ***	0.055	0.095 **	0.094 *
	(3.188)	(1.092)	(1.977)	(1.848)
文化设施的效能指数	0.013	0.031	0.009	0.056
	(0.298)	(0.632)	(0.186)	(1.142)
公共文化活动活跃指数	0.292 ***	0.051	0.205 ***	0.037
	(7.693)	(1.100)	(4.625)	(0.782)
公共文化活动影响因素	0.091 **	0.008	-0.026	-0.044
	(2.202)	(0.178)	(-0.581)	(-0.914)
日常文娱活动丰富度	0.216 ***	0.129 ***	0.044	0.051
	(5.597)	(2.815)	(1.000)	(1.112)
月文化支出	-0.033	0.115 **	0.146 ***	0.116 **
	(-0.863)	(2.543)	(3.500)	(2.546)
居住地	-0.285 ***	-0.150 ***	-0.160 ***	-0.202 ***
	(-6.760)	(-2.945)	(-3.302)	(-3.927)
地区分布	-0.125 ***	-0.020	-0.088 **	-0.062
	(-3.460)	(-0.464)	(-2.177)	(-1.461)
文化程度	-0.010	0.095 *	-0.123 **	-0.069
	(-0.209)	(1.790)	(-2.422)	(-1.281)
年龄	0.050	0.130 ***	-0.041	0.004
	(1.245)	(2.818)	(-0.915)	(0.085)

续表

	公共文化设施供给	自己的文化生活	社区公共文化生活	政府公共文化服务
职业	−0.019	0.055	0.041	0.094＊＊
	（−0.489）	（1.258）	（0.963）	（2.098）
月收入	−0.008	−0.089＊＊	0.020	−0.014
	（−0.204）	（−1.981）	（0.480）	（−0.317）
R^2	0.301	0.132	0.228	0.148
F	20.883	6.990	12.367	7.647
N	554	514	502	497

注：（1）表中系数为标准化回归系数，括号内数值为 t 检验值；（2）＊，＊＊，＊＊＊分别表示 P＜0.1，P＜0.05，P＜0.01。

如果单从公共文化设施供给来评价公共文化服务的话，它的确跟地区分布、城乡居住地显著相关。目前的一些研究也主要是从公共文化设施供给水平来测量公共文化服务在地区之间或城乡之间的差异性的。本文的前述分析也印证了这一点——东、中、西部地区公共文化设施供给的数量依次减少，它符合既有研究的看法，但从公共文化活跃状况来看，却是另一番景象——东、中、西部地区公共文化活跃度大体上呈递增趋势（且中部最低）。然而，从受访者对政府公共文化服务的主观评价来分析，它仅跟城乡不同居住地相关，而跟区域分布不相关。

回归分析还显示，公共文化设施供给跟民意决策程度、公共文化活动活跃状况、日常文化活动丰富情况以及个体和社区的文化生活评价相关，说明目前的公共文化设施供给影响公共文化活动的开展和人们的日常文化生活，因此在公共文化服务体系建设初期大力进行公共文化设施建设具有一定的合理性。但从其跟文化设施的效能指数以及服务对象个体年龄、文化程度、职业、经济收入无统计意义上的相关性来看，目前的公共文化设施供给尚没有考虑服务对象个体的文化需求或文化偏好的差异性，更未考量它的效能发挥情况如何。譬如，公共文化设施的"距离远近""设施的功能或服务内容""使用手续是否麻烦""开放的时间"等因素，是否影响民众使用它。

分析结果还表明，民意决策程度影响公共文化设施的供给、政府公共文化服务和社区公共文化生活。提升公共文化服务质量或效能，必须重视民意决策，跟民众的文化需求相衔接。

最后，看看个体自身一些因素的影响作用。从分析来看，个体的年龄、文化程度、经济收入对个体文化生活产生影响作用，但个体的职业对此并无影响；仅个体的文化程度、文化消费支出对社区公共文化生活产生一定的影响作用，其他个体因素均跟社区公共文化生活无关；仅个体的职业、文化消费支出对政府公共文化服务产生一定影响作用，其他个体因素也跟政府公共文化服务无关。

三、结论与建议

根据前述分析，可以得出如下结论：

（1）我国公共文化服务的显著差异更主要地体现在城乡之间。这种差异既表现在公共文化设施供给或政府公共文化服务方面，也表现在个体文化生活、社区公共文化生活方面。

（2）现有的数据分析并不能强有力地得出我国东、中、西部地区之间的公共文化服务差异显著的结论。

（3）公共文化服务质量跟公共文化设施供给直接相关，但跟公共文化活动活跃状况的相关性有待进一步检验。回归分析表明，公共文化活动活跃状况对个体自身的文化生活、政府公共文化服务未产生直接影响作用。

（4）公共文化服务跟当地经济发展状况没有显著相关性。经济发展状况仅跟个体文化生活相关。

（5）民意决策影响社区公共文化生活和政府的公共文化服务，公共文化服务质量跟民意决策程度相关。

（6）个体自身个别因素影响社区公共文化生活和政府的公共文化服务。

基于这些结论，本文建议当前应着力改善城乡之间公共文化服务的不均等现象，加快推进城乡公共文化服务均等化。为此，我们建议：

第一，合理配置城乡公共文化资源，加强对农村和欠发达地区公共文化服务体系建设力度。推动公共文化服务体系建设重心下移、资源下移、服务下移，加大公共文化资源向城乡基层倾斜的力度。目前的农村公共文化服务体系建设主要局限在乡镇和乡镇以上层级，今后应加大对村级乃至自然村落的公共文化服务体系建设，使之跟农民日常生活生产相结合。当前尤其要加强城乡公共文化设施建设，同时要注意这些公共文化设施的"可及性、合意性与适用性"及其效能发挥。

第二，在推进城乡公共文化服务体系建设中，应积极探索建立健全民意决策机制。尤其要建立民众文化需求表达机制和民众评价与反馈机制，推动公共文化服务和文化惠民项目与城乡民众文化需求的有效对接。只有建立了面向城乡民众需求的公共文化服务体系，才能切实保障公民基本文化权益，让城乡人民群众享受均等的公共文化服务。

第三，在积极推进城乡公共文化服务体系建设时，各级政府应更加重视公共文化建设，努力改善民众的公共文化生活。目前，个体的日常文化娱乐活动较为丰富，但公共性文化生活日益衰落，以致公共性文化生活与个体性文化生活严重失衡。

群众基本文化需求和区域、群体性差异研究

——基于 20 省（区、市）80 县（区）的问卷调查

本文通过对 20 省（区、市）80 县（区）问卷调查数据的分析发现：当前城乡人民群众的文化生活日趋个体化，但这并不表示人们没有公共文化需求，只是当前下沉到社区的公共文化服务过于匮乏；在不同区域之间，人们的文化需求基本趋同，而在城乡之间，人们的文化需求与日常文化生活则显示较大差异性，尤其是城市社区群众跟村落社区群众之间的差异性更加显著；社会群体由于不同的身份表征在文化生活和文化需求上而有所差异。为此，笔者建议公共文化服务不断向城乡社区基层下沉，着力加强社区公共文化服务体系建设，努力改善社区公共文化服务。在着力推进城乡公共文化服务均等化、标准化的同时，也要根据城乡居民文化需求的差异性，城乡人民群众生产、生活的不同需要以及社会群体的分化，有针对性地提供差别化的公共文化服务内容。

一、调查的缘起及基本情况

满足人民基本文化需求是我国各级政府提供公共文化服务的直接目的，富有效能的公共文化服务必须首先跟人民群众的文化需求有效衔接。这就要求在提供公共文化服务之前，首先必须要了解人民群众有哪些基本文化需求，更重要的是要把握人民群众的基本文化需求有哪些基本特点、存在哪些区域和群体性差异，从而有针对性地提供并改善公共文化服务。

为了了解当前人民群众的基本文化需求和公共文化服务的基本情况，课题组在 2013 年暑期委托华中师范大学、河南大学、湖北文理学院、湖南工业大学、南昌航空大学的学生在自己家乡进行了问卷调查。共收回问卷 1313 份，其中有效问卷 1244 份，涉及江苏、浙江、山东、广东、上海、福建、河北、湖北、安徽、河南、湖南、江西、山西、甘肃、广西、贵州、内蒙古、四川、新疆、云南等 20 个省（区、市）80 多个县（市、区）。其中，东部地区样本数为

80 份（占 6.43%），中部地区样本数为 1071 份（占 86.09%），西部地区样本数为 49 份（占 3.94%），在火车上受访的样本为 44 份（占 3.54%）①。

表 1 是这次受访者的基本情况。受访对象覆盖工人、农民（包括农民工）、干部职工等不同职业群体；平均年龄为 35.86 岁，以中青年为主（20～49 岁之间的占 77.04%）；平均月收入 2971.40 元，但收入结构总体趋向分散，月收入不足 500 元和超过 5000 元的分别占 15.59% 和 8.12%，中下收入者居多，因此本次调查的数据基本上体现了普通群众的文化需求、态度和观点。

表 1 受访者的基本统计特征

	统计指标	人数	%		统计指标	人数	%
性别	男	617	49.6	宗教	信教	202	16.75
	女	627	50.4		不信教	1004	83.25
年龄	16～19 岁	125	10.75	职业	工人	80	6.48
	20～29 岁	509	43.77		在乡务农	76	6.15
	30～39 岁	204	17.54		外出务工	167	13.52
	40～49 岁	201	17.28		行政干部	85	6.88
	50～59 岁	110	9.46		事业单位职工	167	13.52
	60 岁及以上	14	1.20		经商	68	5.51
文化程度	没上过学	16	1.29		学生	355	28.74
	小学	48	3.86		其他	193	15.63
	初中	146	11.76		无职业	44	3.56
	高中/中专	216	17.39	月收入	<1000 元	56	7.05
	大专	202	16.26		1000～1999 元	110	13.85
	大学及以上	614	49.44		2000～2999 元	220	27.71
居住地	市中心	707	56.92		3000～3999 元	177	22.29
	城郊	180	14.49		4000～4999 元	78	9.82
	镇上	84	6.76		5000～9999 元	119	14.99
	农村	271	21.82		10000～50000 元	34	4.28

① 由于人力和财力等客观条件的限制，本次问卷调查无法按照科学抽样的要求实施，因此调查样本的选择及其分布均具有一定的局限性。

本文主要以此次问卷调查数据为依据，在对群众基本文化需求和公共文化服务状况分析的基础上，提出进一步完善公共文化服务的政策建议。

二、当前文化需求的基本状况

首先需要说明的是，本文侧重于城乡人民群众在社区层面的文化需求的分析，因为社区是城乡人民群众的生活共同体，只有下沉到社区的公共文化服务才可能跟人民群众的日常生活相融合，提升公共文化服务的可及性（accessibility①）、便捷性，从而改善它的服务效能，并最终有利于推进城乡公共文化服务的均等化。

从调查来看，在日常生活中，受访者的文化娱乐活动主要有看电视（占 73.49%）、看书看报（占 68.12%）、玩电脑（占 60.73%）、玩手机（占 55.04%）、听广播或听音乐（占 53.79%）、看戏（文艺演出）或看电影（占 37.07%）、打球（占 28.77%）等（参见图 1）。而两年前的同类调查显示，人们日常文化娱乐活动主要是看电视（占 69.18%）、上网（占 47.97%）、看书看报（占 44.30%）、听广播或听音乐（占 29.37%）、打牌打麻将（占 27.34%）、打球等体育活动（占 20.95%）②（参见图 2）。尽管两年间人们日常文娱活动的结构没有根本性变化，但每项活动的有效比例均有所增长，此外，玩手机迅速增至第四位，成为人们日常的一项主要文娱活动。

在这些活动中，如今受访者参与较多的依次是看电视（占 37.82%）、看书看报（占 20.34%）、玩手机（占 13.02%）、玩电脑（占 10.62%）等个体性文化娱乐活动，而打球、跳舞等群体性活动分别只有 3.84%、2.50% 的受访者比较经常参与（参见图 1）。无论是从受访者的日常性文化娱乐活动情况来看，还是从他们参与较多的文化娱乐活动情况来看，当前人们的文化生活日趋个体化

---

① Accessibility 也可以翻译为可获取性、实现性、近用性。联合国经济、社会和文化权利委员会用四 A 标准（Availability，Accessibility，Acceptability，Adaptability）来表示：缔约国在其国家范围内使公民经济、社会和文化权利具有"可提供性、可获取性、可接受性（合意性）与可调适性（适用性）"。

② 孙政，吴理财. 公共文化服务刚性供给与文化需求弹性发展的矛盾及解决之道：基于 12 省 25 县（区）的公共文化服务体系问卷调查［R］//文化部文化科技司，武汉大学国家文化创新研究中心. 中国文化创新报告（2013）. 北京：社会科学文献出版社，2013：170.

——个体性或私性文化娱乐活动①占据人们日常文化生活的主导地位。

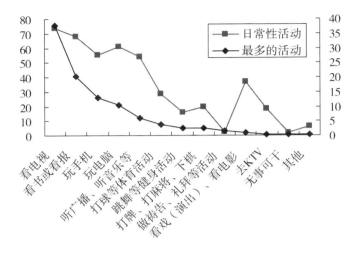

图 1 受访者日常性文化娱乐活动及其参与情况

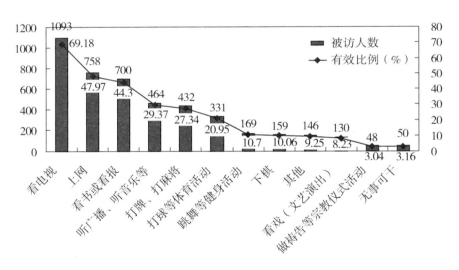

图 2 受访者日常性文化娱乐活动情况（2011 年）

---

① 所谓私性文化娱乐活动，主要是以个人或家庭私性文化活动场域为单位而进行的文化活动，目的是为了满足个人的文化需求，不能给其他更多人提供文化享受的文化活动，如看电视、上网等。请参阅吴理财，夏国锋. 农民的文化生活：兴衰与重建：以安徽省为例［J］. 中国农村观察，2007（2）.

人们参与文化活动的目的主要是消遣娱乐（占64.14%）、学习知识（占48.37%）、了解信息（占45.52%）和健身（占32.74%），满足其个体性文化需求；其中，只有27.20%的人是为了社会交往（参见图3）。

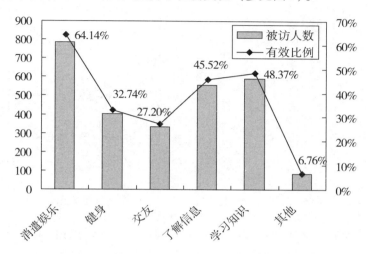

图3 受访者日常性文化娱乐活动及其参与情况

然而，调查同时表明，人们又热切希望参与公共文化生活。66.78%的受访者明确表示愿意参与集体文化活动，仅4.58%的人明确表达不愿意参与集体文化活动（参见图4）。

图4 受访者是否愿意参与集体文化活动

无论是在农村还是在城镇，目前村庄或社区内的公共性文化活动较为匮乏。37.39%的受访者反映本村或本社区有集体健身活动，25.73%的人反映本村或本社区放过电影，17.67%的人反映本村或本社区举行过文体比赛，15.88%的人反映本村或本社区举办过花灯、舞龙等民间文化活动。此外，还有少量的村庄、社区举行宗族活动、庙会、唱戏、文化科技讲座等群体性、集体性活动。高达26.48%的受访者明确表示本村或本社区没有集体文化活动。

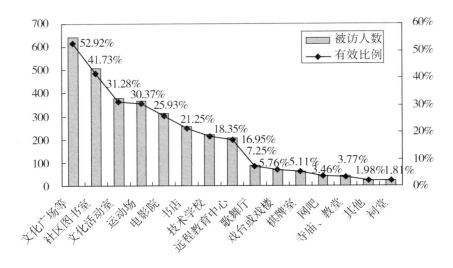

图5 受访者希望政府在社区（村）修建的文化设施

再从受访者的文化需求来看，他们希望政府在社区（村）里修建的文化设施也基本上都是公共性文化设施，依次是文化广场（占52.92%）、社区（村）图书室（占41.73%）、文化活动室（占31.28%）、运动场（占30.37%）、电影院（占25.93%）、书店（占21.25%）、技术学校（占18.35%）、远程教育中心（占16.95%）等（参见图5）。尤其是排在需求第一位的文化广场，更是一种开放性的社会公共空间，可以容纳更多人群，进行大规模群体性或集体性文化活动。

那么，如何解释当前比较普遍的个体化的文化生活与集体化的文化需求之间的矛盾呢？很显然，人们文化生活趋向个体化有其深刻的社会经济基础原因。改革开放以后，随着市场经济的不断发展，一个个个体从高度集中的、整齐划一的、无所不包的"总体性社会"中"脱嵌"出来，并且越来越多的个人从家庭、亲属关系、单位或集体、社群（社区）和阶级等结构性藩篱中解脱出来，日益成为"为自己而活"和"靠自己而活"的原子化个体。这种社会经济的变化必然表现在人们的文化生活上，使得公共文化生活日渐萎缩，而个体化文化生活方式越来越盛行。但是，按照马克思的说法，作为一个"类存在物"，人又不能不过一种"类生活"，脱离一定的社会关系；当人们从一种旧的社会关系中脱嵌出来的同时，必然又努力去建构一种新的社会关系。也就是说，一方面，人们的文化生活日趋个体化，另一方面，（在旧的文化生活方式衰落的同时）他们又希望重构一种新的公共文化生活方式，满足其"类生活"的需要。这种新的公共文化生活方式不同于旧的文化生活方式，前者建立在自由个体的社会交往的基础之上，后者是一个集体（或共同体）所固有的，并内在于一个同质的集体（或共同体）成员生活之中；借用腾尼斯（Ferdinand Tönnies）的概念，前者是"选择意志"的实现，后者是"本质意志"的体现①；前者是开放的，后者是封闭的。

三、地区间文化需求

下面，根据受访者的地区分布，比较东部、中部、西部不同地区群众的文化生活方式及文化需求差异。

从总体上来看，不同地区受访者的日常文娱活动状况大致相似：一是个体式文娱活动占据主导地位，二是日常文娱活动基本结构趋同（参见图6）。

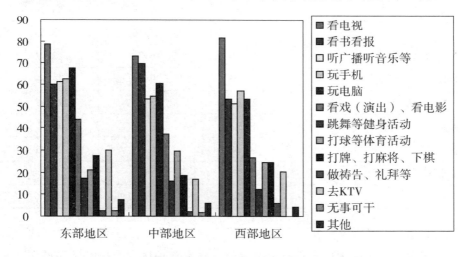

图6　不同区域之间日常文娱活动状况比较（单位:%）

其中，只有个别文娱活动项目占比及排序有所差异。譬如，排在东部地区第二位的日常文娱活动是"玩电脑"（占67.50%），排在中部地区第二位的日常文娱活动是"看书看报"（占69.76%），排在西部地区第二位的日常文娱活动是"看书看报"和"玩电脑"（均占53.06%）。相比较而言，西部地区受访者做祷告、礼拜等宗教活动较多（占6.12%）（参见表2），这跟其特定的民族、

---

① 关于"本质意志"和"选择意志"的论述，请参阅［德］斐迪南·腾尼斯. 共同体与社会：纯粹社会学的基本概念［M］. 林荣远，译. 北京：北京大学出版社，2010：117－150.

宗教信仰相关。

相关分析表明，除了"看戏（演出）、看电影"和"去 KTV"跟区域分布在统计上具有一定的相关性（二者相关系数 r 均是 −0.057，且 P < 0.05）以外，其他日常文娱活动则不具有统计意义上的相关性。

表2　日常文娱活动的地区比较（单位：%）

	东部地区	中部地区	西部地区
看电视	78.75	73.13	81.63
看书看报	60.00	69.76	53.06
听广播听音乐等	61.25	53.28	51.02
玩手机	62.50	54.68	57.14
玩电脑	67.50	60.58	53.06
看戏（演出）、看电影	43.75	37.36	26.53
跳舞等健身活动	17.50	16.01	12.24
打球等体育活动	21.25	29.49	24.49
打牌、打麻将、下棋	27.50	18.63	24.49
做祷告、礼拜等	2.50	1.97	6.12
去 KTV	30.00	16.95	20.41
无事可干	2.50	1.69	–
其他	7.50	6.09	4.08

通过进一步的交叉分析，在这些日常文娱活动中，受访者做得最多的活动项目在不同地区之间则显示出较大差异性。在东部地区，受访者做得最多的是"看电视"（占 26.92%）、"玩手机"（占 25.64%）；在中部地区，受访者做得最多的是"看电视"（占 37.45%）、"看书看报"（占 22.28%），其次是"玩手机"（占 12.55%）、"玩电脑"（占 10.67%）；在西部地区，受访者做得最多的是"看电视"（占 60.42%）。不同地区受访者日常做得最多的文娱活动的差异性，也通过了卡方检验（$\chi_2 = 76.591$）。也就是说，东、中、西部地区群众日常的文娱活动方式基本相同，其差异主要体现在个别的文娱活动更加频繁而已。

表面上来看，不同地区受访者参加文娱活动的目的显示出一定的差异性（参见图7）。譬如，排在第二位的目的，东部地区受访者是"了解信息"（占51.25%），中部地区受访者是"学习知识"（占 50.43%），西部地区受访者是

"学习知识"和"交友"（均为40.43%）；排在第三位的目的，东部地区受访者是"学习知识"（占36.25%），中部地区受访者是"理解信息"（占45.20%），西部地区受访者是"健身"（占38.30%）（参见表2-3）。然而，这些目的只有"消遣娱乐"通过了卡方检验（$\chi_2 = 10.250$），说明在统计意义上，只有"消遣娱乐"在不同地区之间存在差异。

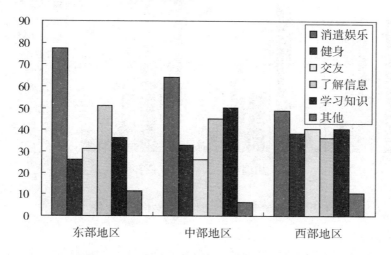

图7　不同区域受访者参加文娱活动的目的比较（单位:%）

表3　参加文娱活动目的的地区比较（单位:%）

	东部地区	中部地区	西部地区
消遣娱乐	77.50	64.10	48.94
健身	26.25	32.76	38.30
交友	31.25	26.12	40.43
了解信息	51.25	45.20	36.17
学习知识	36.25	50.43	40.43
其他	11.25	6.36	10.64

　　再从受访者希望政府供给的文化设施来看，排在前几位都是文化广场、社区图书室、运动场等，但不同地区受访者的具体排序有一定差别。譬如，东部地区受访者希望政府在其社区（村）兴建的文化设施依次是文化广场、图书室、技术学校、电影院、文化活动室、运动场，中部地区受访者依次是文化广场、图书室、文化活动室、运动场、电影院、书店，西部地区受访者依次是文化广

场、运动场、电影院、技术学校、图书室、文化活动室（参见图8和表4）。

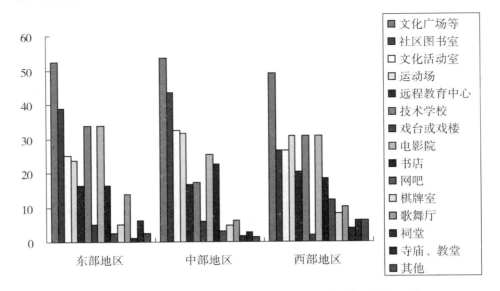

图8　不同区域受访者希望政府供给的文化设施比较（单位：%）

表4　希望政府供给的文化设施排序的地区比较（单位：%）

	东部地区	中部地区	西部地区
第一位	文化广场	文化广场	文化广场
第二位	社区图书室	社区图书室	运动场
第三位	技术学校	文化活动室	电影院
第四位	电影院	运动场	技术学校
第五位	文化活动室	电影院	社区图书室
第六位	运动场	书店	文化活动室

四、城乡间文化需求

接下来，再比较城乡之间群众的文化生活与文化需求的差异。本次调查，将受访者居住地依次划分为"市中心（城中心、县城）""城郊""镇乡"和"农村"四种类型，它们分别对应于"城市社区""城郊社区""集镇社区""村落社区"。

从受访者日常文娱活动的排序来看，居住在城市社区的群众前五位日常文娱活动依次是看书看报（占78.09%）、看电视（占70.27%）、玩电脑（占64.72%）、听广播听音乐（占54.20%）、玩手机（占51.07%）；城郊社区群众前五位日常文娱活动依次是看电视（占72.22%）、玩电脑（占65.56%）、玩手机（占60.56%）、看书看报（占57.22%）、听广播听音乐（占56.11%）；集镇社区群众前五位日常文娱活动依次是看电视（占82.14%）、玩电脑（占69.05%）、玩手机（占65.48%）、听广播听音乐（占59.52%）、看书看报（占55.95%）；村落社区群众前五位日常文娱活动依次是看电视（占80.44%）、玩手机（占58.30%）、看书看报（占54.24%）、听广播听音乐（占49.45%）、玩电脑（占44.28%）（参见表5）。一方面说明城乡不同居住地群众由于社会构成以及社会经济发展不同，其日常文娱活动偏好不尽相同，另一方面也显示出城乡群众文娱活动方式的逐渐趋同。特别是随着资讯、科技的发展，城乡群众普遍流行玩电脑、玩手机，而且人数日益增多。除了城市社区看电视的受访者略低于看书看报以外，无论是在城郊社区还是在集镇社区、村落社区，看电视仍然是城乡群众日常文娱活动的首选项，其中高达80%以上的村落、集镇社区群众以看电视为主要文娱活动，而且从村落社区到集镇社区再到城郊社区、城市社区，看电视与排在第二位活动之间的差距越来越小（分别是22.14%、13.09%、6.66%和−7.82%），呈"剪刀差"状。

表5　城乡之间群众日常文娱活动比较（单位：%）

	市中心	城郊	镇乡	农村
看电视	70.27	72.22	82.14	80.44
看书看报	78.09	57.22	55.95	54.24
听广播听音乐等	54.20	56.11	59.52	49.45
玩手机	51.07	60.56	65.48	58.30
玩电脑	64.72	65.56	69.05	44.28
看戏（演出）、看电影	40.40	42.78	38.10	24.72
跳舞等健身活动	19.77	15.56	17.86	6.27
打球等体育活动	36.27	25.56	17.86	15.13
打牌、打麻将、下棋	17.64	23.89	20.24	21.03
做祷告、礼拜等	2.42	2.78	3.57	1.85
去KTV	19.06	21.11	27.38	11.81
无事可干	1.42	2.22	–	3.32
其他	5.26	3.89	5.95	9.59

从总体上来看，城乡不同居住地群众日常文娱活动有同有异，其中城郊和集镇社区群众日常文娱活动更加相似（参见图9）。

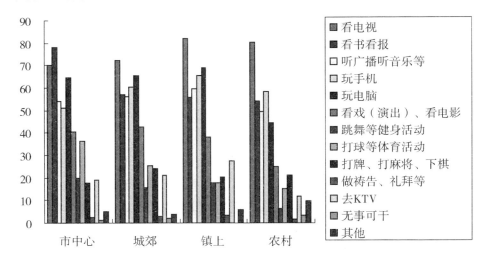

图9　城乡之间群众日常文娱活动比较图（单位：%）

为了便于了解城乡不同居住地群众日常文娱活动的差异状况，分别对城市社区和城郊社区、城市社区和集镇社区、城市社区和村落社区、城郊社区和集镇社区、城郊社区和村落社区、集镇社区和村落社区受访者数据进行卡方检验（参见表6）。

表6　城乡之间群众日常文娱活动卡方检验

	城市—城郊	城市—集镇	城市—村落	城郊—集镇	城郊—村落	集镇—村落
看电视	0.319 （0.572）	5.352 （0.021）	11.283 （0.001）	3.037 （0.081）	4.471 （0.034）	0.082 （0.774）
看书看报	31.524 （0.000）	19.517 （0.000）	53.423 （0.000）	0.038 （0.846）	0.388 （0.533）	0.076 （0.783）
听广播听音乐等	0.229 （0.632）	0.885 （0.347）	1.579 （0.209）	0.272 （0.602）	1.818 （0.178）	2.513 （0.113）
玩手机	5.341 （0.021）	6.375 （0.012）	4.523 （0.033）	0.589 （0.443）	0.186 （0.666）	1.294 （0.255）

	城市—城郊	城市—集镇	城市—村落	城郊—集镇	城郊—村落	集镇—村落
玩电脑	0.054 (0.817)	0.644 (0.422)	32.883 (0.000)	0.314 (0.575)	19.318 (0.000)	15.513 (0.000)
看戏（演出）、看电影	0.369 (0.543)	0.150 (0.699)	20.276 (0.000)	0.518 (0.472)	16.015 (0.000)	5.609 (0.018)
跳舞等健身活动	1.621 (0.203)	0.165 (0.684)	26.161 (0.000)	0.223 (0.637)	10.288 (0.001)	10.414 (0.001)
打球等体育活动	7.198 (0.007)	11.182 (0.001)	40.664 (0.000)	1.910 (0.167)	7.448 (0.006)	0.343 (0.558)
打牌、打麻将、下棋	3.718 (0.054)	0.359 (0.549)	1.602 (0.206)	0.435 (0.510)	0.482 (0.487)	0.030 (0.864)
做祷告、礼拜等	0.079 (0.778)	0.409 (0.523)	0.277 (0.599)	0.123 (0.726)	0.426 (0.514)	0.858 (0.354)
去 KTV	0.405 (0.524)	3.302 (0.069)	7.075 (0.008)	1.267 (0.260)	7.049 (0.008)	11.773 (0.001)
无事可干	0.595 (0.440)	1.207 (0.272)	3.747 (0.053)	1.895 (0.169)	0.475 (0.491)	2.873 (0.090)
其他	0.561 (0.454)	0.074 (0.786)	6.201 (0.013)	0.562 (0.453)	5.238 (0.022)	1.084 (0.298)

注：表中数字为 Pearson Chi-Square 值（即 χ_2），括号中数字为双侧近似概率 P。

依据卡方检验，城市社区跟村落社区两组数据差异显著，城郊社区跟集镇社区两组数据无显著差异。此外，城市社区跟城郊社区两组数据的差异主要体现在看书看报、打球等体育活动、玩手机上，城市社区跟集镇社区两组数据的差异主要体现在看书看报、打球等体育活动、玩手机、看电视上，城郊社区跟村落社区两组数据的差异主要体现在玩电脑、看戏（演出）或看电影、跳舞健身、打球等体育活动、去 KTV、看电视等方面，集镇社区跟村落社区两组数据的差异体现在玩电脑、跳舞健身、去 KTV、看戏（演出）或看电影上。

进一步的交叉分析表明，在这些日常文娱活动中，城乡群众做得最多的活动项目无一例外是看电视。城市、城郊、集镇、村落社区受访者看电视的占比分别是32.32%、37.04%、42.17%、50.20%，城市社区1/3的受访者做得最多的是看电视；从城市、城郊社区到集镇、村落社区，看电视的占比依序增长，村落社区群众则达到一半以上。然而排在第二、三位做得最多的文娱活动，城乡不同居住地的群众差异较大，城市社区群众依次是看书看报（26.05%）、玩手机和玩电脑（均为13.02%），城郊社区群众依次是玩手机（17.90%）、玩电脑（11.73%），集镇社区群众依次是看书看报（15.66%）、听广播听音乐（13.25%），村落社区群众依次是看书看报（14.23%）、玩手机（11.46%）。城乡之间日常做得最多的文娱活动的差异性，不但通过了卡方检验，而且 Pearson 卡方值较大，达到104.674。

从受访者参加文娱活动的目的来看，城郊、集镇和村落社区群众几乎相同，他们跟城市社区群众存在较大差异（参见图10或表7）。

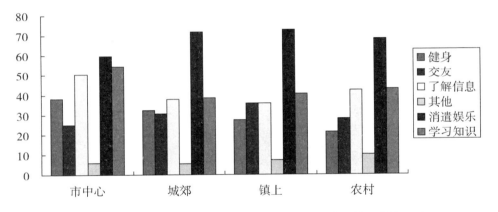

图10　城乡不同居住地受访者参加文娱活动的目的比较（单位:%）

表7　参加文娱活动目的的地区比较（单位:%）

	城市	城郊	集镇	村落
健身	38.26	32.22	27.38	21.27
交友	25.22	30.56	35.71	27.99
了解信息	50.43	37.78	35.71	42.16
其他	5.80	5.56	7.14	10.07
消遣娱乐	59.71	71.67	72.62	68.28
学习知识	54.49	38.33	40.48	42.91

　　进一步的卡方检验也验证了这一观察。城郊社区跟集镇社区、集镇社区跟村落社区两组数据均没有通过卡方检验，说明城郊社区群众跟集镇社区群众以及村落社区群众参加日常文化娱乐活动的目的相同。城市社区跟城郊社区两组数据中的"消遣娱乐""了解信息""学习知识"均通过了卡方检验（χ^2 分别是 9.613、8.863 和 14.498），也就是说，除了"健身""交友"和"其他"目的相同外，城市社区群众和城郊社区群众的"消遣娱乐""了解信息"和"学习知识"的目的是有差异的。

　　再从受访者希望政府供给的文化设施来看，排在前几位都是文化广场、社区图书室、运动场等，但城乡不同居住地受访者的具体排序有一定差别。例如，城市社区受访者希望政府在其社区兴建的文化设施依次是文化广场、图书室、文化活动室、运动场、电影院、书店；城郊社区受访者依次是文化广场、图书室、文化活动室、运动场、电影院、技术学校；集镇社区受访者依次是文化广场、电影院、图书室、技术学校、文化活动室、运动场；村落社区受访者依次是文化广场、图书室、运动场、文化活动室、书店、电影院（参见图 11 和表 8）。

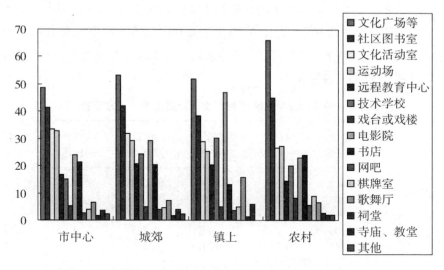

图 11　不同区域受访者希望政府供给的文化设施比较（单位:%）

表8 城乡群众希望政府供给的文化设施排序的地区比较

	城市	城郊	集镇	村落
第一位	文化广场	文化广场	文化广场	文化广场
第二位	社区图书室	社区图书室	电影院	社区图书室
第三位	文化活动室	文化活动室	社区图书室	运动场
第四位	运动场	运动场	技术学校	文化活动室
第五位	电影院	电影院	文化活动室	书店
第六位	书店	技术学校	运动场	电影院

通过对城乡不同居住地受访者文化设施需求数据的卡方检验发现：城市社区群众和城郊社区群众对社区文化设施的需求基本相同（仅"技术学校"一项显示差异）；除了"文化广场"以外，城郊社区群众跟农村社区群众对文化设施的需求也基本相同；其次是城郊社区群众跟集镇社区群众对文化设施的需求，除了"电影院""歌舞厅"以外也基本相同；而城市社区群众跟集镇社区群众对文化设施的需求主要是"技术学校""电影院"和"歌舞厅"上的差异；城市社区群众跟村落社区群众对文化设施需求的差异体现在"文化广场""文化活动室""网吧"和"棋牌室"上；集镇社区群众跟村落社区群众对文化设施需求的差异则较大，如在"文化广场""电影院""书店""歌舞厅"和"寺庙、教堂"上差异较大（参见表9）。

表9 城乡群众对社区（村）文化设施需求的卡方检验

	城市—城郊	城市—集镇	城市—村落	城郊—集镇	城郊—村落	集镇—农村
文化广场	1.618 (0.203)	0.301 (0.583)	24.288 (0.000)	0.109 (0.741)	6.833 (0.009)	5.731 (0.017)
社区图书室	0.100 (0.751)	0.231 (0.631)	1.401 (0.237)	0.385 (0.535)	0.363 (0.547)	1.251 (0.263)
文化活动室	0.110 (0.741)	0.769 (0.380)	4.118 (0.042)	0.318 (0.573)	1.561 (0.212)	0.130 (0.718)
运动场	0.745 (0.388)	1.992 (0.158)	2.535 (0.111)	0.504 (0.478)	0.194 (0.660)	0.174 (0.677)

续表

	城市 —城郊	城市 —集镇	城市 —村落	城郊 —集镇	城郊 —村落	集镇 —农村
远程教育中心	1.854 (0.173)	0.767 (0.381)	0.614 (0.433)	0.010 (0.918)	3.125 (0.077)	1.650 (0.199)
技术学校	8.796 (0.003)	12.117 (0.000)	3.692 (0.055)	0.933 (0.334)	1.136 (0.287)	3.586 (0.058)
戏台或戏楼	0.002 (0.964)	0.022 (0.882)	3.055 (0.080)	0.010 (0.918)	1.567 (0.211)	1.064 (0.302)
电影院	2.3489 (0.125)	20.108 (0.000)	0.063 (0.802)	7.461 (0.006)	2.276 (0.131)	17.471 (0.000)
书店	0.102 (0.749)	3.115 (0.078)	0.798 (0.372)	1.971 (0.160)	0.871 (0.351)	4.520 (0.034)
网吧	1.058 (0.304)	0.334 (0.563)	5.468 (0.019)	0.020 (0.887)	0.592 (0.442)	0.514 (0.474)
棋牌室	0.167 (0.683)	0.175 (0.676)	9.852 (0.002)	0.009 (0.923)	3.088 (0.079)	1.479 (0.224)
歌舞厅	0.158 (0.691)	8.782 (0.003)	0.009 (0.923)	4.264 (0.039)	0.073 (0.787)	6.279 (0.012)
祠堂	0.004 (0.948)	0.087 (0.768)	0.979 (0.323)	0.093 (0.760)	0.398 (0.528)	0.565 (0.452)
寺庙、教堂	0.068 (0.795)	1.209 (0.272)	1.851 (0.174)	0.533 (0.465)	1.800 (0.180)	3.952 (0.047)
其他	0.001 (0.973)	1.890 (0.169)	0.123 (0.726)	1.917 (0.166)	0.088 (0.766)	1.572 (0.210)

注：表中数字为 Pearson Chi-Square 值（即 χ^2），括号中数字为双侧近似概率 P。

五、群体性文化需求

最后，比较不同群体的文化需求及其文化生活状况。本书分别从性别、年龄、文化程度、宗教信仰、职业、收入等方面刻画群体的基本特征（参见表10）。

通过卡方检验发现，不同性别、年龄、文化程度和职业的群体，其日常文娱活动差异性显著。例如，男女受访者除在看书看报、做祷告礼拜等少数活动上基本相同以外，其日常文娱活动方面差异性明显；不同年龄的人除了做祷告礼拜等少数活动基本相同以外，其日常文娱活动差异较大；不同文化程度的人除了跳舞健身、做祷告礼拜等少数活动基本相同以外，其日常文娱活动也差异突出；相对而言，不同职业的人仅极少的其他活动基本相同以外，其日常文娱活动差异更大。

表 10　日常文娱活动群体性差异的卡方检验

	性别	年龄结构	文化程度	宗教信仰	职业	月收入结构
看电视	18.782 (0.000)	49.372 (0.000)	19.103 (0.002)	7.581 (0.181)	28.424 (0.000)	13.700 (0.033)
看书看报	1.095 (0.295)	16.349 (0.006)	148.649 (0.000)	1.359 (0.929)	156.388 (0.000)	42.377 (0.000)
听广播、听音乐等	21.050 (0.000)	43.367 (0.000)	62.160 (0.000)	3.827 (0.575)	88.168 (0.000)	4.587 (0.598)
玩手机	38.016 (0.000)	104.753 (0.000)	266.799 (0.000)	11.705 (0.039)	221.586 (0.000)	4.450 (0.616)
玩电脑	20.648 (0.000)	139.571 (0.000)	189.995 (0.000)	13.228 (0.021)	158.756 (0.000)	7.708 (0.260)
看戏（演出）、看电影	24.762 (0.000)	80.733 (0.000)	109.802 (0.000)	9.353 (0.096)	93.135 (0.000)	11.829 (0.066)
跳舞等健身活动	53.288 (0.000)	15.616 (0.008)	9.180 (0.102)	8.369 (0.137)	50.846 (0.000)	7.676 (0.263)
打球等体育活动	43.844 (0.000)	19.332 (0.002)	86.812 (0.000)	1.906 (0.862)	41.413 (0.000)	26.557 (0.000)
打牌、打麻将、下棋	36.986 (0.000)	27.212 (0.000)	41.165 (0.000)	6.360 (0.273)	36.274 (0.000)	8.186 (0.225)
去 KTV	9.636 (0.002)	76.618 (0.000)	33.557 (0.000)	7.792 (0.168)	35.849 (0.000)	3.927 (0.687)

	性别	年龄结构	文化程度	宗教信仰	职业	月收入结构
做祷告、礼拜等	1.321 (0.250)	7.137 (0.211)	4.278 (0.510)	189.455 (0.000)	26.982 (0.001)	11.339 (0.078)
无事可干	1.813 (0.277)	5.579 (0.349)	51.446 (0.000)	0.800 (0.977)	20.902 (0.007)	6.298 (0.391)
其他	0.808 (0.369)	6.664 (0.247)	8.591 (0.127)	2.929 (0.711)	6.957 (0.541)	9.090 (0.169)

注：表中数字为 Pearson Chi - Square 值（即 χ_2），括号中数字为双侧近似概率 P。

卡方检验显示，不同宗教信仰的群体除在玩手机、玩电脑、看戏（演出）或看电影、做祷告礼拜上有明显差异外，其他各项日常文娱活动没有差异；不同收入阶层的人除在看电视、看书看报、打球等体育运动上有明显差异外，其他各项日常文娱活动没有差异（参见表10）。

对不同群体参加文娱活动目的的卡方检验表明，不同性别、年龄、文化程度、宗教信仰、职业的人，他们在消遣娱乐方面的目的差异明显，而不同收入阶层的人对此则无显著差异。与之相对应的是，不同性别、年龄、文化程度、宗教信仰、收入水平的人都有健身的目的，只是不同职业的人在健身上差异更明显。在交友目的方面，除不同年龄、文化程度、职业的人差异显著外，不同性别、宗教信仰、收入水平的人则基本没有差异。在了解信息方面，不同性别、宗教信仰的人目的基本相同，不同年龄、文化程度、职业、收入水平的人的目的显著不同。在学习知识方面，不同性别、宗教信仰、收入水平的人目的基本相同，不同年龄、文化程度、职业的人目的显著不同（参见表11）。

表11 参加文娱活动目的的卡方检验

	性别	年龄结构	文化程度	宗教信仰	职业	月收入结构
消遣娱乐	19.376 (0.000)	37.103 (0.000)	18.954 (0.002)	15.598 (0.008)	54.233 (0.000)	3.370 (0.761)
健身	0.103 (0.748)	9.638 (0.086)	7.979 (0.157)	1.985 (0.851)	36.405 (0.000)	4.085 (0.665)

续表

	性别	年龄结构	文化程度	宗教信仰	职业	月收入结构
交友	2.628 (0.105)	47.207 (0.000)	17.859 (0.003)	1.576 (0.904)	69.462 (0.000)	9.352 (0.155)
了解信息	0.509 (0.476)	13.052 (0.023)	28.428 (0.000)	5.467 (0.362)	27.287 (0.001)	15.249 (0.018)
学习知识	2.406 (0.121)	25.196 (0.000)	103.367 (0.000)	8.764 (0.119)	71.192 (0.000)	12.390 (0.054)
其他	1.210 (0.271)	1.947 (0.856)	27.647 (0.000)	12.763 (0.026)	12.918 (0.115)	9.556 (0.145)

注：表中数字为 Pearson Chi – Square 值（即 χ_2），括号中数字为双侧近似概率 P。

再比较不同群体对社区（村）文化设施的需求。通过卡方检验发现，不同性别、年龄、文化程度、职业的人对社区（村）文化设施的需求有较大差异，而不同宗教信仰、收入水平的人对此需求几乎相同（参见表 12）。

表 12　城乡群众对社区（村）文化设施需求的卡方检验

	性别	年龄结构	文化程度	宗教信仰	职业	月收入结构
文化广场	10.059 (0.002)	2.592 (0.763)	2.223 (0.818)	5.243 (0.387)	8.894 (0.344)	5.468 (0.485)
社区图书室	7.933 (0.005)	15.784 (0.007)	15.459 (0.009)	4.020 (0.547)	25.886 (0.001)	14.253 (0.027)
文化活动室	0.113 (0.736)	20.291 (0.001)	9.103 (0.105)	1.527 (0.910)	19.601 (0.012)	9.959 (0.126)
运动场	12.355 (0.000)	5.428 (0.366)	31.354 (0.000)	3.191 (0.671)	16.039 (0.042)	11.287 (0.080)
电影院	18.754 (0.000)	71.973 (0.000)	13.323 (0.021)	15.508 (0.008)	47.632 (0.000)	9.632 (0.141)
书店	2.806 (0.094)	12.315 (0.031)	22.227 (0.000)	1.797 (0.876)	21.768 (0.005)	10.279 (0.113)

续表

	性别	年龄结构	文化程度	宗教信仰	职业	月收入结构
技术学校	4.613 (0.032)	9.757 (0.082)	19.479 (0.002)	1.696 (0.889)	33.241 (0.000)	10.154 (0.118)
远程教育中心	10.379 (0.001)	14.913 (0.011)	7.672 (0.175)	1.692 (0.890)	32.278 (0.000)	3.854 (0.696)
歌舞厅	4.552 (0.033)	14.211 (0.014)	2.041 (0.843)	2.022 (0.846)	10.976 (0.203)	4.222 (0.647)
戏台或戏楼	0.823 (0.364)	14.371 (0.013)	24.448 (0.000)	6.456 (0.264)	23.100 (0.003)	10.770 (0.096)
网吧	6.563 (0.010)	2.161 (0.826)	6.598 (0.252)	1.968 (0.854)	17.544 (0.025)	11.325 (0.079)
棋牌室	5.824 (0.016)	18.100 (0.003)	30.324 (0.000)	3.839 (0.573)	17.788 (0.023)	2.040 (0.916)
祠堂	4.816 (0.028)	3.336 (0.648)	3.097 (0.685)	5.554 (0.352)	6.025 (0.644)	2.105 (0.910)
寺庙、教堂	4.026 (0.045)	17.809 (0.003)	1.440 (0.920)	56.201 (0.000)	5.128 (0.744)	4.198 (0.650)
其他	0.205 (0.650)	14.768 (0.011)	33.571 (0.000)	5.989 (0.307)	9.967 (0.267)	3.111 (0.795)

注：表中数字为 Pearson Chi-Square 值（即 χ_2），括号中数字为双侧近似概率 P。

　　从需求相对较多的文化设施来看，除了不同性别的人对文化广场的需求差异较大外，不同年龄、文化程度、宗教信仰、职业、收入水平的人对它的需求基本相同；而对于社区图书室，除了不同宗教信仰者对它的需求基本相同外，不同性别、年龄、文化程度、职业、收入水平的人对它的需求差异显著；对于文化活动室，除了不同年龄、职业的人对它的需求差异显著外，不同性别、文化程度、宗教信仰、收入水平的人对它的需求基本相同；对于运动场，除了不同性别、文化程度、职业的人对它的需求差异显著外，不同年龄、宗教信仰、收入水平的人对它的需求基本相同；对于电影院，除了不同收入水平的人对它的需求相同外，不同性别、年龄、文化程度、宗教信仰、职业的人对它的需求差异显著；对于书店，除了不同性别、宗教信仰、收入水平的人对它的需求基本相同外，不同年龄、文化程度、职业的人对它的需求差异显著；对于技术学校，不同性别、文化程度、职业的人对它的需求有明显差异，不同年龄、宗教信仰、收入水平的人对它的需求均基本相同；对于远程教育中心，不同性别、年龄、职业的人对它的需求差异明显，不同文化程度、宗教信仰、收入水平的人对它的需求则基本相同。

六、结论与建议

根据前述初步分析，可得出如下基本结论。

第一，从社区层面来看，无论是在城市还是农村，个体性或私人性文化娱乐活动目前均占据城乡人民群众日常文化生活的主导地位，人们的文化生活日趋个体化。这在一定程度上反映了当今社会结构的个体化转向，同时又直接表征了当下社区层面公共文化生活的式微。文化生活的个体化，并不表示人们没有公共文化需求。调查也表明，人们热切希望参与公共文化生活，只是当前下沉到社区的公共文化服务过于匮乏，不仅向社区提供的公共文化设施严重不足，而且在社区内开展的各种公共文化活动也十分稀少。

第二，在东、中、西部地区之间，人们的文化需求基本趋同；而在城乡之间，人们的文化需求与日常文化生活则显示出较大差异，尤其是城市社区群众和村落社区群众之间的差异性更加显著。

第三，不同性别、年龄、文化程度和职业的群体，其日常文娱活动差异性显著。相对而言，不同宗教信仰的群体和不同收入阶层的人只是在部分文娱活动上有明显差异。而在对社区（村）文化设施的需求上，不同性别、年龄、文化程度、职业的人有较大差异，而不同宗教信仰、收入水平的人对此需求几乎相同。

对此，可以采取以下几种措施。

第一，公共文化服务不断向城乡社区基层下沉，着力加强社区公共文化服务体系建设，努力改善社区公共文化服务。社区公共文化服务的主旨在于重构和丰富社区居民的公共文化生活。

第二，在着力推进城乡公共文化服务均等化、标准化的同时，也要根据城乡居民文化需求的差异性以及城乡人民群众生产、生活的不同需要，有针对性地提供差别化的公共文化服务内容。

第三，在保障人民群众基本文化权益的同时，也要针对社会群体的分化以及他们不同文化需求和生产生活特点，提供差异化的公共文化服务。这一方面对政府提供的公共文化服务提出了更高的要求和挑战，另一方面也要求地方不同层级政府和各种社会性力量在满足不同社会群体文化需求中发挥各自的优势和能动性。

非均等化的农村文化服务及其改进对策

　　农村文化服务是农村公共服务体系的重要组成部分，对于满足农民群众日益增长的公共文化生活需求，保障他们的文化权益，促进农村经济、社会和文化的协调、持续发展具有重要作用和意义。党的十七大报告明确指出，"重视城乡、区域文化协调发展，着力丰富农村、偏远地区、进城务工人员的精神文化生活"，"兴起社会主义文化建设新高潮，激发全民族文化创造活力，提高国家文化软实力，使人民基本文化权益得到更好保障，使社会文化生活更加丰富多彩，使人民精神风貌更加昂扬向上"。就我国农村文化服务的现实状况来说，当务之急是缩小地区之间以及城乡之间的差距，保障偏远山区和落后地区农民的文化权益，实现城乡和区域之间文化服务的协调发展。

　　农村文化是一个颇有争议的概念。传统意义上的农村文化主要有两种含义：广义上是指农民特有的生活方式，狭义上是指农民特有的价值观和生活方式。以上两种界定都无法准确概括出农民现实需求意义上的农村文化的内涵和外延。因此，我们主张从农民群众的主体性需求出发来解释农村文化，认为农村文化服务包括农村文体娱乐性服务、科技知识性服务、文化信息性服务等，并且这些服务应由各级政府的文化、广播电视、科技等相关部门来供给。本文主要考察了历史上农村文化服务财政投入的基本状况、农民文化需求与政府供给、农村文化服务的几种模式及运行机制、政府责任与分摊机制，并在此基础上提出财政投入的指标及促进均等化的政策建议。

一、农村文化服务的财政支持：非均衡的低度投入

　　充足的财政资金投入是搞好农村文化服务的基础。从相关统计数据来看，我国农村文化服务财政投入主要存在两大问题：一是财政投入水平的低度化；二是财政投入的非均衡化。

（一）国家财政对文化事业的投入总量偏少，没有随着财政状况的好转加大对文化事业的投入

从文化部门的统计数据来看，从"一五"时期开始到 2003 年，全国文化事业费占国家财政总支出的比重平均为 0.41%，占国内生产总值（GDP）的比重平均为 0.09%，特别是在 20 世纪 90 年代，文化事业费占 GDP 的比重更低，仅为 0.06%①（参见表 1）。

表1 全国文化事业费占国家财政总支出、国内生产总值（GDP）的比重

（单位：亿元、%）

年份	文化事业费	国家财政总支出	GDP	占国家财政比重	占 GDP比重
"一五"时期	4.97	1345.60	4689.00	0.37	0.11
"二五"时期	7.99	2288.70	6572.30	0.35	0.12
"三年"调整	4.49	1204.90	4403.40	0.37	0.10
"三五"时期	10.36	2518.60	9555.60	0.41	0.11
"四五"时期	15.36	3919.60	13452.60	0.39	0.11
"五五"时期	22.04	5247.30	18325.70	0.42	0.12
1978 年	4.44	1111.00	3624.10	0.40	0.12
1980 年	5.58	1212.70	4517.80	0.46	0.12
"六五"时期	36.03	6952.00	32227.00	0.52	0.11
1985 年	9.32	1844.80	8964.40	0.51	0.10
"七五"时期	62.45	13978.30	72550.10	0.45	0.09
1986 年	10.74	2330.80	10202.20	0.46	0.11
1987 年	10.77	2448.50	11962.50	0.44	0.09

---

① 虽然 1981 年以后的文化事业统计年报的文化事业费不含文物、出版及科学研究费，但是直到 1986 年，文化事业费占 GDP 的比重都在 0.10% 以上，即便是在整个"七五"时期，该比重也仍然较高，为 0.09%。

年份	文化事业费	国家财政总支出	GDP	占国家财政比重	占 GDP 比重
1988 年	12.18	2706.60	14928.30	0.45	0.08
1989 年	13.57	3040.20	16909.20	0.45	0.08
1990 年	15.19	3452.20	18547.90	0.44	0.08
"八五"时期	121.23	26092.50	188127.80	0.46	0.06
1991 年	17.28	3813.60	21617.80	0.45	0.08
1992 年	19.46	4389.70	26638.10	0.44	0.07
1993 年	22.37	5287.40	34634.40	0.42	0.06
1994 年	28.83	5792.60	46759.40	0.50	0.06
1995 年	33.39	6809.20	58478.10	0.49	0.06
"九五"时期	254.51	56897.94	392228.00	0.45	0.06
1996 年	38.77	7914.40	67884.60	0.49	0.06
1997 年	46.19	9197.10	74462.60	0.50	0.06
1998 年	50.78	10771.00	78345.20	0.47	0.06
1999 年	55.61	13136.00	82067.50	0.42	0.07
2000 年	63.16	15879.44	89468.10	0.40	0.07
"十五"时期	496.11	129915.10	661966.90	0.38	0.07
2001 年	70.99	18844.00	97314.80	0.40	0.07
2002 年	83.66	22012.00	104790.60	0.38	0.07
2003 年	94.03	26768.00	116898.40	0.35	0.08
2004 年	113.66	28360.79	159878.30	0.40	0.07
2005 年	133.77	33930.28	183084.80	0.39	0.07

资料来源：除 GDP 数据来源于财政部网站以外，其他均来自文化部计划财务司编：《中国文化文物统计年鉴》，北京图书馆出版社 2005 年 11 月第 1 版，第 11 页。说明：国家财政总支出、文教科学卫生事业费均系国家财政决算数。文化事业费：1953—1980 年系国家财政决算数（"一五"至"四五"时期含文物、出版经费，"五五"时期不含文物出版经费）；1981 年以后系文化事业统计年报数（不含文物、出版及科学研究费）。

从文教卫事业费各项支出的比例来比较，文化事业费所占比例微小，在中央一级文教卫事业费支出中，文化事业费支出比例不足 2%，2003 年甚至降至 1.11%；在地方财政文教卫事业非支出各个项目中，文化事业费支出比例也很小，不足 3%。

　　我国在不同的历史时期对农村文化投入都有明确的政策规定，但从实际情况来看这些政策并没有得到有效执行。1991 年 6 月，国务院在《批转文化部关于文化事业若干经济政策意见报告的通知》中，要求"每年应有一定的文化基建投资基数并随着经济状况的好转逐步增加这方面的投入，使之与物质文明建设方面的投入保持适当的增长比例"。1996 年 10 月，在《中共中央关于加强社会主义精神文明建设若干重要问题的决议》中，再次强调"中央和地方财政对宣传文化事业的投入，要随着经济的发展逐年增加，增加幅度不低于财政收入的增长幅度"。然而，从实际投入来看，只是在 1994—1997 年，文化事业费占财政支出的比重保持在一个比较高的水平（达 0.50%），1997 年以后，该比重持续下降，到 2003 年降到最低水平（仅为 0.35%），显然，这一时期的文化事业并未随着财政状况的好转而增加投入，没有达到文化事业投入"增加幅度不低于财政收入的增长幅度"的要求。

　　（二）在文化事业费支出中，用于群众文化事业的支出少之又少

　　根据我们对历史上农村文化事业经费投入状况的分析，从"六五"时期到"十五"时期，虽然群众文化事业费支出从总体上有所增长，但是，它占全国文化事业总支出的比例却始终没有突破 20%（参见表 2）。

表 2　全国文化事业费支出情况（单位：万元、%）

年份	总支出	其中的群众文化事业支出	所占比例
"六五"时期	459316	74866	16.3
1981 年	69232	12140	17.5
1982 年	79318	11957	15.1
1983 年	89282	13631	15.3
1984 年	103885	16798	16.2
1985 年	117599	20340	17.3
"七五"时期	980847	168619	17.2
1986 年	151892	27118	17.9
1987 年	163618	28222	17.2
1988 年	193954	32385	16.7
1989 年	226748	3818	16.9

续表

年份	总支出	其中的群众文化事业支出	所占比例
1990 年	244635	42470	17.4
"八五"时期	2090837	334861	16.0
1991 年	287937	48674	16.9
1992 年	328295	55330	16.9
1993 年	398478	63172	15.9
1994 年	502210	78794	15.7
1995 年	574193	88891	15.5
"九五"时期	4522682	835808	18.5
1996 年	741671	137775	18.6
1997 年	848548	158861	18.7
1998 年	899877	173207	19.2
1999 年	973733	177528	18.2
2000 年	1058853	188437	17.8
"十五"时期	5332658	1023054	19.1
2001 年	1097176	210860	19.1
2002 年	1277797	235593	18.4
2003 年	1384184	265751	19.2
2004 年	1573501	310850	19.8

资料来源：文化部计划财务司编：《中国文化文物统计年鉴》，北京图书馆出版社 2005 年 11 月第 1 版。

从群众文化事业的收入来看，改革开放初期群众文化事业经费来源完全是财政拨款，1986 年以后，财政补助收入所占的比例逐年下降，1996 年降到最低点（54%），1997 年略有提高（58%），1998 年再次降到最低水平，1999 年突然反弹提高到 98%。虽然 2000 年以来，这一比例逐年稳定上升，但始终没有超过 75% 的比例。

（三）预算内的农村文化建设投入比例不增反降，地方政府对农村文化建设的投入积极性相对较低

根据财政部教科文司的统计，"十五"期间，虽然全国农村文化建设的投入总量逐年有所增加，但预算内的拨款比例却呈下降趋势，2005 年为 60% 以下

（为56.32%），降至"十五"期间的最低水平（参见表3）。

表3 "十五"期间全国农村文化建设投入情况（单位：亿元）

	合计	2001 年	2002 年	2003 年	2004 年	2005 年
合计	539.39	83.00	77.13	99.83	132.02	146.64
（一）预算内拨款	325.91	51.29	49.54	56.96	85.54	82.59
占总投入的比例	60.42%	61.80%	64.23%	57.06%	64.79%	56.32%
1. 文体广播事业费	191.69	32.66	28.45	38.72	41.51	50.35
①文化	100.47	15.05	14.16	18.51	23.42	29.34
②体育	19.01	4.48	2.84	3.04	3.79	4.86
③广电	72.21	13.13	11.45	17.17	14.30	16.15
2. 基本建设支出	129.37	18.15	20.51	17.54	42.92	30.26
①文化	120.99	17.29	19.27	16.44	41.27	26.72
②体育	5.16	0.41	0.69	0.76	1.02	2.28
③广电	3.22	0.45	0.55	0.34	0.63	1.26
3. 宣传文化发展专项基金	4.85	0.48	0.58	0.70	1.11	1.98
①文化	3.70	0.37	0.46	0.53	0.81	1.52
②体育	0.31	0.02	0.03	0.04	0.10	0.12
③广电	0.84	0.09	0.09	0.13	0.20	0.34
（二）政府性基金（文化事业建设费）	10.28	1.20	2.17	2.28	2.23	2.40
占总投入的比例	1.91%	1.45%	2.81%	2.28%	1.69%	1.64%
①文化	9.03	1.04	2.01	2.06	1.93	1.99
②体育	0.49	0.08	0.05	0.07	0.15	0.14
③广电	0.76	0.08	0.11	0.15	0.15	0.27
（三）其他	203.20	30.51	25.42	40.59	44.25	61.65
占总投入的比例	37.67%	36.76%	32.96%	40.66%	33.52%	42.04%
1. 文体广播事业费	121.90	18.49	20.55	24.34	28.34	30.19
①文化	15.85	2.24	2.55	2.86	3.96	4.24
②体育	6.97	0.91	1.06	1.44	1.84	1.73
③广电	99.08	15.34	16.94	20.04	22.54	24.22

续表

	合计	2001 年	2002 年	2003 年	2004 年	2005 年
2. 基本建设支出	81.30	12.02	4.87	16.25	15.91	31.46
①文化	61.48	9.13	1.70	12.30	11.20	26.36
②体育	3.73	0.32	0.45	0.80	1.10	1.06
③广电	16.09	2.57	2.72	3.15	3.61	4.04

来源：财政部教科文司。

虽然地区间人均文化事业费的基尼系数①总体上而言比较小，但还是能够看出从 1985 年开始地区间的人均文化事业费投入差距呈上升趋势，2005 年达到最高值 0.1247。从地区间人均文化事业费的差异系数来看，不同地区间存在比较严重的非均等情况，人均经费差异系数在 60.39%～96.09% 这一较大的区间内，呈现出起伏不定的不稳定状态：1980 年地区间的人均文化事业费的差异系数高达 91.15%，随后逐年下降，1990 年降至最低水平（60.39%）；在整个 20 世纪 90 年代，人均文化事业差异系数再次逐年加大，2000 年达到最高水平（96.09%）；进入 21 世纪以后，这一差异系数又有所下降，2006 年降到 71.93%。

"十五"期间，在全国农村文化建设投入中，中央财政投入的比例逐年增长，年均增长率达到 18.69%，超过了同期中央财政总支出的增长率（14.53%），2004 年中央财政的农村文化建设投入比例接近 40%（占 39.44%）。而从总体上来看，同期国家财政投入农村文化建设的经费年增长率为 15.29%，低于国家财政总收入、总支出的增长率（分别为 17.90% 和 15.56%），说明地方财政对农村文化建设的投入显著"疲软"（参见表 4）。

---

① 计算基尼系数的方法很多，如几何面积法、拟合曲线法、协方差法、矩阵法等，但各种方法得到的结果都只是一个近似值。我们采用的是统计部门使用的计算公式：

$$G = 1 - \sum_{i=1}^{n} P_i \times (2Q_i - W_i) \qquad Q_i \sum_{i=1}^{n} W_k$$

其中，W_i 为每组支出（收入）占总支出（总收入）的比例，P_i 为每组人口占总人口的比例，Q_i 为 W_i 的累积比例。本文所使用的基尼系数是根据文化部门的相关统计数据计算所得，限于篇幅，所有数据不再一一罗列。

表4 全国农村文化建设投入及中央财政的投入比例

（单位：亿元）

	国家财政		中央财政		农村文体广支出		
	收入	支出	收入	支出	国家财政	中央财政	中央比例
2001 年	16368.04	18902.58	13777.7	11769.97	83.00	25.81	31.10%
2002 年	18903.64	22053.15	11026.6	14123.47	77.12	20.75	26.91%
2003 年	21715.25	24649.95	12483.83	15681.51	99.83	27.70	27.75%
2004 年	26396.47	28486.89	15110.27	18302.04	132.81	52.39	39.44%
2005 年	31627.98	33708.12	17249.79	20249.41	146.65	51.22	34.93%
年均增长率	17.90%	15.56%	5.78%	14.53%	15.29%	18.69%	—

来源：财政部教科文司。

（四）地区之间文化投入不均衡，中部地区农村文化投入尤其不足

文化部门的有关统计数据表明，我国地区间的文化投入差异较大，导致地区之间文化发展的不均衡。从人均文化事业费来看，西藏和上海先后排名第一位，贵州（1980 年）和河南先后排名末位，人均文化事业费的极差（最高值和最低值之差）从 1980 年的 3.99 元一直扩大到 2006 年的 44.29 元（参见表5）。

表5 全国各地区人均文化事业经费及差异比较（1980—2006 年）

（单位：元）

地区	1980 年	1985 年	1990 年	1995 年	2000 年	2004 年	2005 年	2006 年
全国	0.56	0.89	1.33	2.75	5.11	8.74	10.23	11.91
北京	1.29	2.05	3.07	8.74	21.56	34.24	41.99	40.36
天津	1.14	1.79	2.63	7.56	10.66	22.08	30.29	27.52
河北	0.44	0.51	0.81	1.78	2.85	4.53	5.78	6.42
山西	0.78	1.07	1.57	3.12	3.86	7.76	8.89	10.53
内蒙古	0.97	1.78	2.19	4.13	6.31	11.15	12.8	14.35
辽宁	0.87	1.45	2.06	4.31	6.48	9.43	11.27	12.44
吉林	0.99	1.68	2.14	4.21	5.98	8.91	9.78	12.58
黑龙江	0.71	1.07	1.56	2.95	4.49	7.50	8.83	9.48
上海	1.36	2.67	4.55	13.10	32.24	35.62	44.54	48.56
江苏	0.39	0.63	0.99	2.62	5.45	8.86	10.39	13.83

续表

地区	1980 年	1985 年	1990 年	1995 年	2000 年	2004 年	2005 年	2006 年
浙江	0.48	0.91	1.42	3.26	7.85	18.19	22.54	25.68
安徽	0.39	0.55	0.78	1.48	2.52	4.45	4.99	5.85
福建	0.58	0.82	1.45	3.27	6.71	9.41	12.15	13.77
江西	0.56	0.71	0.97	1.94	2.57	4.53	5.43	6.37
山东	0.37	0.58	1.01	1.93	3.45	5.95	6.67	8.26
河南	0.34	0.51	0.70	1.34	2.20	3.30	4.02	4.27
湖北	0.54	0.91	1.05	2.04	3.26	5.59	7.63	9.44
湖南	0.46	0.67	0.84	1.67	2.54	4.32	5.5	6.32
广东	0.42	0.64	1.16	3.93	7.78	14.10	13.93	16.35
广西	0.43	0.64	0.90	1.93	3.09	5.66	6.03	7.25
海南	.	.	1.48	2.50	4.56	7.35	7.25	10.12
重庆	.	.	.	.	2.96	4.72	6.09	8.25
四川	0.36	0.56	0.85	1.56	2.44	4.61	5.42	6.32
贵州	0.32	0.59	0.83	1.36	2.48	4.05	5.02	6.23
云南	0.53	0.90	1.57	3.47	5.87	9.09	9.45	13.29
西藏	4.31	6.43	4.40	3.22	16.97	27.63	28.89	28.50
陕西	0.70	0.93	1.34	2.42	3.91	4.83	6.31	7.77
甘肃	0.67	1.03	1.40	2.93	3.60	6.78	8.05	9.94
青海	1.99	2.96	3.03	5.30	7.69	12.01	13.53	19.61
宁夏	2.10	2.73	3.18	4.23	6.54	11.33	16.18	17.07
新疆	1.11	2.06	3.32	5.39	5.87	11.20	12.38	15.66
最大值	4.31 （西藏）	6.43 （西藏）	4.55 （上海）	13.10 （上海）	32.24 （上海）	35.62 （上海）	44.54 （上海）	48.56 （上海）
最小值	0.32 （贵州）	0.51 （河南）	0.70 （河南）	1.34 （河南）	2.20 （河南）	3.30 （河南）	4.02 （河南）	4.27 （河南）
极差/ 全距 R	3.99	5.92	3.85	11.76	30.04	32.32	40.52	44.29
平均值 μ	0.8828	1.3734	1.7750	3.5897	6.6045	10.6187	12.6458	14.2706

续表

地区	1980 年	1985 年	1990 年	1995 年	2000 年	2004 年	2005 年	2006 年
标准差 S	0.8047	1.2111	1.0719	2.5034	6.3465	8.4764	10.4122	10.2649
差异系数 CV	91.15%	88.18%	60.39%	69.74%	96.09%	79.83%	82.34%	71.93%
基尼系数 G	0.0579	0.0375	0.0507	0.0785	0.1083	0.1070	0.1247	0.0966

资料来源：1980—2004 年中国各地区（不含港、澳、台）数据来自文化部计划财务司编：《中国文化文物统计年鉴》，北京图书馆出版社 2005 年 11 月第 1 版；2005 年和 2006 年各地区（不含港、澳、台）数据来自文化部网站（http://www.ccnt.gov.cn）。表中所列极差、平均值、标准差、差异系数和基尼系数是根据各地区数据计算而得。

以"十五"期间为例，从东部、中部、西部农村文化建设投入来看，东部地区的农村文化建设投入所占比例超过了 50%，西部地区的农村文化建设投入所占比例也在 25%～30% 之间，而中部地区基本是在 20% 以下，尚不如西部地区，更不能与东部地区相比较（参见表6）。

表6 东中西地区农村文化建设投入比较（单位：亿元）

	2001 年	2002 年	2003 年	2004 年	2005 年
东部地区	28.37	31.71	37.94	46.47	53.23
比例	49.62%	56.25%	52.61%	57.78%	55.78%
中部地区	13.99	7.88	11.14	12.92	16.74
比例	24.47%	13.98%	15.45%	16.06%	17.54%
西部地区	14.82	16.78	23.04	21.04	25.45
比例	25.92%	29.77%	31.95%	26.16%	26.67%

来源：财政部教科文司。

二、农民需求与政府供给

如果说财政资金投入是农村文化服务的基础性条件，那么政府提供的农村文化服务是否符合农民的现实需求则直接关系到农村文化服务效益的高低。虽然近年一些地区出现了农村文化中心户、"文化大院"等多种形式的乡村民间文化服务形式，但是我国的农村文化服务主要还是通过乡镇文化站（和村级文化室）来提供的。有些地区在农村综合改革中，已经将体育、广播、电视乃至宣传等职能整合进来，形成综合功能的文化站，但是，这些乡镇文化站机构仍然带有较深的计划经济时代的烙印，在这种体制下，乡镇文化站更主要的是一个部门化的文化管理机构，而不是一个农村公益性文化服务组织。因此，形成了管理多于服务，输送多于培育（"送文化"多于"种文化"），"养人"多于"养事"，体现着控制、改造、管制的核心理念，是一种非农民主位的文化服务体制，而不是以满足农民群众日益增长的更高层次的文化生活需求、保障农民群众文化发展权利为根本目的。随着我国农民群众物质生活的日益富足、农村市场经济的不断发展，这种体制越来越不适应社会主义新农村建设的需要，越来越不符合农村基层政府从管制型向服务型转变的需要。突出表现在以下几个方面。

（一）重视"送文化"而轻视"种文化"，与农民群众的文化需求相脱节

目前，在有些地区，所谓的农村文化服务，主要是由文化行政部门主导的单向的、强制性的、灌输性的文化公共产品的单向供给模式，这种供给模式是以"国家"为本位而非"农民"本位，较少考虑农民群众的现实需求和受众地位，往往表现为一种"精英文化"对乡村文化的改造（将乡村文化视为落后的文化）。农村文化服务的效果不明显，导致农村文化"服务"与农民群众的需求严重脱节或错位。

以农村文化设施为例，根据我们对全国19个省（市、区）23742位农民的问卷调查，农村文化设施的供给与农民的需求严重错位，目前政府在农村文化设施上的供给依次是"有线电视/差转台""有线广播""文化活动室""电影放映室（放映点）""老年活动室（活动中心）"等，而被访农民的需求则依次是"农民技术学校/培训班""文化活动室""图书室""老年活动室（活动中心）""青少年活动中心"等。

再以"三农"书刊为例，绝大部分被访农民认为"三农"书刊在数量上偏少，不够实用；只有36.9%的农民完全能够读懂，还有17.2%的农民完全"读不懂"。

由于农村文化供给与农民需求相脱节，农民对乡镇的农村文化工作满意度较低。只有7.8%的被访农民很满意，14.9%的被访农民比较满意，高达26.3%的被访农民不太满意，16.2%的被访农民非常不满意。

（二）农村公共文化资源远离农民的日常生活，农民难以享受农村公共文化资源的好处

长期以来，对农村文化的有限投入大多局限于县乡文化馆站的建设，以致

政府供给的公共文化资源主要集中在乡镇政府所在地和城镇，真正进入村庄内部、与农民群众日常生活相联系、能够被农民群众所享受的农村公共文化资源不但数量极为有限，而且缺乏多样性，难以满足农民群众多层次、多方面的文化需求。

相反地，村庄的公共文化阵地却被寺庙（28.5%）、教堂（13.1%）其或祠堂（9.9%）等所占领，这不得不引起政府部门的高度重视。因此，将农村文化建设重心下沉到村庄，将国家的公共文化服务体系延伸到村庄内部，为农民群众提供更多、更好、文明、健康的公共文化服务，不但很有必要而且迫在眉睫。

（三）农村文化服务的必要条件缺乏，不能满足农村文化服务的需要

农村文化服务必须有充足的文化服务经费保障、一定的农村文化服务设施配套和较高业务素质的文化服务工作者的支持和参与，否则就等于空谈。然而，从当前的农村实际来看，这些基本的条件都不够具备。农村文化服务经费投入过少、公共文化设施匮乏、文化服务人员匮乏而且其素质也不能满足农村文化服务的需要，这是当前农村文化服务中存在的普遍问题。

以2005年为例，全国对农村文化共投入35.7亿元，仅占国家财政对文化总投入比重的26.7%，对城市文化投入的比重超过对农村投入比重46.6%；全国财政直接为农民提供文化服务的乡镇文化站投入的经费只有9.4亿元，平均每个农民一年仅1.27元。而且，这些投向乡镇文化站的经费未必就能让农民分享一定的文化服务，因为这些经费基本上是用于供养乡镇文化站的工作人员，勉强维持乡镇文化站的运转而已。

根据2004年的全国文化统计，平均每个乡镇文化站从业人员不足2人（仅1.80人），换言之，每1万个农民中有不足1名乡镇文化从业人员，这样的乡镇文化队伍根本谈不上为农民提供文化服务。而且，在这些数量有限的乡镇文化从业人员中，只有0.49%的人具有高级职称，5.51%的人具有中级职称，甚至有相当比例的人根本不具备任何文化业务素质，他们中有不少人是乡镇干部的家属而被安排在乡镇文化站上班。另外，有许多优秀的乡村文化人才因为待遇低、条件差而改行、"跳槽"或外流。而乡村民间的文艺人才也纷纷外出打工，一些优秀的乡村传统文化因为后继无人而失传。

（四）农村文化服务在地方政府的工作中长期边缘化，乡镇文化站服务职能"虚化"

在现代化建设过程中，经济的发展是各级政府优先追求的目标，在片面追求经济发展的环境下，各级政府之间形成一种压力型体制关系，上级政府对下

级政府的考核多注重经济发展指标，而对农村文化建设等软指标关注较少。农村文化建设在短期内很难彰显政绩，以至于农村文化服务工作在基层政府的工作中长期处于边缘化状态，最终导致乡镇文化站"虚设化"，农村文化服务严重匮乏。

（五）农村文化服务主体单一，服务绩效低下

虽然公共服务是政府义不容辞的职能，但并不表示公共服务的主体只能是政府组织；即便是由政府提供公共服务，也不一定非要政府直接来提供，政府也可引进市场机制，通过"购买"的形式提供公共服务，这样可以大大提高公共服务的绩效。

从现实来看，我国农村的文化服务基本上是由政府供给，企业及非营利性组织等非政府组织很少参与到这一服务中来。在政府财力有限的情况下，仅靠政府的单方面投资导致农村文化服务经费投入相对其他公益性事业严重偏少，农村文化服务的基础设施匮乏、文化服务人员的业务素质欠佳等一系列问题，不利于农村文化服务的改善。

而且，过去有限的农村文化服务也主要是通过设立乡镇文化站（部门机构）并由它来提供的，虽然各级政府财政也投入了一定的农村文化事业经费，但仅有的一点经费也主要是用于"养人"（即供养乡镇文化站的工作人员），极少用于为农民提供文化服务，因此，农村文化服务的绩效很低，得不到农民群众的认可。

（六）农村公共文化发展严重式微，特别是一些健康文明的文化形式逐渐走向衰落

改革开放以来，我国农村经济有了较大发展，农民的（物质）生活水平逐渐提高，农民有相应的财力来购买私人文化设备或设施，如电视机、DVD 甚至电脑等，农民群众的个体式文化生活较过去更丰富。相对而言，由于政府供给的农村公共文化服务较为匮乏，农村的公共文化发展严重式微，特别是一些健康、文明的公共文化形式更是走向衰微。政府组织的公共文化活动不但数量少，而且极少针对农民的文化需求开展农村文化活动。正是在这种情况下，农村社会传统的民间文化形式（如修家谱、祭祖等）日渐"复兴"，乃至封建落后的"请神拜鬼"等迷信活动也有所抬头，各种非正式的宗教活动在农村社会开始蔓延。据湖北荆门市调查，80% 以上成年农民玩过"带彩"的麻将，或者参与过地下"六合彩"，"两个月过年、三个月种田、七个月赌钱"成为该地农民的生活写照；有近 50% 的农民有算命、烧香磕头等经历，封建迷信、非法宗教活动

渐成风气。在湖北咸宁市咸安区，经常参加宗教活动的信教群众在宗教管理部门登记的人口就有 2.3 万人，占该区人口的 4% ，并以每年 10% 左右的幅度递增① 。

因此，就我国农村基层文化建设来说，在农民家庭物质生活水平逐渐提高、个体式文化生活相对富足的情况下，政府对农民个体式文化生活主要是引导和教育。政府的农村文化服务工作的重点应放在农村公共文化基础设施的建设、公共文化人才的培养和公共文化活动的组织上，满足农民追求更高层次的、文明、健康的公共文化生活方式的需要，这也是新农村文化建设的主旨。

三、农村文化服务的几种模式及运行机制

从各地农村文化服务的实际和改革实践来看，除了前文所述的传统的"部门供给"模式以外，还有近年在乡镇改革中创新和推行的"以钱养事""以县为主"模式。总体而言，我国的农村文化服务体制还处于改革的过渡期，尚存在诸多不完善的地方。

（一）部门供给模式

部门供给模式是在高度集权的计划经济体制条件下形成的，它对包括农村文化在内的农村公共产品和服务实行自上而下的部门化、行政化的供给。虽然这种供给模式是社会缺乏发育的条件下社会服务部门化的一种表现，但是它一直延续到现在，目前大多数省份的农村文化服务仍然采取这种部门化的供给模式。

虽然部门供给模式承认农村文化服务是公共服务的有机组成部分，其供给责任应由政府来承担，但是它却忽视了政府在农村公共服务中的角色定位：是生产者，还是提供者？它错误地把公共服务的生产角色和提供角色混为一谈，把政府作为农村文化服务当然的唯一供给者和生产者，建立起一种由政府直接提供的单一生产模式。因此，在这种供给模式下，农村文化服务由上至国家部委下至乡镇文化站的科层组织这一单一主体来层层负责。公共文化服务的内容、品种、数量、区域分布等都由供给部门采取自上而下的单向决策来确定，并由政府作为唯一主体来生产。它具有较强的计划性，同时也兼有较强的政治倾向性，基本上是为了国家政治整合和动员的需要，而非为满足广大农村居民不断增长的精神文化生活的需要。

---

① 陈亚平 . 关于咸安区宗教信仰情况的调研思考，2007 年 9 月 19 日（未刊稿）。

从实质上看，与计划经济体制相适应的部门供给模式是一种"国家本位"的供给模式，而非一种"以民为本"的服务模式。这种模式有其不可克服的弊端：首先，它把农村文化服务纳入政治的轨道，过多地强调它的政治性——国家对社会的控制、改造，而忽视其社会性——满足广大农村居民的精神文化生活需求；其次，它没有建立起对农村居民现实文化生活需求的因应机制，注重"送文化"而非"种文化"，忽视农村文化的乡土根基；最后，它忽视了农村文化服务过程中农村居民和社会组织的公共参与，缺乏系统的反馈和约束机制，容易造成农村文化服务供给的政府"失灵"和"失效"。因此，部门化的供给模式越来越不适应市场经济条件下农村居民精神文化生活的需要，迫切需要建立一种"以民为本"的新型服务模式。

（二）"以钱养事"模式

"以钱养事"供给模式是湖北省在乡镇综合配套改革过程中探索出的一种新型的农村公共服务模式。它以市场化、社会化为取向，改革原来的事业单位部门化的管理体制，对县乡公共事业部门的管理职能和服务职能进行重组，来构建服务主体多元化、服务行为社会化、服务形式多样化、政府扶持和市场引导相结合、无偿服务和有偿服务相结合的新型农村公益性服务体系。

湖北省在乡镇综合配套改革中，将原来承担农村公共服务的乡镇事业站所（包括乡镇文化站），按照"行政职能收归政府、经营职能走向市场、服务职能转给社会"的总体思路，进行"收章、摘牌、转制、人员整体分流"改革，即撤销乡镇事业站所，对其工作人员实行身份置换，取消行政事业单位编制，退出财政供养体系，由单位人转变为社会人；撤销的乡镇事业站所经过整合以后组建为（在民政部门登记注册的）从事农村公益文化服务的非赢利性组织（如乡镇文化站撤销后，组建了农村文化服务中心等组织）；他们通过政府委托或者"竞标"获得政府的财政支持从事农村公共服务。

通过改革，农村公共服务体制从过去的"以钱养人"变为现在的"以钱养事"。所谓"以钱养事"，概括地说，就是"项目量化、公开招标、合同管理、农民签单、政府买单、奖惩兑现"。换言之，就是把政府提供的基本公共服务项目量化分解，使之成为能够考核的具体指标；向社会公开采购招标，凡是具有相应资质的个人、企业、社会性组织均可参加竞标，或者将量化的公共服务项目委托给非政府组织生产、供给；乡镇政府与中标者或代理者签订合同，明确各自的责权利，实行契约管理；中标者或代理者的服务情况要通过农民签字认可、政府考核认定以后，根据其服务绩效由政府兑现报酬和奖惩。

　　"以钱养事"新机制是一种新型的公共服务委托代理机制，它不仅认为政府是农村文化服务的提供者，而且还认为政府、社会组织、企业都能成为农村文化服务的生产者，强调公共服务供给过程中的政府与社会合作，打破了政府是单一的生产者这一传统思维。但这种机制目前还处于探索和完善的阶段。

　　（三）"以县为主"模式

　　所谓"以县为主"模式，就是以县农村公共服务机构为主导，并通过设置区域性服务机构为主体，重新构建一套自县向农村区域社会延伸的公共服务体系，由这个体系承担农村公益性服务；而经营性服务则通过市场化方式运作。安徽省在农村综合改革中较早地提出这种"以县为主"的服务模式，目前还主要运用于农业技术服务方面，由于试点的时间较短，对其绩效以及是否能够推广到农村文化等服务领域尚难进行评估。

　　很显然，这一服务模式着力于农村公共服务的体系重构和建设，并通过新的服务体系提供公共服务。但是，如果它仅仅只是重构服务体系，而不同时进行相应的机制创新，很容易沦为另一种部门化供给的服务模式。

　　四、政府责任与分摊机制

　　公共服务的本质属性是公共性，也即非竞争性和非排他性，一旦生产出来就由一定范围和一定区域内的人们共同享有，其成本也由人们共同承担。因此，现代政府理论往往把提供公共服务作为政府的一项基本职能。但是人们对政府在公共服务供给中的责任的认识存在两个误区：一是没有对公共服务的供给责任和生产责任进行有效区分；二是把政府与公共服务都看成是一个均质的单一体，不仅忽视了政府的层级性，而且没有对公共服务进行必要的分类。因此，本文中我们主张厘清政府在农村文化服务中的供给责任和生产责任，对农村文化服务采取分类供给和政府分级供给相结合的原则。一方面，供给农村文化服务是政府的一项基本职责，资金投入和规则制定应由各级政府来负责，而农村文化服务的生产可以由政府、社会组织、企业等不同主体来承担，农村文化服务的生产应由政府直接生产的单一生产模式走向多元主体竞争、合作生产的多元生产模式；另一方面，不同级别的政府在不同种类的农村文化服务的供给中应当承担不同的责任，农村文化服务应当采取分类、分级供给的模式。具体来说，涉及农村文化服务的物化投入及物化建设，宜由省、县两级政府统筹、安排和负责；而农村文化服务的具体内容，宜由县、乡镇乃至村和非政府组织来直接提供。具体的农村文化服务（项目），并非必须由政府亲自来生产、提供，可以采取委托、购买或招标等多种方式，市场化运作，从而更加高效地提供服务。

农村文化服务供给包含一系列的政策选择行为，比如确定农村文化服务的具体内容、区域分布、如何提供、何时提供以及提供的数量和质量等。作为农村文化服务的供给主体，政府在其中主要承担以下职责：根据居民的偏好和社会发展的需要确定农村文化服务的内容；提供公共文化服务的财政资金；确定怎样生产农村文化服务，并对生产过程和生产结果进行必要的监督和控制；制定农村文化服务的消费规则，确保农村文化服务在供需均衡的前提下得到合理的消费。上文中我们主要以财政投入为指标来衡量农村文化服务的均等化状况，因此本报告所指的政府责任主要是指政府在农村文化服务中的财政资金投入责任，而对政府责任的其他方面不予分析。

根据我们在本文开始部分的定义，农村文化服务主要包括农村文体娱乐性服务、科技知识性服务、文化信息性服务。这些农村文化服务项目更适宜由地方政府特别是县乡政府来提供，这也比较符合国际上通行的做法——农村文化服务更多的是由地方政府或地方性公共（自治）团体提供①。尽管如此，基于我国地区间农村公共服务和财力的非均等化性现状，为了促进农村文化服务的均等化发展，中央和省（区、市）政府仍然有必要加大对农村文化服务的财政支持力度，并加强地区间财力均等化再分配力度。

五、财政投入及其他政策建议

实现农村文化服务均等化需要系统的体制配套改革，不仅需要改革政府之间的文化服务财政投入和责任分担机制，而且还要改革现行的农村文化服务体制。其中，建立规范的农村文化服务财政投入体制，是实现农村文化服务均等化的最基础条件。

---

① 参见程又中．农村基本公共服务的范围和财政分摊机制的国际比较及政策建议（咨询报告），2007 年 3 月 31 日。
参阅林兆木．展望实现二〇二〇年奋斗目标后的中国［M］．十七大报告辅导读本，北京：人民出版社，2007：92.《国家"十一五"时期文化发展规划纲要》明确规定："中央和地方财政对文化的投入增幅不低于同级财政经常性收入的增长幅度。"在 2006—2020 年间，全国文化事业费占国家财政支出的比重至少达到 0.5%，占国内生产总值（GDP）的比重至少达到 0.1%；其中，群众文化事业费支出至少占全国文化事业费总支出的 20%，并最终稳定在 25% 的水平上。

（一）以促进农村文化服务均等化为导向，提高农村文化服务的财政投入总量，优化农村文化服务的财政投入结构

首先，强化各级政府对文化事业的财政资金投入，实现财政资金在文化服务和其他公共服务之间的均衡分配。建立文化服务财政资金投入的稳定增长机制，确保文化事业财政投入的增长速度不低于国家财政总支出的增长速度。今后，全国文化事业费占国家财政支出的比重至少达到0.5%，占国内生产总值（GDP）的比重至少达到0.1%，在2020年达到0.12%的水平；其中，群众文化事业费支出至少占全国文化事业费总支出的20%，并最终稳定在25%的水平上。

其次，推动文化事业财政投入向群众文化事业、农村地区和中部地区倾斜。在确保各地文化服务经费存量的基础上，使财政资金增量部分重点向农村倾斜，向中部地区倾斜，缩小农村文化服务的地区差距和城乡差距。在2010年前，农村文化服务经费达到农村人口人均1元的水平，2015年达到农村人口人均2.5元的水平；2020年达到人均5元的标准（参见表7）。

表7　中长期文化事业费支出预测

	2005 年	2010 年	2015 年	2020 年
人口（亿人）	130628	142631	144052	150640
GDP（万亿元）	18.3	27.95	40.12	57.60
财政总收入（亿元）	31649.29	55620.5	84653.2	130176
文化事业费占 GDP 比重（%）	0.07%	0.1%	0.11%	0.12%
文化事业费总量（亿元）	133.77	279.5	441.32	691.2
人均文化事业经费（元）	10.21	19.59	30.64	45.88
人均农村文化服务经费（元）	-	1.00	2.50	5.00

资料来源：表中的2005年和2010年人口及GDP数据来自《中华人民共和国国民经济和社会发展第十一个五年规划纲要》。

再次，建立分类、分级的农村文化服务财政资金投入制度，确定系统的财政分类、分级投入指标，明确各级政府在不同种类的农村文化服务中的财政投入比例，确保各地农村人均农村文化服务经费的投入大致均衡。用于农村文化服务的财政资金，中央财政要按照35%~40%的比例进行投入，省级财政要按照45%~50%的比例进行投入，县级财政要按照10%~20%的比例进行投入。

总体来说，就是建立区域均衡、城乡均衡、人均经费均衡的农村文化服务

资金投入结构，为农村文化服务建立良好的财政基础。

（二）明确各级政府在农村文化服务供给上的权利和责任，促进"管制型"政府向"公共服务型"政府转变

财政资金投入均等化仅仅是农村文化服务均等化的经济基础，并非是农村文化服务均等化的充分条件。要提高实现农村文化服务均等化，还必须提高各级政府强化农村文化服务的积极性，建立农村文化服务的动力机制。

从短期来看，要确立以农民为核心的农村文化服务问责体系：严格界定各级政府在农村公共文化服务上的权利和责任；建立农村文化服务的评价指标体系，增加农村公共文化服务在各级政府干部考核中的权重；逐步建立以农村居民为主的公众监督和责任追究机制。

从长远来看，要改变传统以经济发展为导向的"压力型"治理结构，促进政府工作以经济增长为核心转向以提高社会公共服务水平为重点，推动"管制型"政府向"公共服务型"政府转变。

（三）改革和完善农村基层文化体制与机制，提高农村公共文化服务的效益

第一，逐步形成"引导重心在中央、规划重心在省、管理重心在县、服务重心在乡"的农村公共文化服务体制架构。中央、省级政府及文化部门主要负责农村公共文化服务的宏观决策、规划和文化服务资金在区域之间的均衡分配；县乡政府和文化部门主要负责本辖区内农村公共文化服务项目的具体实施。

第二，理顺条块关系，实行农村文化服务决策、实施和考核相分离。由县乡政府和文化部门共同决策，乡镇政府和文化站开展具体业务，县文化局对具体工作进行指导和考评，形成条块之间的相互监督和制约关系，充分调动各方积极性。

第三，建立灵活的农村公共文化服务运行机制。最根本的是要实施农村文化服务人员的从业资格制度，实行动态"岗位管理"，形成竞争性用人机制；建立由政府、企业、社会组织等多元主体参与的农村文化服务机制，形成相互竞争合作的多元生产模式；尊重农村居民的主体地位，建立农村公共文化服务的民主决策机制，由"政府决策—农民被动接受"的单向决策模式向"民主表达需求—政府评估决策"的双向决策模式转变。

从流动农民的视角来看公共产品的供给

——皖、川、鄂三省问卷调查

一、前言

（一）研究的缘起和视角

衡量一个公共产品的供给绩效，主要看它是否满足了公共需求；无视公共需求的公共产品供给，是一种无效供给，更是一种浪费公共资源的供给。农村公共产品的供给亦然。只有真正了解农民的需求，才能针对这些需求改善农村公共产品的供给。

从既有的文献来看，目前对于农民需求的研究大多是在农村内部进行的，而且主要是针对那些在乡的农民群体，对于流动中的农民群体较少进行类似的调查。然而，他们（这些流动的农民，或者称之为"农民工"）之所以外出打工，实质上也反映了这样一种较为普遍的现象，即他们的需求在农村社会内部往往很难得到满足甚或根本得不到满足，而不得不外出寻找新的出路或机会，因此，从农民工的视角反观（或反思）当下农村公共产品供给状况，笔者觉得更有意义。

既然如此，细心的读者必然问：这些外出的农民群体在城市里的生存状况又是怎样的？他们的需求在城市社会得到了满足吗？他们为何在城乡之间游走？……这样的追问，又会导引我们从更大的视域来探寻问题，不但要从农村社会内部找寻原因，更需要从社会结构（特别是城乡二元社会结构）层面上探讨问题的根源。恰巧笔者曾经负责了一项关于农民工文化生活的大型问卷调查①，许多问题涉及农民工在城的生存状态及其需求问题，可以借此讨论农民

---

① 这是一项中宣部和文化部委托调查项目，得到了中宣部和文化部的支持，特此致谢。

（和农民工）需求在社会结构方面难以满足的原因。

（二）调研情况和研究方法

由笔者负责的这项调查分两次进行。前一次调查，笔者和研究生分成两组分赴安徽省合肥市、阜阳市和四川省成都市（及所辖郫县——现已改为"郫都区"）、都江堰市，深入建筑工地、厂矿车间、社区、棚户、车站码头和农民工市场等地，就农民工生存状态和文化生活问题直接与农民工面对面进行问卷调查和访谈，这次调查共发放 2500 份调查问卷，收回 1887 份有效问卷。从目前来看，这是国内第一次大规模关于农民工文化生活问题的专项问卷调查。后一次我们专程到湖北省农民工输出大县——郧县（属十堰市管辖，现改称"郧阳区"）农村，就农民工留守子女教育问题进行调查，共发放了 500 份问卷，收回有效问卷 426 份，这次问卷调查的对象是农村中小学学生（主要是农民工留守子女）。

本项调研以问卷调查为主，尽量做到"以数据说明概念，事实产生结论"①。该问卷主要采用 SPSS 进行统计和数据分析。由于人力和资金所限，问卷调查没有采取严格的抽样办法，基本是一种偶遇随机式调查。为了弥补问卷调查之不足，我们也辅之以必要的结构式访谈，搜集了大量的第一手材料和原始数据、资料。在调查地点的选择上，我们根据农民外出打工区域分布特点，有意识地选取了省会城市（如合肥、成都）、中小城市（如阜阳、都江堰）、城郊地区和农村城镇等多种层次，确保这项研究具有一定的代表性。

二、一群在城乡之间流动的农民群体

在本文中，笔者将农民工视为一群在城乡之间流动的农民群体，他们虽然在城市打工但仍没有摆脱农民的基本特性，而且，他们的生活重心和最终人生归宿几乎都是农村。

以下便是我们在调查中所了解到一些基本情况：被访的农民工中，在本地乡镇企业打工的占 23.0%②，在本县范围内打工的占 18.2%；所有省内（含本县和本乡镇）打工的占 76.6%，省外的占 23.4%。在年龄结构上，30 岁以下的农民工占了 45.3%，40 岁以下的农民工达 77.2%，他们基本上是农村青壮年劳动力。再对照他们打工的经历，在外打工 1～5 年的占 39.4%，打工 6～10 年的

---

①　这是时任中央政治局委员、中共湖北省委记俞正声对笔者资政报告的评价语。

②　本文中除特殊说明以外，均使用的是（不含缺省值的）"有效比例"（Valid Percent）。

占24.4%（经过相关分析，农民工的年龄结构与打工时间之间具有较高的相关性，在0.01水平上二者的相关系数为0.509）。换言之，这些农民工在20～40岁之间主要在外打工，他们将自己的青春和人生的黄金时段贡献给了城市。

虽然他们主要依赖打工维持生活，但是他们一般不会轻易放弃土地。据调查，有34.0%的农民工仍然由自己耕种承包土地，农忙时回家耕作；也有11.7%的农民工自己耕种土地，只是农忙时雇人耕作；另外，有27.6%的农民工将承包地交给父母、亲戚或邻居代耕（参见表1）。他们中不足15.0%人希望能够在城市安家落户，绝大多数打完工后终究要回到生他育他的乡村社会，"回乡"是他们最终的人生归宿，在外打工只是他们人生旅程的一个（不得已的）部分而已。

表1　农民工承包地的耕作情况

承包地耕作情况	频数（个）	有效比例（%）	累积比例（%）
家里农田仍然自己耕种，农忙时回家耕作	561	34.0	34.0
家里农田仍然自己耕种，农忙时雇人耕作	193	11.7	45.6
家里农田交给父母、亲戚、邻居耕种	456	27.6	73.2
家里农田租给他人耕种	188	11.4	84.6
家里农田不管不问，随它抛荒	154	9.3	93.9
其他	100	6.1	100.0

在被访的农民工中，男性占61.1%，女性占38.9%；小学或小学以下文化程度的占18.6%，初中文化程度的占53.4%，此外，也有21.4%的农民工达到高中文化程度。70%以上的农民工结过婚，其中，仅有5.4%离异（还有2.7%的农民工丧偶）。所调查的农民工一般是核心家庭或主干家庭，其家庭人口一般为3～5人（占总数的82.5%）；在农民工家庭中，1人外出打工的占36.2%，2人外出打工的达39.1%；其中夫妇均外出打工的占36.4%（而举家外出打工的只有5.1%），他们一般是这个家庭的主要劳动力，承担着养家糊口的重任；他们之所以外出打工，基本上是因为在农村社会内部缺乏提高家庭收入的机会和门路，家庭经济状况难以得到改善。

在这群农民工中，有1个子女的占38.9%，有2个子女的占19.1%。在外打工时，只有10.5%的农民工将子女带在身边，近90%的农民工子女留守在农村，其中由夫妻一方照料、监护的占26.7%，由父母代管的有35.6%，此外，有18.1%的留守子女由亲友、邻居等照顾（余下的9.0%留守子女则无人照料）。其中，有56.6%的适龄农民工子女在家就学，跟随农民工在外就学的只有14.4%，值得注意的是，还有7.5%的适龄子女失学在家，16.7%在外打工（参见表2）。

表2 农民工子女就学情况（可多选）

	频数（个）	有效比例（%）
在家乡学校读书	715	56.6
随父母到打工地学校读书	182	14.4
失学在家	95	7.5
在外打工	211	16.7

由此可见，这些游走在城乡之间的农民工依然将他们的生活重心和人生归宿安放在农村，他们的家庭特别是他们的子女绝大多数留在乡村，他们绝不是某一美国学者所形容的那样是"失根的非市民"（un-rooted non-citizen）①；他们的婚姻也并未因此而徒增太多的变故。这并非像某学者所认为的那样，中国农民的大规模流动开始在乡村引发一系列严峻的社会问题：急剧增加的离婚率，2000多万的"留守"少年儿童，以及难以计数的空巢老人。

据统计，每年大约有1.3亿~1.6亿农民在外打工，游走于城乡之间，平均每个农户有近1人外出打工，而且他们绝大部分是维系农户家庭运转的"支柱"。大量农民走出农村到城里打工，更主要地反映了当下农民的需求（绝大多数是一些最基本的需求，如改善家庭生计等）在农村社会内部难以得到满足而不得不外出打工寻找机会之现实状况。那么，他们在城市的打工境遇怎么样？他们的需求在城市社会得到了满足吗？

三、农民在城市打工的生存状态

（一）工作及收入

这些农民工大多是借助于亲缘、地缘或者拟亲属的朋友等传统关系而外出打工的。据调查，通过老乡关系外出打工的占22.9%，通过亲戚关系外出打工

---

① DOROTHY J. SOLINGER. Contesting citizenship in Urban China：Peasant Migrants，the State，and the Logic of the Market ［M］. Berkeley：University of California Press，1999.

的占32.1%，通过朋友关系外出打工的占19.3%（这三种途径一共占74.3%），此外，还有15.5%的人自己外出找工作。只有4.4%的人通过当地政府和有关政府部门介绍、组织外出务工，6.7%的人通过社会中介组织寻找工作（参见表3）。

表3　农民工外出打工的途径　（N = 1887）

外出打工的途径	有效比例（%）
通过老乡关系	22.9
通过亲戚关系	32.1
通过朋友关系	19.3
通过同学关系	9.6
自己外出找工作	15.5
通过社会中介组织	6.7
通过地方政府和部门介绍或组织	4.4
其他	1.8

　　农民借助亲缘、地缘等传统关系外出打工，一方面反映了这些传统关系网络依然是农民的主要社会资本，同时也说明了他们依然没有摆脱乡土性。但是，在另一方面也反映了地方政府在介绍、组织农民工和提供务工信息等方面的公共服务严重不足。传统的亲缘和地缘关系网络是绝大部分农民外出务工的唯一可以运用的社会资本，除此以外，他们还能依赖什么呢？

　　这些农民工有一半以上从事建筑业、工矿业（两类均占25.7%）等繁重艰苦的工作，也有1/4以上（27.1%）从事商业和服务业。其中，18.7%的农民工做多少算多少、当时结清，他们基本上以打零工为主；63.7%的农民工工资按月发放，另外16.3%的农民工的工资则按季、半年或一年发放工资。30%的被访农民工反映工资有拖欠现象，近70%拖欠1~3个月（拖欠半年以上的近乎20%）。在这些被访者中，只有36.1%的农民工没有换过工作，34.1%的人没有换过打工地方；17.2%的人换过1种工作，14.7%的人换过1个地方；21.0%的人换过2种工作，18.5%的人换过2个地方；换过3种以上工作经历的农民工占13.2%，换过3个以上地方的农民工达21.2%。频繁地调换工作，跟频繁地更换地方，具有较高的一致性（二者在 0.01 水平上的相关系数达 0.521）。换言之，这些农民工的工作很不稳定，有 40.9% 的被访农民工反映找不到稳定的工作，高达 44.5% 的农民工将找到一份稳定的工作视为他们最大的心愿。这也同时说明，这群农民工是游弋于城乡之间的特殊群体，他们并未打算把打工当作一个长期的事业，更多的是因为生活所迫而不得不辗转他乡。

从调查来看，月收入在 500 元以下的农民工占 21.7%，月收入 500～1000 元的几近一半（46.1%），月收入在 1000～1500 元之间的占 20.1%（参见图 1）。而在开支方面，每月生活开支在 300 元以下的占 30.5%，每月生活费用在 300～500 元的占 39.0%，达到 700 元以上生活支出的只有 13.1%，基本上维持一种低收入低支出的生活水平（通过相关分析，农民工收入与其生活开支的相关系数为 0.547）。

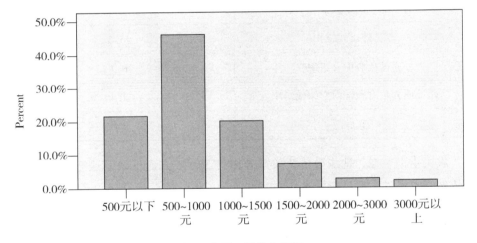

图 1　农民工月收入情况

而且，这些农民工可怜的生活支出也主要是用于物质层面的基本需要，他们极少将辛苦挣来的钱花在文化消费上。从调查来看，1/4 以上（27.5%）的农民工没有任何文化消费，每月文化消费不足 10 元的也高达 28.1%，而每月超过 50 元文化消费的农民工所占比例不足 20%（参见表 4）。

表4 农民工的文化生活开支

每月的文化消费	频数（个）	有效比例（%）	累积比例（%）
没有	475	27.5	27.5
10 元以下	484	28.1	55.6
11~50 元	441	25.6	81.2
51~100 元	208	12.1	93.2
101~200 元	72	4.2	97.4
201~500 元	33	1.9	99.3
500 元以上	12	0.6	100.0
合计	1725	100.0	

他们的消费"场域"不在城市而在农村，他们将积攒下来的钱尽量汇到农村。① 在这些农户的家庭收入中，打工收入占有较高的比重（参见表5），是其家庭收入的一项主要来源。以农村为取向的消费观，是这群农民工乡土性的另一个重要表现。

表5 打工收入占家庭收入的比重（N=1887）

打工收入占家庭收入的比例	频数（个）	有效比例（%）
没有打工收入	52	3.0
一成以下	125	7.3
一到二成	264	15.5
三到四成	367	21.5
五到六成	391	22.9
七成以上	508	29.8

（二）交往和居住

在社会结构中，大多数被访农民工将自己定位在较低的社会阶层②，如商业服务业员工阶层（占16.8%）、产业工人阶层（占21.0%）和农业劳动者阶层（占21.2%）（参见图2）。

---

① 关于农民工的汇款研究，可参阅李强．农民工与中国社会分层［M］．北京：社会科学文献出版社，2004．
② 关于社会阶层的具体划分，参考陆学艺．当代中国社会阶层研究报告［M］．北京：社会科学文献出版社，2002．

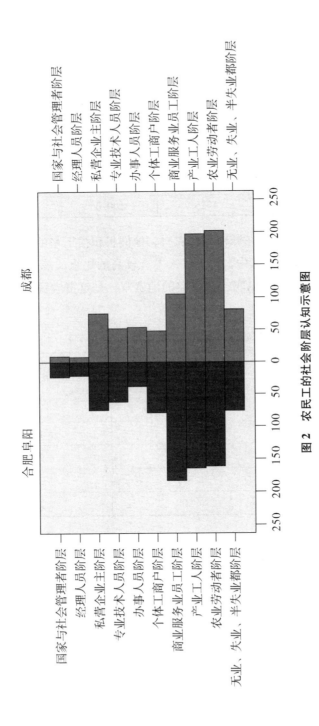

图 2　农民工的社会阶层认知示意图

他们在日常生活中，主要与自己相同阶层的人交往，社会交往圈基本上限定于同事（占 41.8%）、朋友（占 35.2%）、老乡（占 34.3%）、亲戚（占 31.5%）和同学（占21.7%）等这些熟人关系之内（如表6）。在其他的交往关系中，包工头和老板是比较多的交往对象（占9.1%），但基本上是一种工作上的交往。而代表农民工权益的组织——农民工工会组织，或许是由于鲜有组建，而在农民工的日常生活中处于无关轻重的尴尬地位（仅占3.2%），这同时也说明，政府有待加强农民工工会组织的建设，建立和完善各种农民工工会组织，将是政府维护农民工权益的一项重要举措。

表6　农民工交往情况（可多选，N＝1887）

交往关系	频数（个）	有效比例（%）
老乡	619	34.3
亲戚	569	31.5
同学	393	21.7
朋友	636	35.2
同事	754	41.8
包工头或老板	165	9.1
农民工的工会组织	58	3.2
房东	114	6.3
雇主	63	3.5
所在社区居民	81	4.5
同乡会	23	1.3
很少与人交往	101	5.6
其他	26	1.4

表中数据还显示，农民工与城市居民极少交往（他们与所在社区居民的交往率不足5%，仅占4.5%），他们即便租住在城市里，至多与房东有所交往（占6.3%），但这种交往也十分有限。我们在合肥等地的实地调查中发现，他们一般租住在城乡结合部较为廉价的民房内，或者是居住在一些没有完全城市化的"城中村"，并且，同一个地区的农民工往往租住在一个社区，而更令人印象深刻的是，他们在这个共租的社区之内也尽力建构一种"拟村落"的熟人社会生活图式。走进他们的居住地，仿佛又回到了乡村社会，彼此可以无拘无束

地串门、交流，有困难相互扶助，有喜乐共同分享。他们离开了乡村社会，却在城市的边缘"复制"或"克隆"了另一个"乡村社会"。

他们之所以选择"城中村"暂住，也是因为"城中村"更多地保留了乡村社会的特性，本身就是"弱势的非农化群体'小传统'得以依托、行动逻辑得以体现的社会场域"①，它"集传统家族文化、地缘关系、群体基础结构、行政组织单位、社会实体、情感归属与社会归属于一体"②，"既是工业化的社区，又保留着乡土社会生活秩序与原则"③，在许多方面都契合农民工的心理需要和文化认同。

（三）文娱活动

农民工在打工之余，除了睡觉、聊天、打牌打麻将以外，他们的文化生活较为贫乏，看电视是其中做得最多的一项活动（占 38.9%），此外，也有15.7% 的农民工读书看报，11.4% 的人上网（参见表7）。

表7　打工之余做得最多的活动（可多选）

闲暇活动	频数（个）	有效比例（%）
聊天	461	25.6
睡觉	538	29.9
打牌打麻将	399	22.2
看电视	701	38.9
听收音机	160	8.9
看电影	114	6.3
看录像	95	5.3
上歌舞厅	78	4.3
读书看报	282	15.7
上网	206	11.4
其他	17	0.9

① 蓝宇蕴. 都市村社共同体：有关农民城市化组织方式与生活方式的个案研究［J］. 中国社会科学，2005（2）.

② 王颖. 新集体主义：乡村社会的再组织［M］. 北京：经济科学出版社，1996：165.

③ 折晓叶，陈婴婴. 社区的实践："超级村庄"的发展历程［M］. 杭州：浙江人民出版社，2000：59.

　　看电视，是当今农民工了解国家政策的主要途径。73.4%的被访农民工通过电视了解国家政策（此外，书报杂志、广播和互联网也是他们了解国家政策的渠道，分别占37.4%、23.5%和12.7%）；同时，看电视也是他们娱乐休闲的主要方式，几乎一半（48.1%）的农民工程选择收看娱乐类的节目。不过，农民工对如何维护自身的权益也比较重视，超过1/4（26.5%）的人对法律类节目也感兴趣。至于这些农民工所读的书报相当一部分（44.8%）属于消遣娱乐类，以消遣娱乐为取向的读书看报者占了44.2%，不过，也有31.1%的人表示自己读书看报是为了"增加文化知识"，22.0%的人是为了了解时事政策，17.2%的人是为了了解招工信息（参见表8）。

表8　农民工读书看报情况

书报的性质	比例（%）	读书看报的目的	比例（%）
消遣、娱乐方面	44.8	消遣娱乐	44.2
政策、时事方面	20.4	了解政策时事	22.0
科学技术方面	21.4	了解科学技术	15.8
文学艺术方面	18.9	培养文学兴趣	15.7
风水方面	9.1	了解招工信息	17.2
子女课本	12.4	增加文化知识	31.1
其他	5.3	其他	3.1

四、流动农民的需求

　　在这项调查中，高达40.9%的被访农民工反映他们面临最大的困境或苦恼是"找不到稳定的工作"；其次有1/4的农民工反映他们的权益得不到保障。例如，笔者在合肥市调查了解到，像打零工（打散工）这种底层农民工经常被包工头、老板所欺骗。此外，还有一部分农民工反映，他们缺乏文化生活（占18.3%）、受人歧视（占14.7%）、孩子没有人照料（占14.2%）等问题（参见表9）。

表9　农民工的困难或苦恼（可多选，N=1887）

农民工的苦恼	频数（个）	比例（%）
找不到稳定的工作	692	40.9
孩子没人照料	240	14.2
孩子没有学校就学	113	6.7
农民工的权益得不到保障	429	25.4
没有文化生活	309	18.3
不能过正常的性生活	204	12.1
受人歧视	248	14.7
工钱经常拖欠	157	9.3
其他	92	5.4

他们最大的心愿，不过是"有稳定的工作"（占44.5%）和"挣很多钱"（占40.3%）。其次是"让子女接受良好的教育"（19.1%）、"农民工的权益不受侵害"（17.2%）、"有丰富的文化生活"（15.2%）、"与城市人平等生活，不受歧视"（15.0%）等（参见表10）。

表10　农民工的最大心愿是什么？（可多选，N=1887）

农民工的苦恼	频数（个）	比例（%）
有稳定的工作	794	44.5
挣很多钱	719	40.3
能够在城里安家落户	268	15.0
与城市人平等生活，不受歧视	267	15.0
让子女接受良好的教育	340	19.1
过上体面的生活	249	14.0
娶媳妇	157	8.8
盖新房	214	12.0
不拖欠农民工工资	223	12.5
农民工的权益不受侵害	307	17.2
有丰富的文化生活	271	15.2
其他	29	1.6

以农民工的文化需求为例。有一部分的企业和当地政府（包括居住小区）为农民工提供了基本的文化服务或文化方面的公共产品，所提供的文化服务和设施也基本上符合农民工的文化消费特点。一般而言，企业提供的电视居多（占 30.3%），而政府提供的阅报栏（占 24.3%）和发布就业招工信息（占 21.7%）相对较多。

但是，企业和政府为农民工提供的文化服务（或设施）与农民工的需求有很大的差距，特别是技术培训，许多被访农民工希望政府和企业能够提供这项服务。此外，提供就业、招工信息，提供免费电影，组织各种文体活动，以及提供图书报纸、电脑，也是一部分农民工所希望的（参见图 3 和图 4）。由此可见，企业和政府为农民工提供文化服务有待进一步改进，既要符合农民工的文化消费取向、心理需求，又要满足他们日益增长的文化需要。

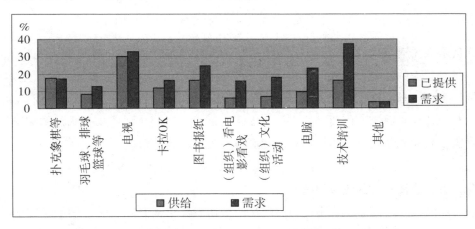

图 3　企业提供的文化服务／设施与农民工的文化需求比较

从图 3 和图 4 可以看出，我们所调查的农民工绝大多数是普通农民工，并且相当一部分处于社会的底层，他们每天一般工作的时间都超过了 8 个小时（平均大约为 10 个小时），而且工作的强度较大，所以他们很少享受应有的文化生活，即便有一定的文化消费，也是以消遣娱乐为主，以纾解他们工作之辛苦；另外一部分的文化需求，则体现了他们找工作或找到更好工作的实际需要。

总之，无论是农民工的文化需要还是心理需求抑或心愿诉求，都与其经济基础相适应，脱离其经济基础和社会地位的需要，对他们而言是不现实的。只有他们的经济状况得到切实改善以后，他们才会产生更高层次的需求。这基本符合美国心理学家马斯洛（Abraham H. Maslow）的需要层次理论，该理论认为

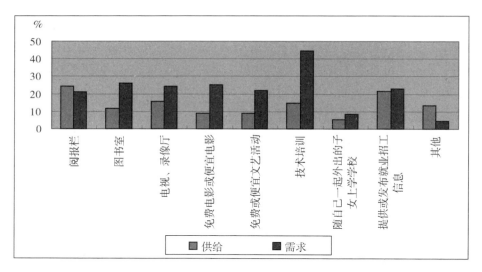

图4　当地政府提供的文化服务/设施与农民工需求比较

人的需要是有层次性的，自下而上依次是生理、安全、社交、尊重和自我实现等五个层次的需要，当人的低层次需要得到满足以后，才会追求更高层次之需要。不过，马斯洛也提出只有未被满足的需要才会影响人的行为。① 因而，无论是企业还是政府，都要关注农民工的现实需求，特别是那些未被满足的需求，更需要企业和政府进一步提供相应的服务，改进服务质量。

五、农民子女的教育问题

在农民工的问卷调查中，只有一半的被访农民工谈及随带子女的就学问题。从调查来看，1/2 的农民工随带子女在打工所在地学校就读，但其中近一半的随带子女"要交很高的入学费"；18.9% 的随带子女在简易的农民工子弟学校读书；15.0% 的随带子女没有学校就读（如图5）。

这只是农民工随带子女的就学情况。从实际调查来看，绝大部分打工农民将子女留守在农村。能够将子女随带在身边，并能在城里就学的，一般是那些工作较为稳定、收入较高，甚至在城里有住房的农民工，这部分农民工在庞大的农民工群体中占有极小的比例。从我们前述调查来看，绝大部分农民在城市的打工境遇是不可能将子女随带在身边，他们游走在城乡之间更主要的是为家庭生计所迫。

---

① ［美］马斯洛. 马斯洛人本哲学［M］. 成明编，译. 北京：九州出版社，2003.

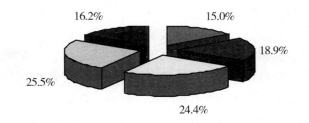

16.2%　　15.0%
18.9%
25.5%
24.4%

■ 没有学校让他们就学
■ 在简易的农民工子弟学校读书
□ 允许在打工所在地学校读书，但要交很高的入学费
▨ 在打工所在地的学校读书，不用交很高的入学费
■ 其他

图5　农民工随带子女就学情况

为了进一步了解农民工留守子女的教育问题，笔者和两名研究生随后又到湖北省郧县专门就农民工的留守子女进行了问卷调查①。湖北郧县农村人口有47.4万人，外出打工人口为12.5万人，占农村人口总数的1/4以上；全县农村劳动力24.7万人，其中外出务工7.8万人，约占农村劳动力的1/3②，是一个农民工输出大县。

这次调查的对象是农村义务教育教育阶段的学生，其中小学生占29.6%，初中生占70.4%；男生占49.4%，女生占50.6%；1/4的被访学生为5~12岁，而13~15岁的学生占了67.9%。44.7%的被访学生家中有1人外出打工，34.7%的学生家中有2个人外出打工（只有13.4%的学生家中无人外出打工）；而在有人外出打工的学生家庭中，52.5%是单亲外出打工，其中又以父亲外出打工居多（占45.6%），而双亲外出打工的也不在少数，占29.8%。近60%的外出打工的学生家庭的父母在外省打工，在本县范围内打工只占10.6%，而且42.7%的外出打工父母一年才回家一次。

父母双亲均外出打工的留守学生中，有一半以上（54.5%）是由爷爷奶奶照料监护，13.5%是由外婆外公照顾，另外21.8%是由其他亲友、邻居或老师照料。值得注意的是，也有10.3%的留守子女无人照料。统计显示，高达91.6%的被访留守学生希望父母亲留在家里。40.8%的留守学生反映缺少父母

①　本次调查得到了郧县政府、劳动就业局、文体局、农业局、统计局、教育局和南化塘镇、鲍峡镇政府及两镇的部分初中、小学等大力支持，特此致谢。
②　根据郧县统计局有关统计数据。

的关心和疼爱，32.9%的留守学生感到孤独，12.3%的留守学生感到一个人不安全。

留守子女的监护和教育问题，是农民工的一块心病。笔者在湖北京山、监利等县的农村中小学调查，留守学生同样也普遍存在诸多安全隐患、家庭教育监护不力和亲情缺失等问题，应引起学校、社会、政府和社区的高度重视，尽快建立和健全相应的农民工留守子女监护和教育（特别是社会教育）体系与机制。①

被访学生认为，父母对自己的教育非常重视。61.3%的被访学生认为父母比打工前更加重视子女的教育，21.8%的被访学生认为父母跟打工前一样重视子女的教育，不到4%的学生认为父母不重视子女的教育（参见表11）。对照前文所述的农民工问卷调查可见，一方面农民工因为生活所迫而不得不外出打工，将子女留守在家，但在打工的同时，他们也进一步认识到子女教育的重要性，以免子女重蹈自己人生之路。对他们而言，接受良好的教育是改变子女未来命运的一个重要途径，他们辛苦打工的目的除了改善家庭的经济状况以外，便是用于子女的教育开支；如果子女不能接受必要的知识教育，这些小孩将不可避免地重复父母外出打工的辛苦旅程。尽管如此，还是有一定数量的农村适龄孩子由于家庭经济困难不得不辍学，过早地成了农民工这个特殊队伍的一员。

表11　留守学生眼中打工父母对自己教育态度的变化（N = 426）

态度的变化	频数（个）	比例（%）	累积比例（%）
比打工前更加重视	228	61.3	61.3
跟打工前一样重视	81	21.8	83.1
跟打工前一样不重视	9	2.4	85.5
比打工前更加不重视	13	3.5	89.0
不知道	41	11.0	100.0

六、小结及余论

本文是在安徽、四川和湖北等内陆地区调查的基础上写成的，主要反映了

① 参见吴理财，杨振杰．关爱"空巢学生"，关爱农村教育：湖北监利县关爱"空巢学生"工程调查［J］．清华大学教育研究，2005（2）；吴理财．地方财政约束下的农村基础教育问题：湖北京山县"留守孩子"问题调查引起的思考［J］．人文杂志，2005（5）；杨振杰，吴理财．关注农村"留守孩子"［J］．红旗文稿，2005（1）．

"内陆型"农民工的生存状态和需求情况。内陆型农民工基本上是由本省农民组成的，尽管内陆型农民工在生活和生产方式上与沿海型农民工有很大的分别，但是，从总体上而言，他们中的绝大多数是将进城打工当作他们人生历程的一个环节而已，最终还是因为无法在城市立足、与之相融而不得不踏上"回乡"之路。内陆型农民工和沿海型农民工都是在城乡之间游走的一群农民，只是前者在城乡之间往返的频率相对较高，具有更加典型的"两栖"特征。①

这些农民工几乎都是乡村社会的"主干"或"精英"，但是他们在城市打工却遭致物质生活和社会心理上的双重"边缘化"。他们之所以在城乡之间游走，一方面是由于农村社会难以满足他们改善生活之基本要求而不得不外出寻找更好的机会，另一方面又是因为难以在城市社会立足，遭遇城市社会的排斥或边缘化而不得不"回乡"。

这些农民长期在城乡之间游走，在客观上他们的确起着一定的沟通城乡的作用，却又由于社会结构和体制性原因，使之成为城乡一体化的莫大障碍，这种"障碍"更多地基于社会心理层面，很难一时消解。这些农民工之所以重视子女的教育，除了要改变子女的前途命运以外，也是他们在城市遭受双重"边缘化"以后将希望投射到子女发展的另一种不自觉的表现。从这个意义上而言，城乡协调发展，除了要注重物质层面的协调建设以外，更应重视城乡人民社会心理层面的融合。为农民提供更好的公共服务，改进政府的公共服务水准，不仅仅是农村政府理所当然的主题，亦是城市政府一项义不容辞的责任。

无论是在乡农民还是流动农民，他们的需求与公共产品的供给之间都存在一定的差距，农民需求相对于公共产品的供给而言总体上处于一种"饥饿"状态。换言之，目前的公共产品供给既未满足在乡农民的需求，也未满足在城务工农民的需求。然而不同的是，在乡农民的需求仅仅是参照政府（甚或包括市场在内）的公共产品供给而言的，更主要的是公共产品供给不足的问题，加大农村公共产品的供给可以很快缓解这种"饥饿"状态；在城务工农民的需求除了参照政府（和企业）的公共产品供给而外，他们还自觉或不自觉地将自己与城市居民进行比较，除了公共产品供给的不足问题之外，还增加了这些流动农民在与城市居民比较中所强烈感受的不平等待遇问题。这个不平等待遇问题不

---

① 关于"内陆型"农民工与"沿海型"农民工的详细比较，将另文论述。笔者在负责安徽、四川和湖北农民工文化生活问卷调查的同时，傅才武博士和梅德平博士分别负责了福州、深圳、太原、驻马店、南京、杭州、郑州地区的调查，陈伟东博士负责了武汉市的社区调查。

再是一个简单的需求是否满足的问题，而是一个政治权利的问题，如果这个问题得不到很好解决的话，将会危及政府合法性，引致新的治理性危机。因此，政府更应重视流动农民的需求，尽快采取措施消解他们与城市居民在享受公共产品上的巨大反差以及由此产成的不公平感，只有这样才能真正有利于和谐社会的构建。

农民工的行为倾向与思想道德

——武汉市农民工问卷调查报告

一、调查的基本情况

农民工是指一个不完全进入市场和不完全融入城市社会的特殊农民群体，他们游走在城乡之间。了解他们的思想道德状况，对于促进农民工和谐地融入城市、构建和谐社会具有重要的现实意义。为此，我们于 2006 年 12 月在武汉市三镇采取随机抽样的方式对不同行业的农民工发放专题调查问卷 1200 份，最后收回有效问卷 932 份。

这次调查样本的基本情况：被访农民工的平均年龄为 32.8 岁，最小为 10 岁，最大为 66 岁，年龄分布大多在 18 ~ 48 岁之间（占 86.2%），小部分在 10 ~ 17 岁之间（占 6.1%）；一般都具有初中或初中以上文化水平（占 88.5%）；来自武汉市郊区和周边县市的有 64.9%，来自省外的有 13.5%；平均打工年限为 8.1 年，其中 1/4 的人打工时间只有 2 年或不足 2 年，此外 25.9%、23.6% 和 25.5% 的人打工时间分别为 3 ~ 5 年、6 ~ 10 年和 10 年以上（参见表 1）。

表 1　被访农民工的基本统计特征

统计指标	分类标准	人数	有效比例（%）	统计指标	分类标准	人数	有效比例（%）
性别	男	616	68.0	职业	建筑业	271	31.3
	女	290	32.0		交通运输业	26	3.0
年龄	10 ~ 19 岁	120	13.9		工业矿业	48	5.5
	20 ~ 29 岁	196	22.7		商业	142	16.4
	30 ~ 39 岁	311	36.0		服务业	183	21.1
	40 ~ 49 岁	178	20.6		其他	197	22.7

续表

统计指标	分类标准	人数	有效比例（%）	统计指标	分类标准	人数	有效比例（%）
年龄	50~59 岁	47	5.4	打工月收入	800 元及以下	227	29.4
	60 岁及以上	13	1.5		800~1200 元	259	33.6
文化程度	小学及以下	105	11.5		1200~2000 元	234	30.4
	初中	454	49.7		2000 元以上	51	6.6
	高中/中专	277	30.3	月生活支出	不足 300 元	81	9.8
	大专及以上	77	8.4		300~500 元	222	26.8
婚姻状况	未婚	293	32.0		500~800 元	272	32.8
	已婚	595	65.0		超过 800 元	254	30.6
	离异	18	2.0	生活支出的收入弹性①	20% 以下	31	4.1
	丧偶	10	1.1		20%~40%	194	25.7
来源地	郊区及周边县市	586	64.9		40%~60%	246	32.6
					60%~80%	138	18.3
	省内偏远县市	196	21.7		80%~100%	51	6.8
	外省	122	13.5		100% 及以上	95	12.6
打工时间	2 年及以下	192	25.0	打工收入占家庭收入比	25% 以下	76	10.9
	3~5 年	199	25.9		25%~50%	157	22.4
	6~10 年	181	23.6		50%~75%	254	36.3
	11~20 年	155	20.2		75%~100%	213	30.4
	20 年以上	41	5.3				

从职业分布来看，被访农民工较多分布在建筑业（占 31.3%）、服务业（占 21.1%）和商业（占 16.4%）等行业中；从统计来看，这些农民工的月平均收入达到 1269.9 元，有 1/5 的人月收入不足 800 元（如图 1）。而且，近 10% 的人每月社会支出不足 300 元，每月生活支出不足 500 元的高达 36.6%，此外，还有 10.9% 的人入不敷出。从农民工的收入来看，农民工群体内部分化日益扩大，处于低收入阶层和中低收入阶层者居多，高收入阶层比例很小（月收入超

① 生活支出的收入弹性，是指生活支出占其收入的比例。

过 2000 元的仅占 6.6%）；从整体的分布结构上看，其收入分层结构呈现出一种从"洋葱型"向"橄榄型"过渡的中间结构形态。

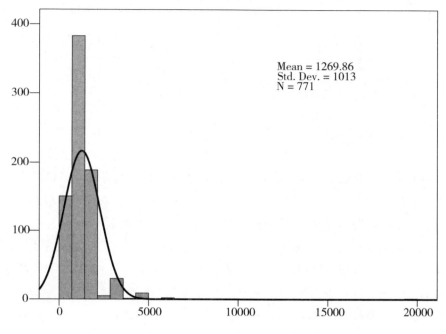

图1 被访农民工的月收入直方图

在发放调查问卷的同时，我们还有意识地选择了不同性别、不同年龄段、不同职业群体以及不同文化层次的市民进行了半结构性的深度访谈，以弥补问卷调查的不足。调查数据运用 SPSS 统计软件进行分析。本次调查尽量做到"以数据说明概念，事实产生结论"①。

本报告将主要从行为和价值两个层面分别对农民工思想道德状况进行考察和分析，并提出相应的政策建议。

二、行为层面的考察

（一）社会交往

首先，来看农民工进城求职的途径。从调查来看，36.2% 的人是自己找工作，51.3% 的人通过亲友、老乡或同学关系的介绍找工作。而通过政府组织的

---

① 这是俞正声对笔者资政报告《游走在城乡之间：来自安徽、四川和湖北内陆省份农民工的报告》的评价语。

劳务输出的仅占 1.5%，通过职业中介机构的介绍的也只有 5.3%（参见表 2）。

表 2　被访农民工的求职途径

	人数	有效比例（%）
自己找工作	320	36.2
亲友、老乡、同学的介绍	453	51.3
职业中介机构的介绍	47	5.3
政府组织的劳务输出	13	1.5
其他	50	5.7

由此可见，农民工进城谋职基本上是通过零散的个人力量或者借助个人原有比较狭隘的私人关系（特别是传统的血缘或地缘关系），农民工进城的初始社会资本匮乏，政府和社会性组织提供的公共服务严重不足。

其次，来看农民工在城的居住情况。39.0% 的人住在工棚或单位宿舍，32.6% 的人和家人在外租房，9.3% 的人和朋友、同事在外租房，8.9% 的人住在自己买的房子里（参见表 3）。从农民工的居住情况来看，绝大部分农民工的日常社会交往圈较小，基本上局限在老乡、亲友、同事之内。

表 3　被访农民工的居住状况

	人数	有效比例（%）
住在工棚或单位宿舍	351	39.0
和朋友、同事在外租房	84	9.3
和家人在外租房	293	32.6
住亲戚家	31	3.4
住在自己买的房子里	80	8.9
其他	60	6.7

即便有少部分农民工能够在城里购买住房，但也较少与同一个社区的市民交往。这不是农民工不愿意跟市民交往，而主要是市民对农民工的有意疏离或排斥。对比农民工和市民对子女之间交往的态度（参见表 4）可以看出，一旦涉及更深层面的社会交往内容，越来越多的市民倾向于跟农民工保持一定"距离"，这一区隔往往是无形的，隐藏在市民的内心之中。如何撤除市民和农民工之间这面心理之"墙"，将是农民工和谐融入城市社会、推进城乡一体化发展的

重要课题。

表4　农民工与市民之间的社会心理区隔

假如您有孩子的话:	不同意的百分比（%）	
	农民工的意见	市民的意见[1]
（1）我的孩子可以跟城里人/农民工的孩子一起上学	14.3	14.2
（2）我的孩子可以跟城里人/农民工的孩子一起玩耍	16.9	19.5
（3）我的孩子可以跟城里人/农民工的孩子相互串门	20.6	23.1
（4）我的孩子可以跟城里人/农民工的孩子一起约会	20.5	47.8
（5）我的孩子可以跟城里人/农民工的孩子一起结婚	19.7	48.9

注［1］：市民的数据来自笔者主持的武汉市社会科学研究基金项目"武汉的市民信仰状况调查"（项目编号：06075），2006年11月。下文中涉及市民的数据，除了特别说明外均来自这次调查，后文不再标注。

最后，再看农民工对于情感和经济问题的处理。在情感问题上，38.3%的农民工最愿意将心中的"秘密"或"困惑"向亲人倾诉，29.7%的农民工向朋友倾诉，10.2%的人选择不跟别人说，只有很小比例的农民工会向同学、老乡、同事、网友、电台主持人等诉说（参见图2）。

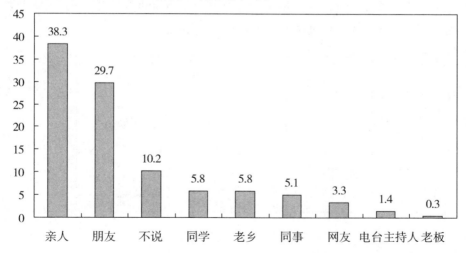

图2　"您心中的'秘密''困惑'最愿意向谁倾诉?"答案

在遭遇经济困难时，农民工寻求帮助的人或组织排在前三位的依次是亲人（占41.4%）、朋友（占23.4%）和老乡（占13.5%），其次是老板（占

5.5%)、同事（占 4.8%)、同学（占 3.8%）等交往较多、比较熟悉的人。值得注意的是，政府、社区居委会则排在靠后的位置，只有极少数农民工会向政府或社区居委会需求帮助。

从上述调查可以看出被访农民工无论从进城打工的途径还是居住安排抑或寻求帮助的对象，主要依赖的仍然是自己在乡土社会（建立在亲缘或地缘基础之上）的社会支持网络。

（二）公民参与

公民参与，通常又称为公共参与，是指"公民试图影响公共政策和公共生活的一切活动"①。公民参与最主要的是参与国家的政治生活和政治决策，因此，在公民的所有参与中，政治参与尤为重要，最具有实质性的意义。但严格地说，公民参与不仅包括政治参与，还包括在公共的文化生活、经济生活和社会公共事务等领域的参与。特别是在社会利益分化日益剧烈、市场经济快速发展条件下，公民参与的范围正在日益扩大，已经从属于国家的公共领域扩大到社会的其他公共领域。

目前，农民工的公共参与主要有两种形式：一是回乡参加村民选举，参与村级公共事务，二是在城参加城市社区选举，参与社区公共事务。从调查来看，有 27.8% 的被访农民工参加过农村的选举，接近 3/4（72.2%）的被访农民工从未参加过农村的选举；与之相比较，农民工参与城市社区选举的人数更少，只有 10.6% 的农民工参与过城市社区的选举（参见图3）。

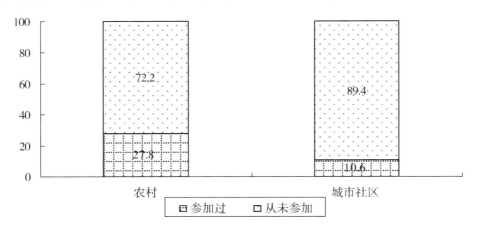

图3　农民工城乡参与选举状况对比

---

① 俞可平. 公民参与的几个理论问题［J］. 学习时报，2016（366）.

　　如果说，农民工之所以较少参与农村选举主要是因为经济成本过高，不符合自身经济利益的计算。那么农民工在城市参与社区选举的人数更少，则主要是由于体制性和社会性因素：一是基于现有户籍制度，一般不会将农民工登记为城市社区选民；二是基于社会心理习惯，一些城市居民不愿意与农民工分享同样的社区权利（包括选举权）。

　　我们的调查也说明了这一点，超过1/4（26.0%）的农民工想参加但没有机会参与城市社区公共事务（参见表5）；在这些调查的农民工中，高达32.5%的人认为自己完全有权利参加城市社区事务管理，21.4%的人认为自己基本有权利参与城市社区事务管理，只有22.5%的人认为自己没有权利参与城市社区管理（参见图4）。

表5　被访农民工参与城市社区公共事务情况

	频数	有效比例（%）	累积比例（%）
参加过	106	12.1	12.1
从未参加过	540	61.9	74.0
想参加但没有机会	227	26.0	100.0

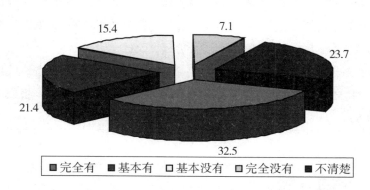

图4　"您认为农民工有没有权利参与城市社区管理？"回答情况

　　不仅农民工在政治选举方面参与度低，而且他们也很少参与政府的政策制定过程。当我们问及"针对武汉市的发展，您给政府提过建议吗？"这一问题时（见表6），有60.4%的人表示从未提过，有9.0%的人表示偶尔提，仅有1.4%的人表示经常提，同时还有29.2%的人表示想提但是没有机会。

　　从总体上而言，当前农民工无论是在农村还是在城市都没有办法实现充分的政治参与，而沦为"城乡的双重边缘人"。尤其是农民工在城打工时，由于没有一定的政治参与渠道和有效的参与机制，他们的愿望和诉求往往难以得到政府的及时回应。

表6　"针对武汉市的发展，您给政府提过建议吗？"回答情况

	频数（个）	有效比例（%）	累积比例（%）
经常提	12	1.4	1.4
偶尔提	78	9.0	10.4
从未提过	522	60.4	70.8
想提但没有机会	252	29.2	100.0

（三）权益救济

权益救济也是考察农民工行为的一个重要方面。由于权益问题往往涉及用工单位（或企业）和政府部门，超出了农民工的个人社会关系网络之外，农民工动用个人的社会资源难以得到有效解决，因此，在遇到权益问题时（与解决经济困难问题不同），农民工一般会寻求公权力（如政府、司法、媒体、警察、居委会等）的帮助（当然，也不排除个人社会资源的必要协助）。

当我们问到："假如您遇到权益问题时，您会找谁帮助、解决？"时，20.9%的被访农民工回答是政府，其余依次是亲人（20.5%）、朋友（17.7%）、警察（10.1%）、老乡（8.4%）和居委会（5.3%）。

例如，对于用工单位拖欠工资，30.2%的被访农民工会找当地政府部门解决，其次24.1%的人通过司法途径解决，15.1%的人向电视台、报纸等媒体反映（如图5）。

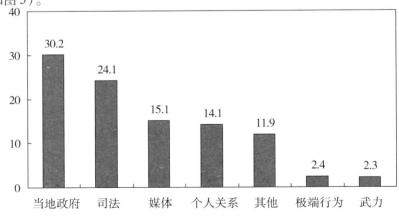

图5　"对于单位拖欠工资，您会怎么办？"回答情况

又如，当问及"在当地政府的政策危害到您的正当利益时，您会怎么做？"时，32.7%的农民工选择向国家有关部门反映情况或申诉，30.5%的人会直接找有关部门提意见，12.9%的人会向电视台、报纸等媒体反映（见图6）。

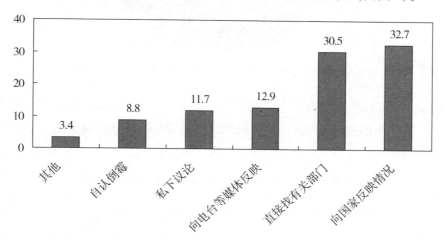

图6　"在当地政府的政策危害到您的正当权益时，您会怎么做？"回答情况

一旦他们在城里和别人发生纠纷，被访农民工也是较多寻求司法、政府部门、单位领导、居委会等公权力的帮助。

农民工之所以在权益救济上较多借助公权力，主要是因为公权力对于他们解决权益问题相对有效。

三、价值层面的分析

在价值层面，将从农民工的社会观念及公德、权利意识和归属感及未来预期三个方面进行分析。

（一）社会观念及公德

首先，对于国家、集体和个人之间的利益关系，63.1%的被访农民工认为应该合法追求个人利益，27.3%的人认为国家和集体利益高于一切，9.6%的人认为个人利益至上（如图7）。这与市民的看法基本接近，根据我们对武汉市民的调查，59.9%的被访市民认为应该合法追求个人利益，35.6%的市民认为国家和集体的利益高于一切，只有4.5%的市民认为个人利益最高。

其次，对于当今社会成功人士依靠什么而获得成功，近乎一半（47.1%）的被访农民工认为是"个人的才能和努力"这样的后致性（achievement）因素，而像"出身"这样先赋性（ascription）因素几乎不被认为是当今成功人士成功

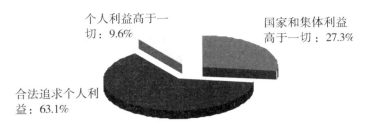

图7　被访农民工对于国家、集体和个人三者利益关系的看法

的主要原因。不过，也有23.7%的被访者认为"运气或机遇"是这些人成功的原因，20.3%的被访者则认为"人际关系"是原因。在这个问题上，农民工的价值判断跟市民的价值判断几乎毫无二致（参见表7）。

表7　"当今社会上成功人士主要依靠什么获得成功？"回答情况

（单位：%）

	农民工的看法	市民的看法
个人的才能和努力	47.1	47.5
运气或机遇	23.7	23.2
人际"关系"	20.3	20.4
出身	7.6	4.9

　　对于无偿献血的态度可以在很大程度上反映出人们的社会责任感。在这些被访农民工当中，表示"想献血，但是不知道怎么做"的人占44.0%，表示"献过血"的人占19.7%，还有18.5%人说他们"不知道献血这回事"。可见，虽然献过血的人所占比率不大，但明确表示会献血的人也占到了63.7%，这一比率和武汉市民的65.0%相比并没有什么实质性差别。

　　由此可见，农民工跟市民对于社会问题的基本看法几乎相同，在一般性社会道德"秤杆"上不存在高低之分。

　　（二）权利意识

　　关于农民工的权利意识，在我们的调查问卷中有三个选题。一是问农民工对于暂住证的看法。30.8%的农民工认为有身份就可以了，45.7%的人认为有利于社会管理，23.5%的人只是认为办理暂住证不应由农民工出钱。说明接近70%的农民工能够接受暂住证的制度安排。二是问农民工自己的子女是否应该跟城里的小孩享受同等的待遇。52.6%的被访农民工明确表示应该，这是法律赋予每个人的权利，还有38.3%的人认为都是中国人应该享受同等待遇，只有

6.9%的人基于自己的农村户口或者小孩的学籍在农村而认为不应该跟城里孩子享受同等待遇。三是问农民工自己是否应该跟城里人享受同等权利，68.8%的人认为应该，此外，还有31.2%的人认为不应该、无所谓或没想过（参见表8）。

表8 被访农民工的权利意识

问题及选项	有效比例（%）
（1）您怎么看待暂住证？	
①有身份证就可以了	30.8
②有利于社会治安管理	45.7
③办可以，但不应该由我们出钱	23.5
（2）您认为您的子女是否应该跟城里的小孩享受同等待遇？	
①应该，这是法律赋予每个人的权利	52.6
②应该，都是中国人	38.3
③不应该，我们是农村户口	4.2
④不应该，我们小孩的学籍在农村	2.7
⑤其他	2.1
（3）您觉得自己是否应该和城里人享受同等的权利？	
①应该	68.8
②不应该	3.3
③没想过	17.2
④无所谓	10.7

从上述三个问题的不同回答可以看出，农民工在现实的社会结构和制度安排之中，对自身权利的自觉意识较低而对于子女权利的自觉意识较高，期望自己的子女能够跟城里小孩享受平等的权利。

（三）归属感及未来预期

农民工的归属感及对未来的预期，也能在一定程度上反映农民工的思想状况，影响他们的行为。根据调查，64.1%的被访农民工愿意在城市安家落户，只有22.9%的农民工不愿意住在城市，此外，还有12.9%的农民工没有明确的归属感（参见表9）。

表 9 "您是否希望住在城里?"回答情况

	频数	有效比例（%）	累积比例（%）
非常愿意	162	18.9	18.9
愿意	388	45.2	64.1
不愿意	165	19.2	83.3
很不愿意	32	3.7	87.1
不知道	111	12.9	100.0

从交叉列联表分析来看，相对而言，年龄在 30～39 岁之间的农民工有比较清晰的归属感和确定的未来预期，这个年龄段中 75.5% 的农民工希望在城里安家落户；年龄较大者比较不愿意落户城市，年纪较轻者对未来预期不够明确（参见表 10）。也就是说，一般的成年农民工进城务工都有比较明确的目的：要么赚钱，要么学技术，要么寻找更大的发展空间……但是，这些未成年农民工却有一个显著的特点：不知道自己为什么出来打工，也不知道自己今后要干什么，生活没有一个目标，得过且过，对于未来和前途是茫然一片，心灵无所寄托。

表 10 年龄结构 ＊ 归属感的交叉列联表

年龄结构	"您是否希望住在城里?"答案		
	希望	不希望	不知道
10～19 岁	56.3%	20.5%	23.2%
20～29 岁	62.8%	22.4%	14.8%
30～39 岁	75.5%	15.3%	9.2%
40～49 岁	59.1%	26.8%	14.0%
50～59 岁	55.6%	37.8%	6.7%
60 岁及以上	10.0%	70.0%	20.0%
	64.7%	21.9%	13.4%

注：Pearson Chi – Square Value = 74.889；df = 20；Asymp. Sig. (2 – sided) = 0.000。

对于那些不愿意落户城市的农民工来说，他们之所以回乡，主要原因是：①在城生活消费太高；②在城市买不起房子；③农村政策好（参见表 11）。

表 11　回乡的主要原因（多选）

原因	频数	有效比例（%）
①在城生活消费太高	217	26.5
②在城买不起房子	194	23.7
③农村政策好	126	15
④文化低，不好找工作	82	10
⑤城里没亲戚，孤独	81	9.9
⑥年龄大，找不到工作	78	9.5
⑦在城子女上学难	50	6.1
⑧在家安稳	49	6
⑨城里限制太多	45	5.5
⑩不习惯城里生活方式	43	5.3
⑪和城里人合不来	31	3.8

63.6%的被访农民工对农村的发展前景寄予希望，认为只要中央政策好，农村会越来越好，不过，也有 26.0% 的农民工表示不好说或者不关心这事。而对于自己的未来预期，56.3% 的人明确表示比现在好，22.1% 的人认为跟现在差不多，3.6% 的人认为比现在更差，18.0% 的人则没有明确的预期，不清楚自己的将来会是一个什么样子（参见表 12）。

表 12　收入结构 * 未来预期的交叉列联表

	跟现在相比，您未来的生活状况将如何变化？			
	比现在好	差不多	更差	不清楚
800 元及以下	49.1%	17.8%	4.2%	29.0%
800~1200 元	58.8%	22.9%	3.3%	15.1%
1200~2000 元	55.8%	27.9%	3.1%	13.3%
2000 元以上	78.7%	10.6%	4.3%	6.4%
合计	56.3%	22.1%	3.6%	18.0%

注：Pearson Chi – Square Value = 36.806；df = 9；Asymp. Sig. （2 – sided）= 0.000。

从交叉列联表数据来看，对未来生活持乐观态度的人数比例在农民工下层收入阶层中占 49.1%，而在上层收入阶层中则达到 78.7%；而对未来没有明确预期的农民工下层收入阶层所占比例最高（达 29.0%），这个比例随着收入阶层的上升而逐渐下降，在上层收入阶层中仅占6.4%。这些数据显示，农民工的收入层次越高，对未来生活的预期越明确，并且这种预期很大比例上是乐观的预期；而农民工的收入层次越低，他们对未来生活状况的预期越不明确。不唯如此，农民工的收入层次也影响到他们对社会公平、自身权利等方面的不同认识乃至行为的不同选择，这种分化实质上是农民工群体中以收入为基础的经济领域层次向文化观念领域层次的扩展。当然，导致农民工内部分化的因素不仅仅是"经济收入"，还有一些其他的因素。但是，无论如何，最重要或者最关键的因素还是物质或经济性因素，由于农民工内部社会经济条件的分化最终造成了他们文化观念和思想道德的分化。

四、几点建议

最后，根据这次调查，我们提出以下几点建议。

第一，着力改善农民工进城务工的生活、工作条件。近些年，中央和地方各级政府都为改善农民工的进城务工条件出台了相应的系列政策，尤其是拖欠农民工的工资、农民工子女就学等问题得到了比较有效的解决。但是，由于农民工是一个不完全进入市场和不完全融入城市社会的特殊农民群体，他们在进入市场和立足城市两个方面都离不开政府的必要支持。例如，在进入市场问题上，政府可以在农民工技能培训、用工信息的发布、规范职业中介组织和就业市场、加强市场监管、维护农民工的合法权益上多做文章；在融入城市问题上，可以从提高农民工收入水平、提供廉租房、建立和健全农民工社会保障制度、丰富农民工文化生活等方面着手进行解决（见图8，从调查来看，农民工对自身的社会保障、政府的公共服务、自己的政治权利、居住条件、社会地位、经济收入、文化生活等的满意度较低）。

第二，尽快建立针对农民工群体内部不同需要的因应机制，进一步改善政府的公共服务绩效。由于工作职业、经济收入、文化程度等不同，农民工群体内部分化日渐显著，政府应尽快建立相应的因应机制，有的放矢地满足农民工群体内部的不同需要。以不同收入阶层的农民工为例，对低收入阶层的农民工来说，他们面临的问题主要是提高自己的收入和福利待遇，改善他们的工作环境，确保他们基本权利的保障；对于中层收入的农民工来说，工作收入和福利待遇的提高仍然重要，但更重要的是，使他们能够享有普通市民享有的各种市民权利，这些权利不仅包括物质上的各种保障，而且包括政治上民主参与的权利；对于上层收入的农民工来说，最重要的是获得城市居民的身份认同，使之

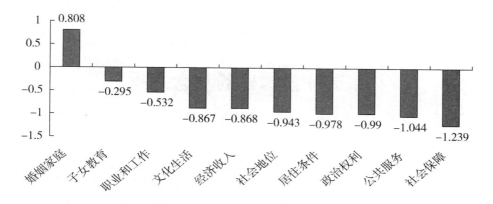

图8 被访农民工的满意度测量

能够从心理上融入城市社会。

第三，以社区为基础，积极促进农民工和谐地融入城市社会。总体上看，农民工面临着城市融入难的问题。解决这一难题，构建开放型的城市社区是一个比较理想的政策选择。在融入城市社会的过程中，要促进农民工"和谐地"融入城市，而不是"机械地"融入城市。

第四，重视农民工正式组织的建设。农民工进城后力量较为分散和弱小，所运用的社会资源不但极其有限而且主要是乡土性的。加强农民工的党团组织、工会组织和其他民间组织的建设，不但有利于维护农民工的合法权益，扩大农民工的公民参与，而且有利于增强农民工的社会支持，培养他们的合作精神，提高他们自我教育、自我管理和自我服务的能力。

第五，积极扩大农民工在城市的公共参与。从调查来看，农民工的公共参与严重不足，不但影响了农民工相应政治权利的实现，而且阻碍了农民工和谐地融入城市。改革不合理的制度安排，建立和健全农民工在城的公共参与机制，不但可以保障农民工的权益，及时有效地将自己的需求反馈给政府部门，而且可以通过公共参与，增进与市民之间的合作、交流以及对城市社会的认同感、归属感，从而促进整个社会的和谐建设。农民工在城市社会的公共参与形式不仅仅限制在社区公共事务的参与方面。城市政府在制定相关的政策法规时也可通过听证会等形式充分征求农民工的意见和要求，还可以以一定的比例吸纳农民工进入城市各级人大、政协和群体等组织之中。

和谐社会构建的观念之维

——武汉市民信仰状况问卷调查

一、调查及被访市民的基本情况

构建和谐社会离不开和谐文化的必要支持。和谐文化既是和谐社会的重要特征，也是实现社会和谐的文化源泉和不竭精神动力。人们的信仰状况是一个社会文化的内核组成部分，信仰是指导人与自然、人与社会以及人与自身关系的根本价值准则，它为个体和群体的行为抉择提供价值支撑、精神动力和实践方向，同时也反映出不同个人和群体的政治行为、社会行为和经济行为的深层动因以及社会发展的互动关系。市民的精神信仰状况在某种程度上更是与整个城市社会的内聚力、向心力、亲和力密切相关。对武汉市的市民信仰状况进行调查研究，对建设和谐城市文化、构建和谐社会具有重要现实性意义。

为了了解武汉市的市民信仰状况以及对政治、社会、经济、文化的基本看法，我们组织了这次对 1000 余名市民的大型问卷调查。这次调查范围覆盖武昌、汉口、汉阳 3 镇 8 个城区，通过随机抽样调查的方式，在学校、工厂、社区、商业场所、政府部门、企事业单位、公园等不同场合共发放问卷 1200 份，回收有效问卷 1025 份，其中武昌 335 份、汉口 401 份、汉阳 289 份。问卷调查对象涵盖工人、教师、学生、政府公务员、商业人员、服务业人员、企业管理人员、专业技术人员等各种职业（或行业）群体（被访者具体情况参见表 1），具有一定的代表性。

表 1　被访市民的基本统计特征

统计指标	分类标准	人数	有效比例（%）	统计指标	分类标准	人数	有效比例（%）
性别	男	520	52.1	职业	工人	161	16.1
	女	478	47.9		公务员	61	6.1

续表

统计指标	分类标准	人数	有效比例（%）	统计指标	分类标准	人数	有效比例（%）
年龄	13～19 岁	38	4.0	职业	商业人员	92	9.2
	20～29 岁	286	29.7		服务业人员	98	9.8
	30～39 岁	287	29.8		企业管理人员	106	10.6
	40～49 岁	190	19.8		专业技术人员	102	10.2
	50～59 岁	118	12.3		教师	127	12.7
	60 岁及以上	43	4.5		学生	121	12.1
文化程度	小学	11	1.1		其他	135	13.5
	初中	151	14.9	个人月收入	500 元以下	35	4.4
	高中/中专	263	26.0		500～1000 元	136	17.2
	大专	240	23.7		1000～1500 元	202	25.5
	大学本科	271	26.8		1500～2000 元	133	16.8
	研究生	76	7.5		2000～2500 元	114	14.4
婚姻状况	未婚	300	29.6		2500～3000 元	37	4.7
	已婚	661	65.3		3000 元以上	134	16.9
	离异	37	3.7	生活支出的收入弹性 ①	20% 以下	52	6.5
	丧偶	11	1.1		20%～40%	191	23.8
	其他	4	0.4		40%～60%	251	31.3
民族	汉族	969	95.7		60%～80%	174	21.7
	少数民族	44	4.3		80%～100%	73	9.1
家庭人口	1～2 口人	77	7.8		100% 及以上	60	7.5
	3 口人	433	44.1	政治面貌	中共党员	264	26.2
	4 口人	233	23.8		民主党派人士	21	2.1
	5 口及以上	238	24.3		普通群众	724	71.8

在发放调查问卷的同时，我们还有意识地选择了不同性别、不同年龄段、不同职业群体以及不同文化层次的市民进行了半结构性的深度访谈，以弥补问

---

① 生活支出的收入弹性，是指生活支出占其收入的比例。

卷调查的不足。调查数据运用 SPSS 统计软件进行分析。本次调查尽量做到"以数据说明概念，事实产生结论"①。

　　本文将从道德观念、婚恋家庭观念、职业和工作观念、人生观、政治信仰和认同、鬼神崇拜和宗教信仰等方面对武汉市民信仰状况依次进行阐述，并提出相应的政策建议。

二、武汉市民信仰的现状、问题及初步分析

（一）道德观念

　　本次调查设计了 4 个问题来测量武汉市民的公共道德观念。从调查来看，武汉市民的公共道德整体水准较高，但也有一部分市民的公德意识较差。当问及"排队购物时看见有人插队，您会怎么做?"，有 20.1% 的被访者选择"在一旁议论，但不阻止"，31.4% 的人选择"不闻不问，照旧排队"，3.4% 的人选择"也往前插队"；当问及"大街上遇见一个陌生老人摔倒时，您会怎么做?"，有 26.9% 的人选择"想搀扶，但害怕别人把责任推给自己"，6.0% 的人采取视而不见的态度，不去理睬；当问及"当您看见小偷在偷别人的东西时，您通常如何做?"，有 11.5% 的人选择"多一事不如少一事，装作没看见"；当问及"当医院病人急需血液时，您会无偿献血吗?"，25.1% 的人以"对身体不好"为由不去献血，1.7% 的人选择"不给钱就不献血"，8.2% 的人认为跟自己没有直接关系而不去献血（参见表 2）。

表 2　被访市民的公德意识

问题及选项	人数	有效比例（%）
（1）排队购物时看见有人插队，您会怎么做?		
①当即制止，并说服其排队	452	45.1
②在一旁议论，但不阻止	201	20.1
③不闻不问，照旧排队	315	31.4
④也往前插队	34	3.4
（2）大街上遇见一个陌生老人摔倒时，您会怎么做?		

---

　　①　这是俞正声对笔者资政报告的评价语。

问题及选项	人数	有效比例（%）
①立即去搀扶	679	67.1
②想搀扶，但害怕别人把责任推给自己	272	26.9
③不关己事，没必要管	61	6.0
（3）当您看见小偷在偷别人的东西时，您通常如何做？		
①当场抓住小偷	98	9.7
②立即告诉被偷者	136	13.5
③给被偷者一个暗示	610	60.5
④小偷走后再告诉被偷者	48	4.8
⑤多一事不如少一事，装作没看见	116	11.5
（4）当医院病人急需血液时，您会无偿献血吗？		
①会献血	651	65.0
②对身体不好，不献血	251	25.1
③不给钱就不献血	17	1.7
④跟自己没有关系	82	8.2

由此可见，在公共道德层面，有相当一部分市民是根据自身利益的关联情况而采取行动的，在自身利益没有直接损害的情况下也会采取一定的利他行为。

（二）婚恋家庭观念

婚恋家庭观念也是人们思想观念的一个有机组成部分，在一定程度上反映了个人的基本人生价值取向。虽然婚姻关乎一个人的人生幸福，但是在儒家文化传统中，当事人往往没有自主的择偶权，他们的婚姻更主要地通过"父母之命，媒妁之言"来决定。改革开放以后，尤其是市场经济的发展，人们不但在婚恋方式上更加自主、前卫，而且也渐趋理性，强调"经济基础"的现实作用。这次调查显示，大多数市民在现代男女恋爱的看法上，39.5%的人认为由自己完全自主决定，有58.7%的人认为参考父母的意见后由自己决定，仅有1.8%的人赞同完全听从父母（参见表3）。

表3 "对现在男女恋爱的看法"统计结果

	频数	有效比例（%）
完全自己决定	397	39.5
参考父母的意见再决定	589	58.7
完全听从父母	18	1.8

在择偶标准上，人们逐渐从传统的门当户对、政治社会地位般配等为主转变为注重个人素质和双方能否情投意合，以感情为基础的婚恋成为主流。但是，随着市场经济的发展，近年来经济状况也越来越成为左右一些人择偶的重要因素，金钱在婚姻中的地位有所上升。66.2%的人虽然也认为"感情是基础"，但是他们同时又认为"经济是必要条件"；还有5.9%的人则认为"经济基础是最重要的"（参见表4）。

表4 "对婚姻的看法"统计结果

	频数	有效比例（%）
感情是最重要的	262	25.9
感情是基础，经济是必要条件	671	66.2
经济基础是最重要的	60	5.9
主要是传宗接代，怎么过都行	20	2.0

从这次调查来看，武汉市市民传统的婚姻观念有了极大的淡化，人们逐渐形成了现代的婚恋观念，具有较强的自主意识并尊重个性的自由发展。同时，人们更加关注现实的经济利益，在婚恋过程中更加注重对经济条件的关注。

根据交叉列联表分析，不同年龄段的被访市民对于年轻人的自由恋爱基本认同，没有多大的区别（参见表5）。相比较而言，中年人（30~50岁）较多倾向"参考父母的意见再决定"，或许是因为这个年龄段市民的子女正面临婚恋方面的现实抉择问题；年纪较高者（50岁以上）在"完全听从父母"上略高于其他年龄段的市民。

表 5　年龄结构＊对现在男女恋爱的看法交叉列联表

			对现在男女恋爱的看法			合计
			完全自己决定	参考父母的意见再决定	完全听从父母	
年龄结构	30 岁以下	人数	145	173	5	323
		在年龄中的比例	44.9%	53.6%	1.5%	100.0%
	30～50 岁	人数	165	298	7	470
		在年龄中的比例	35.1%	63.4%	1.5%	100.0%
	50 岁以上	人数	65	84	4	153
		在年龄中的比例	42.5%	54.9%	2.6%	100.0%
合计		人数	375	555	16	946
		在年龄中的比例	39.6%	58.7%	1.7%	100.0%

注：Pearson Chi – Square Value = 9.523；df = 4；Asymp. Sig. （2 – sided） = 0.049。

表 6　年龄结构＊对婚姻的看法交叉列联表

			对婚姻的看法				合计
			感情是最重要的	感情是基础，经济是必要条件	经济基础才是最重要的	主要是传宗接代，怎么过都行	
年龄结构	30 岁以下	人数	66	236	17	3	322
		在年龄中的比例	20.5%	73.3%	5.3%	0.9%	100.0%
	30～50 岁	人数	130	305	28	11	474
		在年龄中的比例	27.4%	64.3%	5.9%	2.3%	100.0%
	50 岁以上	人数	50	91	14	4	159
		在年龄中的比例	31.4%	57.2%	8.8%	2.5%	100.0%
合计		人数	246	632	59	18	955
		在年龄中的比例	25.8%	66.2%	6.2%	1.9%	100.0%

注：Pearson Chi – Square Value = 15.214；df = 6；Asymp. Sig. （2 – sided） = 0.019。

　　然而，在对待婚姻本身的看法上，不同年龄段的市民却有较大分歧。相对来说，年轻人（30 岁以下者）更加看重"经济基础"的作用，其中 73.3% 的年轻人认为"感情是基础，经济是必要条件"，5.3%的年轻人认为"经济基础是最重要的"，二者合计占78.6%；而年纪越大者越注重感情因素的作用，认为"感情是最重要的"在年轻人中只占20.5%，在中年人中占27.4%，在年长者中占31.4%（见表6）。

在对待家庭方面，武汉市民的观念较为传统。从调查来看，对宗教、政治、自由和闲暇而言，市民对家庭更加看重。如果分别以 -3 到 3 之间的数字为标记（数字越大越重要）依次测量在市民生活中宗教、政治、自由和闲暇、职业和工作、家庭等因素的重要性的话，对于市民而言，"自己的家庭及子女"是最重要的（重要值为2.675），其次依次是"父母、兄弟姐妹"（2.404）、"职业和工作"（2.105）、"亲朋好友"（1.718）、"自由时间和休闲"（1.308），而"政治"和"宗教"则处于人们的生活边缘位置（见图1）。

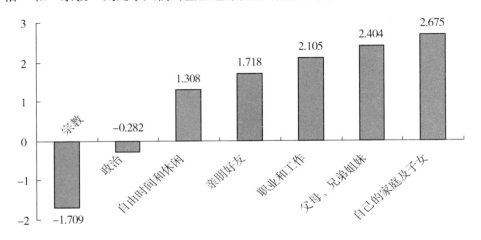

图1　"家庭""政治"等在被访市民生活中的重要程度

（三）职业与工作观念

在职业和工作方面，被访市民的择业标准排在首位的是"有利于发挥才干"（占32.5%），其次是"安稳"（占30%）、"待遇好"（占21.3%）、"工作环境好"（占11.9%），最后才是"有地位"（占4.3%）（见图2）。说明武汉市民在选择职业和工作上除了追求稳定和较高的经济收入以外，更重视自我价值的实现。

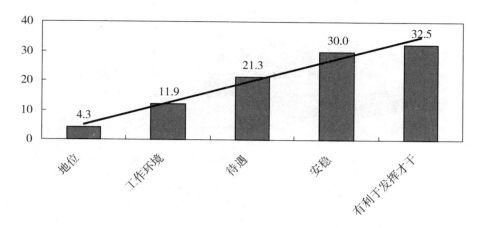

图2 被访市民的择业标准

与此同时，近乎一半（47.5%）的被访市民认为当今成功人士主要依靠"个人的才能和努力"这样的后致性（achievement）因素获得成功，而像"出身"这样先赋性（ascription）因素几乎不被认为是当今成功人士成功的主要原因。不过，也有23.2%的被访者认为"运气或机遇"是这些人成功的原因，20.4%的被访者则将之归因于"人际关系"（见表7）。

表7 "当今社会上成功人士主要依靠什么获得成功?"统计结果

	频数	有效比例（%）
①个人的才能和努力	475	47.5
②运气或机遇	232	23.2
③人际"关系"	204	20.4
④出身	49	4.9
⑤其他	40	4.0

（四）人生观

本次调查也涉及人生观方面的议题。首先，在对待金钱方面，大部分（62.7%）被访市民认为"钱够用就行"，值得注意的是，也有16.2%的人认为"有钱就有一切"（见图3），并且有3.8%将它当作人生信条（参见表8）。

从总体上来说，被访市民的人生观基本上是自我中心取向的，38.4%的被访者坚持"走自己的路，让他人去说"的人生信条，36.8%的人以"人人为我，我为人人"为人生信条（见表8）。

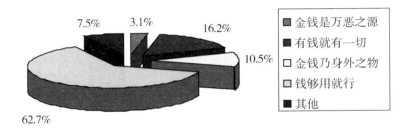

图3　"被访市民对金钱的看法"统计结果

表8　"被访者的人生信条"统计结果

	频数	有效比例（%）
走自己的路，让他人去说	384	38.4
人人为我，我为人人	368	36.8
人生苦短，及时行乐	68	6.8
舍己为人	49	4.9
忧天下之忧	44	4.4
有钱就有一切	38	3.8
有权就有一切	28	2.8
人不为己，天诛地灭	22	2.2

被访市民对于"何为人生中最宝贵者"，基本上也是自我中心取向的，首先考虑的是自我方面，其次才是跟他人相关的方面。例如，56.9%的人将自己的"健康"视为人生最宝贵的东西，然后才是亲情（21.4%）、诚信（6.3%）、理想追求（5.7%）、爱心（2.6%）等（见表9）。

表9　被访市民"视为人生宝贵的东西"统计结果

	频数	有效比例（%）
健康	574	56.9
亲情	216	21.4
诚信	64	6.3
理想追求	58	5.7
爱心	26	2.6
财富	25	2.5

	频数	有效比例（%）
友情	17	1.7
权势	9	0.9
义气	5	0.5
荣誉	3	0.3

（五）政治信仰与认同

从调查来看，市民对于政治的一般性看法，更主要的是表达了他们对于政治（包括政治参与）的一种期许，例如，他们中就有一半以上（52.1%）的人认为政治"是每个人的事情"，而不是政治家或一部分人的事情。在中国现实的政治场域中，我们认为市民的这种政治取向既与自身的（卷入）政治（运动）经历有关，又与中国独特的政治文化传统有关。

即便如此，人们对于不同层次的政治信仰是不完全相同的。下面主要从政治意识形态层次的信仰来考察武汉市市民的政治信仰状况。

在这个信仰层次，我们主要考察人们对马克思主义的信仰情况，因为马克思主义是我国的主流政治意识形态。从调查来看，被访市民对于马克思主义具有三种典型性意见：（1）认为"马克思主义是一种学说"的人稍多，占34.4%；（2）相信"马克思主义是真理"的人也占32.1%；（3）认为"马克思主义是一种意识形态"的人占到了26.9%。虽然第三种看法与前两种看法相比较略少，但也是一个不容忽视的数目。从信仰的含义上讲，我们把"认为马克思主义是真理"看作是对马克思主义的信仰，其他两种看法不能看作是对马克思主义的信仰。（参见表10）。

表10 "被访市民对马克思主义的看法"统计结果

您如何看待马克思主义	人数	有效比例（%）
①马克思主义是真理	311	32.1
②马克思主义是一种学说	334	34.4
③马克思主义是一种意识形态	261	26.9
④不知道什么是马克思主义	51	5.3
⑤其他	13	1.3

根据分析，我们发现年龄因素和政治面貌对于人们对马克思主义信仰的影响

最大（相关系数分别是 -0.245 和 0.119），而受教育程度、职业、收入以及生活满意度的相关性则小得多（相关系数分别是：0.031、0.054、0.056、0.007）。值得注意的是，不同年龄人群的市民对于马克思主义的信仰是有很大分野的，不同年龄段的人群存在对马克思主义的不同看法（见表11）。由此可见，在当前构建和谐社会中，重塑马克思主义信仰、加强社会主义核心价值体系的建设和教育不但十分必要，而且显得相当紧迫。在一个多元政治信仰的社会里，需要一种核心价值信仰进行必要的整合，否则会发生意识形态方面的矛盾和冲突。

表11　年龄分布＊对马克思主义的看法交叉列联表

			您如何看待马克思主义				合计
			马克思主义是真理	马克思主义是一种学说	马克思主义是一种意识形态	不知道	其他	
年龄结构	30岁以下	人数	70	115	115	10	4	314
		在年龄中的比例	22.3%	36.6%	36.6%	3.2%	1.3%	100.0%
	30~50岁	人数	165	156	107	20	7	455
		在年龄中的比例	36.3%	34.3%	23.5%	4.4%	1.5%	100.0%
	50岁以上	人数	64	48	21	17	0	150
		在年龄中的比例	42.7%	32.0%	14.0%	11.3%	0.0%	100.0%
合计		人数	299	319	243	47	11	919
		在年龄中的比例	32.5%	34.7%	26.4%	5.1%	1.2%	100.0%

注：Pearson Chi - Square Value = 56.383；df = 8；Asymp. Sig.（2 - sided）= 0.000。

三、几点建议

根据这次调查，我们就建设和谐城市文化、构建和谐社会提出以下几点建议。

第一，着力培育文明道德风尚，促进和谐文化建设。一个社会的道德风尚，既是一个社会文明进步的表现，也是维系一个社会持续存在的基本力量。没有共同的道德规范，失去了普遍遵循的行为准则，就无法有效提升人们的精神境界、协调好不同利益主体之间的关系，也无法实现社会的和谐。当前，部分社会成员道德失范、诚信缺失，已经成为构建和谐社会的一大"公害"。为此，需要有针对性地开展"讲文明、促和谐、树新风"创建活动。

　　第二，重塑马克思主义信仰，加强社会主义核心价值体系的建设和教育。改革开放以后，人们的价值观趋向多样化，这是社会经济发展的一个表征，问题是在多元化价值观并行的同时，需要一种核心价值观进行必要的整合，并以此调适不同价值观之间的冲突和矛盾，从而为构建和谐社会提供基本的文化支持和不竭的精神动力，这一核心价值观就是社会主义核心价值观。因此，在人们利益追求日益多元化以及与之相应的价值观不断多样化的同时，更应加强社会主义核心价值观的宣传和教育，使之始终融入国民教育、公民社会化和精神文明建设的过程之中，融入经济、政治、文化和社会建设的各个领域之中，最大限度地扩大社会认同、增强社会和谐、促进社会进步。

　　第三，着力建设文明健康的公共文化生活，促进和谐文化建设。从总体上而言，自改革开放以来，人们的个体性或家庭式文化生活不断丰富，公共性或集体式文化生活逐渐衰落，虽然这在一定程度上反映了人们自由的发展和权利的扩展，但是也从另一方面说明了社会主义公共理性的式微。这次调查也表明人们的道德观念、婚恋家庭观念和人生观基本上是自我中心取向。换言之，人们更多地关心自身的利益和权利，却忽视了作为社会一分子应该承担的责任、作为公民应该履行的义务。构建和谐社会和建设和谐文化的根本目的，就是促进社会的内聚力、向心力、亲和力，增强社会成员之间的互助、团结、协作，而这些只能通过公共性生活，尤其是文明健康的公共文化生活才能培育和生长出来。各级政府要在逐年加大对公益性文化事业投入的同时，继续深化和完善文化服务"以钱养事"新机制、健全文化服务体系，将公共文化设施建设和各项公共文化活动进一步延伸到城乡社区和校园、厂矿、企业，让人民群众在日常生活中能够切实享受到丰富多彩、健康文明、和谐向上的公共文化服务。

　　第四，在不断完善市场经济体制的同时适时进行政治体制方面的改革，进一步扩大人们的政治认同感。当前，政治体制改革可以从积极扩展民意基础、增加公民政治参与、改善政府治理效能等方面着手，增进公民对政府的信任感和认同感。

　　第五，合理引导人们的宗教信仰，发挥宗教信仰在改善社会道德风尚方面的正向功能。宗教信仰既可以发挥正向功能，也可以发挥负向功能，关键是合理引导、加强管理，采取切实措施避免宗教信仰向反社会的方向发展。

公共文化服务体系建设中的文化馆转型

——兼论云南保山市文化馆"馆会一体"改革及意义

文化馆在我国经历比较长的曲折发展历程，是具有中国特色的群文机构。在保持文化馆公益性的同时，面对公共文化服务体系建设新要求，如何进行改革转型，从而更好地发展文化馆事业，是一项亟待研究的现实性课题。本文结合云南保山市文化馆体制改革，就这一问题做初步探讨。笔者认为，文化馆体制改革，既要以公共文化服务体系建设为主线，又要从各地实际出发，探索构建政府主导、社会参与的新型文化馆公共文化服务体系。

一、文化馆的发展历程和面临的新要求

相对于公共图书馆、博物馆和艺术馆，文化馆是具有中国特色的群文机构。在我国，文化馆一般是由省、市、县三级政府设立的，既是组织指导群众文化艺术活动、培训业余文艺骨干、研究群众文化艺术的文化事业单位，也是群众进行文化艺术活动的场所。

1949 年以后中央政府借鉴苏联模式，将"中华民国"主办的"民众教育馆"改建为人民文化馆，后来又更名为群众艺术馆或文化馆①。文化馆历经曲折发展，有过辉煌，也有过低谷。1953 年，文化部发布了《关于整顿和加强文化馆、站工作的指示》，明确文化馆（站）为群众服务。1956 年，又下发了《关于群众艺术馆的任务和工作的通知》，对群众艺术馆的性质、任务、编制、经费等做出明确规定，并成立了中央群众艺术馆。随着大规模经济建设的开展，一大批文化设施在各地纷纷建立。到 1965 年，全国已有县级文化馆 2598 个，群

---

① 省、市一般称为群众艺术馆，县级一般称为文化馆。本文一律称之为文化馆。

众艺术馆62个，乡镇文化站2125个①。

经过20世纪五六十年代的繁荣以后，文化馆在"文化大革命"期间受到严重摧残而一时跌入低谷。十一届三中全会以后，各地文化馆的组织机构才逐步恢复，各项业务工作逐步开展。1982年公布的《中华人民共和国宪法》，在"总纲"中对"国家要发展文化馆事业，开展群众性的文化活动"做了明文规定。1983年，五届人大五次会议上，把"六五"期间要基本上达到"县县有文化馆，乡乡有文化站"的目标正式列入国民经济建设计划。在各级党委、政府的重视和领导下，全国文化馆事业的建设和发展逐步走上了健康轨道。

在计划经济时期，文化馆无不打上计划经济的烙印。在组织工作方面靠行政手段；在业务活动方面坚持紧跟形势，为政治服务；在经费方面全部靠政府财政拨款，各项活动都是无偿的公益活动。此时的全国文化馆，基本处于同一种模式，同一个等级线，相互之间没有太大的差距。② 然而，进入20世纪90年代以后，随着市场经济的转型，文化馆发展遇到新的冲击。

在这种背景下，人们对于文化馆的性质、功能产生了分歧。主要体现在1990年代关于文化馆的两次大讨论中。第一次讨论围绕着上海曲阳文化馆在1990年代初提出的"不吃皇粮交公粮"的说法举行。当时，上海曲阳文化馆挂了两块牌子，一块写着文化馆，一块写着曲阳文化公司，馆长也是董事长。他们宣称不要国家一分经费，还要给国家上交利润。新闻界炒作这个经验，于是全国的文化馆面临着要"不吃皇粮交公粮"的压力。第二次大讨论是在1998、1999年，在文化事业单位改革的背景下，当时的思路是把图书馆、博物馆归为公益性文化事业单位，文化馆不在此列。其意图就是要把文化馆推向市场。与此同时，文化部还推动了关于"文化馆的产业化发展道路"的大讨论。所谓"文化馆的产业化发展道路"，其实就是推动文化馆从现在的事业型单位转向经营性实体③。

由于对文化馆性质和功能认识的改变，许多地方政府对文化馆"减粮"或"断奶"，为了生存，各地文化馆普遍开展"以文补文""以文养文""多业助文""有偿服务"等经营活动。许多文化馆在这些经营性活动中逐渐偏离了原来

---

① 蔡武. 在纪念新中国成立60周年报告会上的讲话［EB/OL］. 文化部党建在线，2009 - 08 - 28.

② 刘宣明. 探析改革开放三十年文化馆职能的转化［EB/OL］. 艺众网.

③ 黄纪苏，陶子. 从"裤子城"到"官衙门"的文化馆：关于中国基层文化馆文化建设功能的对话［J］. 文化纵横，2010（2）.

的公益性、群文性轨道。一些文化馆把"正业"和"副业"混为一谈，主次不分，甚至本末倒置，认为从事经营性活动是文化馆的一个战略性方向，提出"变福利型为经营型，变事业型为企业型"的办馆路子，把文化馆办成了"企业馆"；一些地方政府或文化部门也曾把文化馆改革的标尺定位在文化产业经营的坐标上，简单地以经营收入多少论文化馆的改革成效，促使一些文化馆改革"变质变味"。在这一阶段，有少数文化馆因为文化产业办得比较好，能够转化为经营性文化产业实体，而大多数文化馆则是将场馆完全租赁出去靠收租金勉强度日。这样一来，更加剧了人们对文化馆存在必要性的质疑。

自 1996 年以来，尽管中央曾多次明确文化馆的公益性事业单位性质，并提出加大对文化馆的投入①，一些文化馆也陆续从出租方收回阵地，但是围绕文化馆的功能及其改革的争议仍然不绝于耳。这个时期关于文化馆的讨论主要集中在这样一些问题上：如何进行和改善公共文化服务？在提供公共文化服务的同时要不要开展经营性活动？文化服务本身要不要引入市场运作机制？简言之，在市场经济体制中文化馆如何进行公共文化服务？

到了 2011 年年初，即便国家明确文化馆实行"坚持公益、保障基本"的免费开放政策②，但仍有必要讨论：在新的社会经济条件下，文化馆应该如何改革转型，从而更好地满足人民群众的文化需求？文化馆实行"免费开放"，并不表示它重新被国家包养起来，在完成基本的公共文化服务（项目）任务以后就可以坐享其成。然而，一些文化馆的现实状况却并不尽如人意，免不了被人疑虑："有些文化馆现在完全由政府提供资金，文化馆的工作人员吃喝不愁，照样可以不干事。本来需要'接地气'的文化馆，在工作中把自己架空了，这样的文化馆也就和'衙门'差不多了。"③

---

① 例如，1996 年 10 月，党的十四届六中全会《中共中央关于加强社会主义精神文明建设若干重要问题的决议》明确把文化馆确定为公益性事业单位；2002 年 1 月，《国务院办公厅转发文化部国家计委财政部关于进一步加强基层文化建设指导意见的通知》（国办发〔2002〕7 号）再次明确提出国家保障发展群众艺术馆、文化馆公益事业的要求；2003 年 6 月，国务院发布的《公共文化体育设施条例》给予明确定位；2005 年 12 月，《中共中央、国务院关于深化文化体制改革的若干意见》（中发〔2005〕14 号）又再次明确文化馆是公益性事业单位，"发展公益性文化事业要以政府为主导，增加投入、转换机制、增强活力、改善服务，实现和保障广大人民群众的基本文化权益"。
② 《文化部、财政部关于推进全国美术馆公共图书馆文化馆（站）免费开放工作的意见》（文财务发〔2011〕5 号），2011 年 1 月 26 日。
③ 黄纪苏，陶子. 从"裤子城"到"官衙门"的文化馆：关于中国基层文化馆文化建设功能的对话〔J〕. 文化纵横，2010（2）.

近几年，尽管一些公共图书馆在提升和优化公共文化服务中不断扩展其服务领域和范围，进行了许多有益探索，但是文化馆的综合性文化服务功能仍然不能简单地被图书馆或博物馆、美术馆等专业馆所取代。尤其是在开展、指导和推动群众性文化活动方面，文化馆具有自身独特优势。恰如巫志南所论，"与图书馆、博物馆、美术馆比较，文化馆具有更鲜明的'中国特色'，更贴近基层人民群众多样化的文化需求，更突出地承载着社会主义核心价值体系建设要求、更充分地体现出党和政府的价值追求，是建设和传播主流意识形态的重要渠道，是增进基层群众的文化认同、政治认同、国家认同和民族认同的重要抓手，是维护和实现人民群众基本文化权益、满足人民群众基本文化需求、加强我国社会主义基层文化建设和推行社会教化的主渠道"①。

同时，也应该注意到：一方面，我国文化馆设置有限，文化馆的文艺人才队伍十分薄弱；另一方面，几乎每个文化馆的服务区域范围广，服务的人群不仅数量多，而且他们的文化需求差异性大，并不断增长。在这种情况下，顺应公共文化服务体系建设的新要求，文化馆如何通过改革，更好地改善自身公共文化服务，在提升公共文化服务效能的同时能够不断发展壮大？

二、保山市文化馆"馆会一体"改革

云南保山市在创建国家首批公共文化服务体系示范区中所进行的"馆会一体"改革，为探索解决这一问题提供了初步答案。

（一）改革内设机构

文化馆一般按照专业业务设置内部机构，体现了文化馆工作人员的专业特点和优势，但是这样设置大多不是方便公共文化服务，而是便于自身管理，遵循的是管理的逻辑而非服务的逻辑。这种设置符合以往单位制的要求，却与公共文化服务的发展要求相背离。

为此，云南省保山市改变以专业为主设置文化馆内部机构的做法，变成以服务对象为主设置内部机构，新建了五个部门，即乡村文化工作部、企业文化工作部、社区文化工作部、校园文化工作部、老年文化工作部，将文化馆的内部机构设置为"五部一室一中心"。其各自的工作和职责如下。

1. 乡村文化工作部

全面负责全市乡村文化工作。按照"欢乐乡村大家乐"要求，全面开展

---

① 巫志南．免费开放背景中文化馆功能定位思考［J］．艺术评论，2012（2）．

"文化乐民"活动，推动全市乡村文化大繁荣大发展。具体负责市文化馆承办的乡村文化活动，主持或参与组织各级各类乡村文艺演赛活动；承担乡村文艺辅导、指导、培训工作；完成乡村文艺编创及研究工作；负责策划组织各类乡村文艺展、演、赛活动；完成上级和馆领导交办的其他任务。

2. 社区文化工作部

全面负责全市社区文化工作（含机关文化、军营文化）。具体负责全市社区文艺的创作、培训、辅导、指导、调查和研究工作，全面开展"文化乐民"活动，推动全市社区文化大繁荣大发展；承担馆办业余文艺团队的业务指导、辅导工作；负责策划组织各类社区文艺展、演、赛活动；完成上级和馆领导交办的其他任务。

3. 校园文化工作部

全面负责全市校园文化工作。具体负责保山城区校园文化活动的策划、组织、辅导、指导工作；负责校园文艺的创作、培训、辅导、指导、调查和研究工作，推动全市校园文化大繁荣大发展；负责联系国家公共文化服务体系示范区创建校园文化示范单位隆阳区第五小学，完成示范单位的各项文化创建的策划、组织、辅导、指导工作；负责策划组织各类校园文艺展、演、赛活动；完成上级和馆领导交办的其他任务。

4. 老年文化工作部

全面负责全市老年文化工作。具体负责联系保山市老年大学；完成各级各类中老年人文化活动的策划、组织、辅导指导工作；负责老年文艺创作、培训、辅导、指导、调查和研究工作，全面开展"老有所乐"文艺活动，推动全市老年文化大繁荣大发展；负责策划组织各类老年文艺展、演、赛活动；完成上级和馆领导交办的其他任务。

5. 企业文化工作部

全面负责全市企业文化工作。具体负责联系国家公共文化服务体系示范区创建企业文化示范单位保山金马中运汽车责任公司，完成好示范单位的各项文化创建的策划、组织、辅导指导工作；负责全市企业文艺创作、培训、辅导、指导、调查和研究工作，推动全市企业文化大繁荣大发展；负责《保山群众文化》的编辑、出版、发行工作；负责建立和完善"保山群众文化网"；负责公共电子阅览室设施设备的管理使用和维修；负责策划组织各类企业文艺展、演、赛活动；完成上级和馆领导交办的其他任务。

6. 办公室

全面负责馆内日常事务和后勤保障工作。具体负责党务、人事、财务、文秘、老干、工青妇、计生、资产管理以及安全保卫、消防、环卫、绿化等后勤保障工作；负责编制综合的年度工作计划，编写年度工作总结；负责各项管理规章制度并检查督办执行情况；承担公文起草，文件、文书的收发归档和统计工作；配合各部室组织开展各项业务活动；负责对外联络和接待；负责本馆数字化管理工作；统筹策划开展综合性的创作、培训、展览、比赛和对外交流活动；完成上级和馆领导交办的其他任务。

7. 非物质文化遗产保护与发展中心

全面负责全市非物质文化遗产工作。具体负责全市非物质文化遗产的普查、收集、整理和相关档案资料的管理工作；负责制定我市各级各类非物质文化遗产保护标准，对非物质文化遗产进行科学评审；负责对部分民族民间文化资源的挖掘、保护、创新和开发利用工作；负责全市民族民间艺术对外交流与合作工作；负责开展各种形式的学术交流；负责五县（区）文化馆（站）非物质文化遗产保护工作的业务辅导指导；负责组织或参与组织各级民族民间文艺的展、演、赛活动；负责在非物质文化遗产保护工作中与相关部门的联络和协调工作；完成上级和馆领导交办的其他任务。

保护中心下设民族文化工作部。全面负责全市的民族文化工作。具体负责全市民族文化的收集、整理和相关档案资料的管理工作；负责对全市民族文化资源的挖掘、保护、创新和开发利用工作；负责全市民族文化对外交流与合作工作；负责开展各种形式的民族文化学术交流；负责组织各级民族文艺的展、演、赛活动；负责民族文化的调查和研究工作；完成上级和馆领导交办的其他任务。

保山市文化馆通过内设机构的调整，实现了从“内向管理”到“开放服务”的转变，彻底改变了文化馆自娱自乐式封闭管理模式；与此同时，保山市还通过建立“群众文化联会”，与文化馆的上述相关内设机构相结合，以文化馆为综合平台，将各种社会力量、文化资源吸纳、整合到文化馆的公共文化服务大体系之中，从而破解了长期困扰着文化馆发展的“独家办社会大文化”的困局。

（二）建立群众文化联会

具体而言，在文化馆各部室建立相应的群众文化联会，将有关的社会力量和文化资源整合进来。

1. 乡村文化联会

依托文化馆乡村文化工作部，配合参与文化馆开展的各项乡村文化活动，主持或参与组织各级各类乡村文艺演赛活动；积极参与乡村文艺辅导、指导、培训工作；完成乡村文艺编创及研究工作；参与策划组织各类乡村文艺展、演、赛活动。

2. 社区文化联会

依托文化馆社区文化工作部，积极参与全市社区文艺的创作、培训、辅导、指导、调查、研究工作；参与策划组织各类社区文艺展、演、赛活动。

3. 老年文化联会

依托文化馆老年文化工作部，积极参与各级各类中老年人文化活动的策划、组织、辅导、指导工作；参与老年文艺创作、培训、辅导、指导、调查、研究工作；参与策划组织各类老年文艺展、演、赛活动。

4. 校园文化联会

依托校园文化工作部，积极参与保山城区校园文化活动的策划、组织、辅导、指导工作；参与校园文艺的创作、培训、辅导、指导、调查、研究工作；参与策划组织各类校园文艺展、演、赛活动。

5. 企业文化联会

依托文化馆企业文化工作部，积极参与全市企业文艺创作、培训、辅导、指导、调查、研究工作；参与《保山群众文化》的编辑、出版、发行工作；参与建立和完善"保山群众文化网"；参与策划组织各类企业文艺展、演、赛活动。

在这些文化联会的基础上，成立社会文化总联会。社会文化总联会在市文化行政部门的领导下开展工作；对各分联会的工作进行督促、指导。每年年初展开一次工作会议，制订总联会年度工作计划，安排部署各分联会年度工作任务；审定各分联会年度工作计划并监督实施；对各分联会进行年度考评。

这些新建的文化联会，可以直接配合、参与文化馆相关工作部门开展工作，也可以独立履行联会职能，组织开展一些力所能及的文艺活动。建立文化联会仿佛是铺设了一张巨大的社会之网，把全域范围的相关部门、社会文艺人才、热爱群众文化的积极分子以及分散在各个部门、各个社会领域的文化资源吸纳、整合进来，构建了以文化馆为核心平台的公共文化服务体系。

（三）建立专家指导机制和志愿者服务机制

为了更好地促进文化馆和文化联会开展公共文化服务工作，保山市还建立专家指导机制和志愿者服务机制。目前，已成立音乐、舞蹈、戏剧曲艺、美术、摄影、书法等6个群众文化专家委员会，对有关文化服务进行指导，开展群文研究，组织群文学术交流。文化志愿者服务也逐步发展起来。

总之，保山市文化馆改革所形成的这种"馆会一体"体制，较好地适应了新时期公共文化服务体系建设的需要，解决了长期困扰我国基层社会文化发展中单靠文化馆一家单打独斗办群众文化的难题。

三、"馆会一体"改革的意义及限度

很显然，单靠文化馆一家来办群众文化、开展公共文化服务，十分有限。解决这个"小单位、大服务"的难题，一般有三种方法：一是体制内的办法，建立和发展公共文化馆体系；二是市场机制的办法，将服务项目"外包"或"政府购买服务"；三是社会合作的办法，文化馆等公共文化服务机构跟社会建立一定的合作机制。

过去，我国长期采取的体制内的办法。在省、市、县三级设立文化馆，在乡镇设立（综合）文化站，在村或社区设立文化室（文化活动中心）。但是，由于行政层级的分割，特别是各级文化馆（站）人、财、物的相互分离，这些文化馆（站）并没有真正形成一个资源共享的公共文化馆体系。近几年，一些地方文化馆也在借鉴图书馆的总分馆体制，尝试建立文化馆的总分馆体制，取得了一定的成效，但是，从公共文化服务体系建设的需要出发，这种总分馆体制的效度仍然有局限性。

尤其是，即便在形式上形成了公共文化馆的总分馆体制，如果没有建立相应的资源共建、共享机制，特别是服务激励机制，仍然不能有效提升公共文化服务的效能，内在地激发文化馆的活力。在这个方面，四川宜宾市文化馆所实行的"馆团合一"体制①，或许是一种积极的探索。所谓"馆团合一"，就是另外新建一个艺术团，这个艺术团实行"民办公助"等更加灵活的（市场）机制，它与文化馆的公共文化服务相互配合、资源共享，形成馆团结合、优势互补的新局面，从而达到二者互利共赢的效果。这种"馆团合一"体制，也是当前基层文化体制改革的有益探索，将传统的文化馆事业单位体制和更加灵活的市场化演艺团队相结合，发挥各自的优势特点。不过，在一些地方以往的"以

---

① 黄里，钟晓晴，吴璟. "馆团合一"流动舞台照亮广阔天地［N］. 农民日报，2013 – 01 – 19.

文养文"阶段也曾有过类似的做法，其根本目的却是"以团养馆"。

随着市场经济的发展，一些经济较为发达的地方，也在探索运用市场机制来生产和供给公共文化服务产品，主要是透过服务项目"外包""政府购买服务"来运作。具体地，既可能是政府直接"外包"或"购买服务"，也可能是通过文化馆等机构实行服务项目"外包"或"购买服务"。这种做法，实际上对文化馆本身并不构成冲击，文化馆基本上仍然做的是一些传统的业务工作。在这种情形下，如果文化馆不能适应公共文化服务体系建设的新要求，积极改善自身的公共文化服务，势必导致文化馆事业的萎缩。

而且，这一市场机制能否有效运行，其前提是必须有大量的具有一定服务资质的、能够生产和提供公共文化服务产品的社会组织和企业存在。否则，只能是体制内的自我"承包"、自我"购买"或"自我循环"，并不能真正发挥市场机制的作用。

因此，市场机制的做法，并不适合于一些文化社团、文化企业尚未得到发展和经济发展欠发达的地区。不过，在这样一些地区，社会上和行政体制内部仍然分散着大量的文化资源，如何将其整合起来，发挥其整体效应，是需要去探索的。应该说，保山市所推行的"馆会一体"改革，是其中一项有现实意义的实践探索。

所谓"馆会一体"，实质上是以文化馆为平台或节点，编织了庞大的社会之网，将各种分散于社会、行政部门、事业单位的文化资源吸纳、整合在一起，从而构建了覆盖全域的新型公共文化服务体系。但同时，它也给文化馆自身提出了更高的要求——因为要使这个社会之网真正能够发挥起应有的吸纳和整合功能，构成这个网络的节点必须起到举足轻重的作用。在文化馆中新建立的工作部门、文化联会，相当于一个个新的综合性"文化馆"，对于这些部门的工作人员的要求更高，不仅要具有扎实的专业能力，还要有通晓其他专业的技能，甚至要具备综合协调、组织动员的公共管理能力。也就是说，每个工作人员都是一个文化馆长，这对文化馆自身的文化队伍提出了重要挑战。这一点，也将在某种程度上限制"馆会一体"体制的效能。

以财政标准化投入推进农村公共
文化服务均等化发展

习近平总书记在党的十九大报告中指出，新时代我国社会主要矛盾是人民日益增长的美好生活需要和不平衡不充分的发展之间的矛盾。在我国当前的公共文化服务体系建设中也存在同样的主要矛盾，也就是人民日益增长的对美好文化生活的需要和不平衡不充分的发展之间的矛盾。其中，最突出的不平衡发展，是城乡之间的公共文化建设的不平衡发展；最突出的不充分发展，是农村公共文化建设的不充分发展。

笔者主持的一项基于全国20省（区、市）80县（区）的问卷调查也显示：我国公共文化服务的显著差异主要体现在城乡之间，并且从城市中心、城郊到集镇、农村村落呈"差序结构"——离城镇愈远，公共文化服务愈弱。当前下沉到村和社区的公共文化资源过于匮乏，在一些农村即便政府提供了一定的公共服务，也主要停留在县乡两级，极少进入村庄内部（更别说到自然村），在日常生活中农民很难享受到政府的公共文化服务。这是我国当前公共文化服务存在的突出问题和普遍性问题。

因此，当前应着力改善城乡之间公共文化服务的不均等问题，把它作为推进公共文化服务均等化的重中之重来抓。

一、农村公共文化服务的内容及影响因素

推进农村公共文化服务均等化发展的一个重要而关键的着力点，是加强村级综合性文化服务中心服务平台建设，积极推进并改善我国村级公共文化服务的持续发展。

村级文化服务中心是当前农村公共文化服务的主要供给平台。它至少需要提供四项服务内容。（1）农村基本公共文化服务。主要包括文艺演出、电影放

映、广播电视、读书看报、文体活动、展览展示、教育培训等方面内容。（2）农村特殊群体文化服务。随着当前农村社会流动性和人口空心化的不断加剧，专门针对农村老年人、残疾人、留守妇女儿童等特殊群体的文化权利保障必然成为农村公共文化服务中一项十分重要的内容。（3）农村科普和法治教育服务。（4）农村党员教育服务。

具体地，村级综合性文化服务中心建设是一个系统工程，"建""管""用"各个环节相互关联耦合，既要考虑场地设施建设投入，也要考虑服务中心日常管理与运行投入，还需要结合村民自治、政府购买服务和社会力量参与等因素考虑其运行机制问题。

1. 场地设施建设

场地设施建设是村级文化服务中心的"硬件"与基础，主要包括规划布局、文体广场建设、活动室建设、器材设备购买、图书报刊购买等方面。村级文化服务中心"硬件"设施的建设，不仅涉及基础建设的一次性投入，也涉及后期设施维护、更新的相关费用。对于场地设施的建设建议采取"盘活存量、调整置换、集中利用"等方式进行。村级文化服务中心可以依托既有的村党组织活动场所、文化活动室、闲置中小学校以及其他综合公共服务设施，在明确产权归属、保证服务接续的基础上进行集合建设，并配备相应器材设备。

2. 日常管理

村级文化服务中心的日常管理主要涉及人员管理、财务管理和设施物品管理三大方面。从浙江省农村文化礼堂、湖北省农村文化广场、广西村级公共服务中心、安徽省农民文化乐园、山东省农村文化大院、甘肃省乡村舞台等较为成功的地方实践经验来看，村级文化服务中心一般需要配备至少 1 名专职管理人员，同时管理人员必须从本村常住村民中产生。在各地的实践中，除日常值守的专职管理人员外，一般还需要配置 3～10 人规模的文化志愿者或文艺爱好者作为兼职管理人员，以应对各种大型文体活动的开展。

3. 日常运行

从当前全国各地的实践来看，村级文化服务中心主要提供免费开放、文体活动、培训教育、文艺团队培育等公共文化服务。其中，培育群众文化队伍是村级文化服务中心长久运行的一个重要条件。在安徽、浙江等省的实践中，就明确提出每一建制村要建立 2～3 支群众文艺队伍，每年组织不少于 12 场次的文艺演出。甘肃省虽然未对群众文艺队伍数量做硬性要求，却提出民间自办文化社团要达到 10 人以上规模的要求。由此可见，每个建制村至少组织 1 支群众文化队伍应该成为村级公共文化服务的一个基本标准。

4. 运行机制

从各地成功经验来看，村级文化服务中心在"建""管""用"各环节都应充分发挥村民自治的作用，建构在地居民民主协商、民主参与、民主管理的运行机制。总之，村级文化服务中心的良好运行必须建构这样一些具体的运行机制：（1）中心内部民主治理结构和运行机制；（2）群众文化参与机制；（3）社会力量参与机制和社会化运营机制；（4）包括人员、队伍、资金、技术等在内的保障机制；（5）各种文化资源的整合以及融合发展机制。

二、财政投入的原则、依据及基本构成

推进农村公共文化服务均等化发展的一个有效政策工具，便是加大农村公共文化服务的公共财政投入。当务之急是建立和健全农村公共文化服务财政投入标准化机制，以公共财政来保障农村公共文化服务的均等化发展。

（一）财政投入原则

农村公共文化领域的财政投入应当遵循以下基本原则。

1. 基本保障原则

首先坚持基本保障原则，满足村民基本公共文化服务需求。重点围绕当前村级文化服务中心的四大基本职能开展工作，确保对农村公共文化服务不同方面、不同群体的覆盖。

2. 分区域投入原则

当前全国不同地区已经开始了不同形式的基层综合性公共文化服务中心的实践，受所在区域经济、社会、文化发展状况和资源禀赋的限制，各地区公共文化服务呈现出明显的区域差异。为此，应针对不同区域的经济发展、基础设施、文化传统等资源禀赋差异采取分区域投入。

3. 按需投入原则

农村公共文化服务应该严格按照职能承担的需求、岗位设置的需求、事务开展的需求进行投入，既要避免资源浪费，又要避免投入不足。按照当前村级文化服务中心功能定位设置其基本职能，根据职能设置安排相关服务岗位。坚持以岗位为中心，实行一人多岗，既要落实岗位职责，也要激发人员活力。以政府购买服务方式落实相关经费。

（二）财政投入依据

当前农村公共文化服务，主要依托农村社会内部力量，强化原有村民自治主体，激活农村社会参与主体。按照当前的运行模式，财政投入既要维持原有组织架构的正常运转，也要推动农村内部社会参与力量的成长。

1. 专职管理人员基本补贴

专职管理人员基本补贴参照当地一般村干部基本补贴标准进行发放。在中西部地区农村，目前村干部的补贴水平大概为 1~2 万元。专职管理人员基本补贴是对相关人员脱离农业生产、专项从事村庄公共文化服务工作的"误工"补贴。这部分资金的拨付，对于保障专职管理人员基本生活，提高其工作积极性，推进农村公共文化服务建设具有十分重要的意义。在农村公共文化服务的财政投入中，专职管理人员基本补贴必须优先予以满足。

2. 场地设施建设和维护投入

场地等"硬件"设施是村级文化服务中心运行的基础条件，公共文化服务财政经费投入必须满足场地设施建设和定期维护的需要。其中，场地设施建设属于一次性投入，所需金额相对较大。但在"盘活存量、调整置换、集中利用"的要求下，场地（场馆）问题可以部分地通过依托村（社区）党组织活动场所、利用撤并后的闲置中小学校场地予以解决，从而节省部分经费。场地设施的后期维护则是一项常态性投入，尽管每年投入金额相对不大，但需要财政的长期支撑才能运行下去。

3. 服务运转的投入需求

服务运转的投入需求主要包括两个方面，即活动开展经费投入和老幼群体服务投入。活动开展经费主要用于村级文化服务中心承担的各种文体活动、培训教育活动、党员教育活动、文艺队伍培育活动等相关支出。老幼群体服务投入主要针对村庄老年人和留守儿童的看护与辅导，采取向专职管理人员购买服务的方式进行。

（三）财政投入基本构成

根据村级文化服务中心建设和运行的基本模式，当前农村公共文化领域的财政投入可以分为两大部分，即基本经费投入和专项经费投入。经我们谨慎保守地测算，平均每一建制村一年的农村公共文化服务财政投入中，基本经费投入为 16.45 万元。专项经费投入中，中西部地区场地设施一次性固定投入 27.5 万元，东部地区由于基础设施和经济条件相对较好，由地方财政承担相关建设经费。目前，全国共有建制村 55.9 万个。初步测算，全国村级公共文化服务场地设施建设一次性专项投入规模为 1537.25 亿元，以后每年须投入基本经费 919.56 亿元。

三、财政标准化投入的建议

保障农民基本文化权益是政府的一项重要责任，加强和加快村级综合性文化服务中心建设，既是政府保障基层群众尤其是广大农民基本文化权益的重要途径，又是破解我国城乡公共文化服务体系建设不均等、农村公共文化服务不充分发展问题的重要方法。而以财政标准化投入来推进农村公共文化服务均等化发展，又是其中一项重要政策举措。最后，我们建议：

第一，建立健全向农村公共文化服务和文化建设倾斜的、持续稳定增长的公共财政投入机制。前面关于村级公共文化服务的标准化财政投入测算十分谨慎，可以说是最基本的投入量。随着经济社会发展，应不断加大对农村公共文化服务和文化建设的投入，并建立持续稳定增长的公共财政投入机制。

第二，在条件成熟的情况下，进一步将公共文化服务下沉到自然村或村民小组，建成"10分钟"或"15分钟"服务圈。我国许多农村，在农村税费改革以后进行了大规模的合村并组，一个建制村的面积太大、人口过多，有必要将公共文化服务进一步下沉到组或自然村，提高服务的可及性。当前，自然村或村民小组最紧缺的是文化广场，建议把它列为首选建设项目。

第三，建议转变乡镇综合文化站职能，创新农村基层公共文化服务体系。目前，我国公共文化服务体系是按照行政层级布局、建设的（与现行行政体制相一致、相匹配），这种服务体系并非以服务对象为中心建构起来的，因而存在资源集中在高层级、服务难以下沉到基层，以及以行政手段配置服务资源、服务效能低等弊端。对于农村基层公共文化服务体系建设，建议将建设的着力点和重点放在村、组一级，各种优质服务资源下沉落实到最基层；乡镇综合文化站不直接承担公共文化服务的功能，而是转向居间协调、统筹规划和有效调配、流转各村组的公共文化服务资源，着力于培育和指导各村组文化服务团队建设。

使农村公共文化服务运转起来

——什么是农村公共文化服务以及如何改善

　　自 2005 年国家提出建设公共文化服务体系以来，越来越多的学者参与了相关研究。其中，张晓明等对公共文化服务的理论和实践含义进行了探讨①，陈威、毛少莹等对深圳市公共文化服务体系进行了长期且深入的研究②，傅才武对文化体制改革进程进行了梳理，建构了理论解释模型，对文化体制改革的策略及政策等问题进行了系统深入的研究③，王列生则对文化制度创新及其技术支撑、机构改革等进行了理论探讨，并和郭全中、肖庆一起对国家公共文化服务体进行了系统论述④。这些研究不但富有启发性，也极具开创性。不过，既

---

① 张晓明，李河．公共文化服务：理论和实践含义的探索［J］．出版发行研究，2008（3）．

② 陈威．公共文化服务体系研究［M］．深圳：深圳报业集团出版社，2006；陈威．完备的公共文化服务体系研究［M］．深圳：深圳报业集团出版社，2010；陈威．大力建设公共文化服务体系，实现人民群众基本文化权益［J］．领导之友，2007（5）；毛少莹．发达国家的文化管理与服务［J］．特区实践与理论，2007（2）．

③ 傅才武，宋丹娜．我国文化体制的缘起、演进和改革对策［J］．江汉大学学报（社会科学版），2004（2）；杨琳，傅才武．二十年来文化体制改革进程评估［J］．江汉大学学报（社会科学版），2006（2）；霍步刚，傅才武．我国文化体制改革的理论分期与深化文化体制改革的策略问题［J］．中国软科学，2007（8）；马敏，傅才武．新时期深化文化体制改革中的文化政策研究［J］．中国地质大学学报（社会科学版），2009（3）；傅才武，陈庚．我国文化体制改革的过程、路径与理论模型［J］．江汉论坛，2009（6）；傅才武，陈庚．三十年来的中国文化体制改革进程：一个宏观分析框架［J］．福建论坛·人文社会科学版，2009（2）；傅才武，陈庚．论文化创新战略的确立与文化管理体制的转型［J］．华中师范大学学报（人文社会科学版），2010（6）．

④ 王列生．当代中国文化制度创新中的机构改革［J］．艺术百家，2010（4）；王列生．论内在焦虑中的中国文化制度创新［J］．文艺研究，2009（11）；王列生．论文化创新中的技术支撑［J］．文艺研究，2010（5）；王列生．文化机构的结构矛盾与改革取向［N］．人民政协报，2010 – 09 – 06（C01）；王列生，郭全中，肖庆．国家公共文化服务体系论［M］．北京：文化艺术出版社，2009．

有研究大多以国家或政府为主位，相对缺乏民众或底层社会视角，以致对民众的公共文化需求关注较少；尽管在公共文化服务体制改革研究中，较多人认识到公共文化服务供给以公众为主体的绩效评估机制和政府行为约束机制的重要性，但缺少公共文化服务供给前的需求表达、信息采集和分析机制的研究。如果忽视后者，建设起来的公共文化服务体系往往缺失社会基础，或者造成政府供给与公众需求的脱节或错位，最终影响公民基本文化权益的实现和公共文化服务的社会效用最大化。在这些研究中，关于农村公共文化服务的专题研究较为薄弱①。本文尝试对农村公共文化服务的内涵、特征、历史变迁和现状及其改善进行系统探讨，以期达到抛砖引玉的作用。

一、农村公共文化服务的内涵及特征

在定义农村公共文化服务之前，首先必须界定公共文化服务。从现有的研究文献来看，对于公共文化服务的界定主要有以下三个路径。

一是从公共产品的角度进行阐释，例如，周晓丽、毛寿龙认为：公共文化服务就是基于社会效益，不以营利为目的，为社会提供非竞争性、非排他性的公共文化产品的资源配置活动。公共文化服务是一种具有很强的积极外部效应的公共服务，是一种公益性的服务。其外部效应主要表现在三个方面。首先是对政治意识形态的建构作用。这主要是指文化物品和服务在传播主流意识形态，形成特定政治体系所要求的公民政治文化，维护国家政治稳定、文化安全等方面所发挥的作用。其次是公共文化服务对经济、社会发展的外部效应。最后是公共文化服务对区域发展的推动力。随着区域经济发展与合作的出现，公共文化服务的有效供给是提高区域创造能力的基础，公共文化服务的规模、质量和水平成为区域吸引力的重要因素②。

从公共产品角度而言，公共文化服务是文化领域的公益性物品，或者可以称之为公共文化产品。公共文化产品是一种公共产品，但不是所有公共文化产品都是严格意义上的纯公共产品，它的内部也包含不同类型的公共产品。根据

---

① 其中，王瑞涵对农村公共文化服务体系建设中的财政责任与经费保障机制进行了研究，李少惠、余君萍对农村公共文化服务绩效评估进行了研究。不过，类似的深度研究不多。请参阅王瑞涵. 农村公共文化服务体系建设：财政责任与经费保障机制研究 [J]. 地方财政研究，2010（8）；李少惠，余君萍. 公共治理视野下我国农村公共文化服务绩效评估研究 [J]. 四川行政学院学报，2010（1）.

② 周晓丽，毛寿龙. 论我国公共文化服务及其模式选择 [J]. 江苏社会科学，2008（1）.

公益性水平不同以及是否具有排他性或者竞争性，可以细分为纯粹公益性质的公共文化物品和服务，具有有限竞争性的准公益文化物品和服务以及具有有限排他性的准公益文化物品和服务。根据周晓丽、毛寿龙的划分，我国的公共文化产品主要有以下三类。一是具有排他性和一定非竞争性的公共文化产品。它不排斥任何社会成员的消费行为，但边际成本不为零，供给存在有限性，因为在消费上具有一定的竞争性。如发行的报纸、期刊、杂志等。二是具有非竞争性和一定排他性的公共文化产品。它在其流量许可范围内，边际消费成本为零，但消费存在着一定的排他性。如有线电视、文物展览、文化旅游等。三是非排他性和非竞争性特点均不充分的文化产品。如音像制品、工业产品的制作与销售等。公共文化产品属性的多样性，为其供给和生产的多样性提供了可能①。真正的纯公共文化产品并不多，大量存在的是准公共文化产品和服务或俱乐部物品。这种准公共文化物品和服务的特征是在一定范围内没有竞争性，但一定范围之外有竞争性，也就是说，在一定的消费容量下，单个会员对俱乐部物品和服务的消费不会影响其他会员对同一物品和服务的消费，然而一旦超过临界点，非竞争性就会消失，拥挤就会出现。

公共文化产品一方面具有经济学意义上公共产品的普遍共性，另一方面又由于它自身的文化属性，与其他公共产品存在一定差别，具有自身的独特性和特殊性，具体表现在以下几个方面：

（1）精神性。公共文化产品往往借助于一定的物质载体或者以物质形态为表现形式，但是它的内核或实质却是某种价值理念，而且，这种价值理念是透过物质形式潜移默化地传播给人，影响着人们的行为。

（2）政治性。几乎所有的公共文化产品都具有政治性。作为国家提供的公共文化产品，传播的是一个国家的主流意识形态或核心价值体系，以增强人们的政治认同，维护既有的政治秩序；即便作为公民社会生产和提供的公共文化产品，同样地传播着一种公民政治文化，对现有的政治统治产生积极或消极的影响作用。

（3）能动性。正是因为公共文化产品传播的是一种价值观念，这种价值观念一旦被人们所接受，就会对人们的生活和生产活动产生能动作用，或者促进人们生活和生产方式的变革，或者限制人们生活和生产方式的变化。而这种能动作用也是公共文化服务的最终目的。

① 周晓丽，毛寿龙. 论我国公共文化服务及其模式选择［J］. 江苏社会科学，2008（1）.

（4）竞争性。作为一种公共产品或者一种公共服务形式，公共文化产品虽然在消费上具有其他公共产品同样的非排他性和非竞争性，但是，无论何种公共文化产品或公共文化服务最终所传播的核心价值理念往往又是排他的和竞争的。以一个国家的主流意识形态而言，它只能允许一种形态的核心价值体系存在；如果一个国家存在多种主流意识形态，这个国家势必处于一种分裂（或分离）状态。

（5）非测性。一是由于公共文化产品传播的是一种价值理念，至于这种价值理念对于受用者产生多大影响作用，却不可能（准确）测量。这也就在一定程度上影响了公共文化产品或公共文化服务绩效的有效评估。

二是从政府的公共服务职能角度进行解释，认为公共文化服务是政府公共服务的一项重要内容。所谓公共文化服务，是指在政府主导下，以税收和财政投入方式向社会整体提供文化产品及服务的过程和活动①。我国的公共文化服务发展几乎跟政府的公共服务转型相一致。无论是从公共产品角度还是从政府公共服务职能角度来界定公共文化服务，都可能会产生一种误解，认为公共文化服务只能由政府提供，而不能引进市场的运作机制。

三是从公民的文化权利角度进行定义，认为公共文化服务的发展，就是通过满足公众的文化需求，实现、维护和发展公民的文化权益。我国政府于1997年10月签署加入1966年联合国大会通过的《经济、社会和文化权利国际公约》，这表明保障包括文化权利在内的公民各项权利已经成为我国实施各项文化政策的基础。按照《经济、社会、文化权利国际公约》的规定，公民文化权利主要涵盖参与文化生活的权利、分享文化发展成果的权利、文化活动及文化创造自由的权利和文化成果得到保障的权利②。

所谓农村公共文化服务，是指为农民提供公共文化服务的过程和活动。之所以提出农村公共文化服务，是在城乡统筹和公共服务均等化的背景下，通过满足农民的公共文化需求，保障农民的文化权利。就我国农村公共文化服务而言，它至少具有以下六个特性：

（1）价值性。在建设具有中国特色社会主义新农村中，我国农村公共文化服务具有鲜明的价值取向：一是坚持社会主义先进文化的前进方向，用社会主

① 章建刚，陈新亮，张晓明. 中国公共文化服务发展的历史性转折［M］//中国公共文化发展服务报告（2007）. 北京：社会科学文献出版社，2008.
② 叶辛，蒯大申. 2006～2007年：上海文化发展报告［M］. 北京：社会科学文献出版社，2007：22-23.

义核心价值体系引领我国公共文化建设①；二是满足人民群众的精神文化需求，保障人民基本文化权益。一句话，我国农村公共文化服务的价值取向是"核心价值引领"和"公共需求导向"的有机结合。二者始终内在于我国农村公共文化服务整个过程之中，是我国农村公共文化服务和谐统一的两个基本要求。好的农村公共文化服务必须充分体现这两种鲜明的价值取向。然而，在实际的公共文化服务中，仍然存在偏重一方而忽视另一方的问题。

（2）公益性。农村公共文化服务以普遍实现农民文化权益为准则，追求的是社会效益的最大化，体现的是国家和社会的公共利益。政府为农民提供公共文化服务，不是以营利为目的，不是追求经济效益，而是为了满足农民的文化需要、发展农民文化权利。因此，在农村公共文化服务中，要正确处理好公共文化服务与非公共文化服务、文化事业发展和文化产业发展之间的关系。

（3）均等性。公共文化服务必须具备均等性，让全体公民都能无差别地享受公共文化服务。我国现有的公共文化服务仍然存在两大突出问题：一是城乡之间的差距比较大，而且一些地方差距有进一步扩大的趋势；二是地区之间的差距也比较大，不同地区的人享受的公共文化服务不均等。

（4）普惠性。公共文化服务必须体现普惠性，让全体人民都能享受到公共文化服务。我国目前的农村公共文化服务在普惠性上有待改善，特别是基层群众、偏远地区的群众、流动农民的公共文化需求没有得到很好满足。

（5）便利性。好的农村公共文化服务以方便人们享受公共文化服务为原则，所提供的公共文化服务要深入人们的日常生活和生产之中，并与人们的日常生活和生产有机结合起来。目前的农村公共文化服务仍然存在远离人们生活和脱离生产的问题，譬如，给农民送去的图书不符合农民的需要，农民急需的是有关种植业、养殖业、发家致富的科技图书。

（6）有效性。一方面，所提供的公共文化服务要符合人民群众的需要，服务和需求不能脱节、错位；另一方面，公共文化服务机制也要追求效率性。这两个方面，在现实农村公共文化服务中都或多或少存在着问题。现有的农村公共文化服务跟人民群众日益增长的公共文化需求仍然存在差距，还不能很好地满足人民群众日益提高的文化需求。

---

① 王列生专门论述了国家公共文化服务体系建设的意识形态"前置"问题，认为"在中国语境讨论构建国家公共文化服务体系，必须深刻意识到国家概念所给定的内在制度要求，那就是根本意义上的社会主义价值观"。参阅王列生.论构建公共文化服务体系的意识形态前置［J］.文艺理论与批评，2007（2）.

　　为了进一步改善我国农村公共文化服务，党在十六届六中全会明确提出"加快建立覆盖全社会的公共文化服务体系"。2007 年 6 月 16 日，中央政治局召开会议，进一步研究加强公共文化服务体系建设。会议认为，加强公共文化服务体系建设，必须坚持城乡、区域文化协调发展，坚持把建设的重心放在基层和农村，着力改善农村和中西部地区公共文化服务网络，着力提高公共文化产品供给能力，着力解决人民群众最关心、最直接、最现实的基本文化权益问题，推动文化建设与经济建设、政治建设、社会建设协调发展。2007 年 8 月、12 月，中共中央办公厅、国和院办公厅先后又下发了《关于加强公共文化服务体系建设的若干意见》《关于进一步加强公共文化服务体系建设的意见》。这些文件对建设农村文化、健全农村公共文化服务体系的主要目标、具体途径提出了明确要求。2008 年 10 月，十七届三中全会进一步提出，社会主义文化建设不仅是社会主义新农村建设的重要内容，也是社会主义新农村建设的重要保证，对新时期农村文化建设做出了更加丰富、具体的阐述。十七届五中全会再次提出，在"十二五"期间，我国要"基本建成公共文化服务体系"，对做好文化服务提出了新的更高要求。文化既是凝聚人心的精神纽带，又是民生幸福的重要内容——"改善民生，文化应该是一个很重要的组成部分；提升生活质量，文化应该是一个显著的标志；提高社会公共服务水平，文化服务应该是一个不可或缺的重要方面"①。

　　农村公共文化服务是新农村建设的基本前提和重要内容。建设健全的农村公共文化服务体系，不但对于满足农民群众日益增长的文化需求、实现农民群众基本文化权益、促进先进文化在农村的发展具有重要的现实意义，而且对于积极推进城乡公共文化服务均等化和统筹发展，建设社会主义和谐社会也具有深远的历史意义。

二、我国农村公共文化服务历史变迁与现状

（一）改革开放前的"意识形态灌输模式"

　　中华人民共和国成立之后，国家实行"有规划的社会变迁"，在经济方面实行集体合作的计划经济体制，在政治方面实行人民公社制度。与之相适应，在改革开放之前我国农村的文化建设及文化服务具有强烈的意识形态特点，它与

---

①　刘云山. 增强服务意识，提高服务水平，努力为人民群众提供高质量的文化服务［N］. 中国文化报，2011 - 01 - 19.

权力型文化治理相适应①。

1. 农村公共文化建设内容的"泛意识形态化"

1949 年 10 月 1 日，中华人民共和国成立，标志着我国初步完成了民族国家建构的雏形。中华人民共和国成立初期，为了巩固新生的国家政权和进行社会主义改造，国家实行了一系列农村文化政策。国家很好地将社会主义理想和目标通过各种农村公共文化的方式渗透到农民的思想之中，并通过开展各种公共文化活动和文艺宣传成功地论证了集体主义的合法性，建构起私有制和资本主义的"非道德性"。国家通过农村公共文化的宣传和教化，激发起农民对社会主义事业的无限向往，使他们积极踊跃地投入互助组、初级社乃至高级社的集体合作化运动之中。简而言之，中华人民共和国成立初期国家通过农村公共文化建设成功地将国家意志和目标以宣传教化的手段灌输到农民的潜意识之中，较好地服务于当时国家主导的赶超型工业化建设和城市化建设战略的需要。

2. 农村公共文化建设思维的"国家本位主义"

中华人民共和国成立初期的农村公共文化建设过于强调意识形态灌输的工具价值，而忽视了农民文化发展的主体需要；过于追求单而纯的社会主义文化、集体主义文化，而忽视了农村民间文化的多样性、多元性和农民个体的文化需求；过分强调主流意识形态的灌输、教育以及对既有农村"落后"文化的改造，而对非主流但优秀的农村民间文化形态缺乏足够的尊重与认可。以上几个方面决定了农村公共文化在意识形态教化和国家意志的渗透过程之中，具有政治统领文化的特征，具有生硬灌输、僵化宣传的特点，或许在某一个短暂的时期内，可以对农民的思想和意识形成强大的支配力，但是一旦农民的主体意识和民主意识稍有觉醒，这种意识形态属性的农村文化必然遭遇合法性危机。

3. 农村公共文化服务的"计划—部门式供给"

"计划—部门式供给"这一供给方式具有强烈的"政府办文化"色彩，市场和社会的力量都未被充分挖掘和利用。政府掌控着所有农村文化资源，集生产者、管理者、提供者于一身，"政事不分"，农村公共文化服务的生产和供给效率非常低下；文化部门的工作人员行政化、官僚化，部门内部缺乏竞争力和活力；运用行政指令手段调节农村文化服务，文化产品的生产、分配、交换、消费主要通过行政部门的计划、调配完成，从而违背了文化自身的创新性和自由性原则，忽视了文化生产与文化传播的科学规律。

---

①　王列生．论内在焦虑中的中国文化制度创新 [J]．文艺研究，2009（11）．

改革开放之前的农村公共文化建设最大的成就是将国家的意志和目标渗透到农民的思想意识之中，进而对农民的行为、活动产生了强大的支配力，使之服务于国家建设的目的。但是它只是一味强调农村文化的意识形态属性，将农民的行为思想整合到国家政治体系之中，而忽视了农民自身的文化发展权利，这就决定了这种文化体制在意识形态渗透和宣传教化方面具有灌输性、强制性的特点，其合法性基础也是薄弱和短暂的。

（二）改革开放后从部门主导供给模式向政府主导多元合作模式转型

改革开放以来，中国农村发生了翻天覆地的变化。在经济方面，农村实行了家庭联产承包责任制，农民摆脱集体依附拥有了自己的土地，其思想和行为的独立性、自由性大大增强。特别是市场经济大潮涌入农村以来，农民的主体性意识、民主意识、权利意识开始觉醒；在农村经济体制改革的驱动之下，与经济基础的变革相适应的是在农村政治方面实行"撤社建乡"，在村一级实行村民自治制度。农村公共文化建设也在改革春风的沐浴之下取得了较大成绩。在改革开放初期，农村公共文化体制与机制的改革创新却一直滞后于农村经济、政治体制的变革，依然沿袭着计划经济时代的"部门主导供给模式"。经过20世纪90年代的市场化改革探索，直到2005年前后才逐渐转型为"政府主导多元合作模式"①。

一是农村公共文化服务的供给主体由单一的政府文化部门垄断逐步转向政府文化部门、市场文化企业、社会民间文化组织三元协调配置②。这一转变对中国农民来说是一个漫长、痛苦的转型时期，亦是农村公共文化衰落的一个历史阶段。

在计划经济时代，农村公共文化服务的供给主体为单一的政府文化部门，公共文化服务缺位、错位，且效率低下。改革开放以来，我国农村市场经济逐步发育完善，但是农村的文化市场却十分有待于培育和开发，以营利为目的的文化企业几乎没有。完全由国家主导计划生产农村公共文化服务，必然导致文

---

① 傅才武认为，"政府、市场和文化机构三大主体之间的主从关系、权利关系主构了文化体制改革的主要矛盾运动"。其间，分别经历了"完全计划模式向计划主导模式演进"和"计划主导模式向市场导向模式演进"两大阶段。参见傅才武，陈庚．三十年来的中国文化体制改革进程：一个宏观分析框架［J］．福建论坛·人文社会科学版，2009（2）；傅才武，陈庚．我国文化体制改革的过程、路径与理论模型［J］．江汉论坛，2009（6）．

② 李少惠，余君萍．公共治理视野下我国农村公共文化服务绩效评估研究［J］．四川行政学院学报，2010（1）．

化服务的缺位、错位：之所以说"缺位"是因为在部门供给模式之下的大多数公共文化服务设施、文化人才、文化投资都集中在乡镇层级，并没有深入村庄，远远超出了农民的日常生活圈，农民可谓可望而不可即；之所以言"错位"是因为在缺乏农民文化参与的自上而下的单向部门式供给体制之下，无法真正将农民的文化需求有效吸纳到公共服务体系之中来，文化部门与农民之间缺乏信息沟通和互动交流，从而导致文化投资的浪费和农村文化服务的缺位。

随着改革开放的推进，国家对农村发展采取了更为务实的态度，经济发展成为压倒一切的"中心工作"。基层政府和农民都不约而同地把主要精力集中到发展经济上，至于农村文化很少有人提及。改革开放初期是由计划经济向市场经济转变的一个特殊转型时期，这时期的农村公共文化则处于最为沉寂的状态：计划经济时代的强制灌输、意识形态宣传、动员式的文化参与被逐渐否定、抛弃（唯一残留的就是部门式、计划式的文化服务供给体制），但是新的农村文化服务体制机制尚未随之建立起来。这是因为市场经济的发展和完善是一个长期的过程，市场中的文化企业、社会民间文化组织的发育也需要一个成长过程，适应市场经济体制的农村文化服务体制的建立也并非一蹴而就，正是在这个过渡时期，农村公共文化服务供给几乎处于空白无为状态。

二是农村公共文化服务的发展表现出较强的"经济决定论"，农村各个地区公共文化服务呈现出非均等化发展趋势。让农民享有基本的公共文化服务是每个农民基本的文化权利，但在实际上却是，城乡公共文化服务差距不断扩大，甚至出现两极分化现象，即使同在农村地区也存在着区域发展的非均衡性：经济实力强的农村地区，公共文化投资力度大，公共文化设施齐全，公共文化人才充裕；经济实力欠发达地区仍然把精力集中在经济发展上。

三是国家利用农村公共文化服务弘扬核心价值观、渗透国家意志和目标的能力降低，甚至在一些农村出现文化阵地失守现象。正如李长春所言，我国正处于经济体制深刻变革、社会结构深刻变动、利益格局深刻调整、思想观念深刻变化的新形势之下，各种思想文化相互交织、相互激荡，建设社会主义核心价值体系具有重大的现实意义和实践意义①。文化的商品属性和意识形态的双重属性决定了农村公共文化服务的战略性意义，农村公共文化服务在为农民提供求知、求乐、求富的同时，它还可以传递一个国家、一个政党的政治思想、

---

① 李长春. 全面准确理解社会主义核心价值体系的深刻内涵，牢牢把握和谐文化建设的正确方向［J］. 思想工作，2007（1）.

政治目标和主流价值观念，这些对于建构符合国家安全的民间舆论，增强农民对国家和政党的政治认同、强化政治参与、维护社会稳定有着春风化雨、润物无声的无可替代作用。但是改革开放以来，由于文化服务缺位、错位和农村文化阵地失守，农民主流意识形态淡化，进而造成农村伦理道德下滑、农民精神世界出现信仰危机。

三、使农村公共文化服务有效运转起来

改革开放以来我国农村文化发展总体上呈现两大特点：一是农村社会经济快速发展，农村文化发展相对滞后；二是农村"私性文化"① 不断发展，农村公共文化日渐衰落。农村公共文化的衰落是由多种因素引起的，然而有些因素却是根本性的和致命性的，譬如，农村生产方式从集体生产转向家户经营，农民在日益重视其家庭利益的同时却消解了集体主义；随后市场经济的发展和全球时代消费主义的推波助澜，进一步促使经济理性全面渗透到人与人之间的劳动、交换乃至村社互惠、邻里互助、婚姻家庭以及父子等各种关系之中，使得金钱成为维续这些关系的唯一"砝码"，衡量一个人社会地位和社会意义的主要"准绳"。于是，"无道德的个人"和"去道德的乡村"得以无节制地泛滥，已经给农民生产生活合作、村社公共产品的生产、农村治理带来一系列的政治社会问题和消极后果。很显然，这从根本上背离了社会主义新农村建设的主旨和方向。因此，重建农村公共文化生活，使农村公共文化服务运转起来，不但十分必要，而且愈发紧迫。

那么，如何使农村公共文化服务有效运转起来呢？我们认为可以从以下几个方面着手。

（一）深化农村文化体制改革，着力创新农村公共文化服务运行机制

农村文化体制改革的最终目的是建设更加充满生机与活力的农村公共文化服务体系，满足农民日益增长的精神文化需求，保障农民群众的基本文化权利。在农村公共文化服务体系建设中要强化政府的主导作用，彻底改变传统的"重经济、轻文化"的发展思路。当前应该特别强调和确保"五个纳入"，即：要把农村公共文化体系建设纳入当地国民经济和社会发展的总体规划；纳入各级党委、政府的重要议事日程；纳入相关部门目标责任制和政绩考核体系；农村公共文化服务体系建设所需经费纳入各级政府财政预算，对农村公益性文化事业

---

① 所谓"私性文化"是相对"公共文化"而言的，不具有公共理性和公共精神。

单位的日常工作要给予必要的经费保障；农村公共文化基础设施建设纳入城乡建设的总体规划。

改革农村文化体制的关键是完善农村公共文化服务运行机制。最核心的是积极探索农村公共文化产品的生产供给机制。传统的公共文化产品的生产供给机制是由政府主导之下的一元化供给模式，这种模式有着严重的缺陷。首先，在政府一元化供给模式之下，政府为履行其文化服务职能，实行部门化、计划化的供给方式，为此政府需要用财政供养大量的农村文化服务人员，不但文化服务效率低下，而且形成了"养人"不"养事"的局面①。其次，政府没有明确自己的角色定位。传统的单一供给模式之下，政府既是"掌舵者"，又是"划桨者"，结果使得政府疏于文化服务宏观上的管理、监督以及规划和布局；政府部门兼有"公共文化管理"和"政府出资人代理人"的双重职能，由此导致了改革激励机制扭曲，一些理论上被证明是有效的改革措施在操作过程中"变味"②。最后，无法建立其以农民文化需求为导向的公共文化服务生产供给机制，造成文化服务的缺位和错位。随着我国社会主义市场经济体制的发展和完善，这种公共文化服务产品的生产供给机制日益无法满足农民的文化需求，严重影响着社会主义新农村文化建设。改革这种政府主导之下的农村公共文化服务单一供给机制，关键是要充分发挥市场和社会的力量，构建由政府、市场、社会组成的多元化公共文化服务生产供给机制，并在农村公共文化服务的生产供给机制上形成合力。

（二）健全农村公共文化服务体系，着力增强农村公共文化产品的生产供给能力

按照统筹城乡和公共服务均等化的要求，大力建设农村公共文化服务基础设施。农村公共文化服务设施网络建设要以乡镇为依托，以村为重点，以农户为对象，加强县、乡、村文化设施和文化活动场所的建设，构建覆盖农村公共文化服务网络。将农村公共文化服务重心下移，为农村公共文化服务提供基本组织和物质保障。有条件的地方可以把农村中小学布局调整过程中腾出的闲置

---

① 王列生认为，这些政府设立的文化机构普遍存在"权力身份与服务身份的混存""公共利益与机构利益的混杂""履约职责与就业职责的混置"内在矛盾，不可能提供有效的公共文化服务。参阅王列生. 当代中国文化制度创新中的机构改革［J］. 艺术百家，2010（4）.

② 傅才武，宋丹娜. 我国文化体制的缘起、演进和改革对策［J］. 江汉大学学报（社会科学版），2004（2）.

校舍改造为农村文化活动基地；充分发挥农村中小学在开展农村文化活动方面的作用，在不影响学校正常运行的情况下，提倡中小学图书馆、阅览室、运动场定期向农民群众开放，把中小学建成农村宣传、文化和信息中心（阵地）。

要积极探索农村公共文化基础设施运行管理的新机制、新办法，提高农村公共文化设施的利用效益。要统筹文化、教育、科技、体育和青少年、老年活动场所的规划和综合利用，努力做到相关设施能够共建共享，解决农村文化设施分散、使用效率不高的问题。对一些电影院和剧院等公共设施，在确保其功能不变的前提下，可以实行所有权和经营权相分离的"公办民营"等多种运营模式，以提高利用效率。同时要建立和完善基层公共文化基础设施的配置、使用、维护等管理条例，提高农村文化公共设施的使用效率和投资效益。避免公共文化基础设施建后无人管、不能用、无人维护等不良状况的出现，杜绝公共文化资源的浪费现象。

同时，还要积极培育和大力发展农村民间文化组织或公益性社会文化组织，充分调动其参与农村公共文化服务的积极性。在组织上积极支持广大农村民间组织参与农村公共文化服务，同时要加强管理，对一些不规范的文化组织加以引导，使其走上合法良性发展的轨道，对那些宣扬黄赌毒和封建迷信等有害思想的文化组织要坚决加以取缔，净化农村文化环境。政府要在财力上支持那些深受农民欢迎但因为自身力量有限得不到很好发展的民间文化组织，使他们在政府的引导下得到持续健康的发展，繁荣农村公共文化。

（三）建设乡村文化队伍，为农村公共文化服务体系提供不竭的人力资源支持

一支稳定而高素质的专兼职相结合的农村基层文化人才队伍是农村公共文化服务的重要保证和中坚力量。各级政府要利用政策、经济等手段，在促进农村文化队伍进一步稳定、提高、用好上下功夫。同时要高度重视对民间艺人和农村文化经纪人的使用和培育，关心和帮助解决广大农村基层文化工作者在工作、学习、生活中的实际困难，切实提高他们的经济收入和生活水平，以发挥好他们在农村文化建设中的生力军作用。

政府部门（如文化、人事部门）要建立完善的政策条例，对农村文化精英、文化人才进行登记、考核（考级）和资格认证；定期和不定期地举办农村文化精英交流、培训活动，扩大他们的社会影响力，提升他们的社会知名度和社会地位；鼓励农村大中专毕业生回乡实习或开展农村文化服务，在"大学生志愿服务计划"和"高校毕业生农村服务计划"中增加农村文化服务内容；组织高

等艺术院校（系）参与到农村公共文化服务中来，一方面输送农民文化骨干到中高等艺术院校进行系统的学习和训练，另一方面要利用高校的有利条件，组织相关专家学者、专业文化工作者乃至艺术院系学生深入基层，帮助农民文化骨干掌握文化知识、提高艺术技能和文化活动组织能力。

同时，要着力建立培养、吸引、凝聚农村文化服务人才的激励机制，逐步优化农村公共文化服务人才环境。继续改革基层文化建设事业中的用人机制，建立完善的人才选拔、考核、激励、流动机制。最根本的是要实施农村文化站服务人员的从业资格制度，制定完善的农村基层文化服务岗位管理条例，实行动态"岗位管理"，引导文化人才合理、有序流动，形成"能者上、庸者下"的竞争环境；其次，要明确农村基层文化服务人员的岗位职责、考核办法以及奖惩条例，在每年各地的"以钱养事"合同中要予以具体细化；再次，建立和完善基层文化服务人员的社会保障制度，切实解决他们的后顾之忧，把优秀文化人才吸收到文化建设队伍中来。

（四）建立公共文化需求表达机制及参与机制，构建以农民文化需求为导向的农村公共文化服务体系

从满足农民群众日益增长的精神文化需求、实现和保障农民群众的基本文化权益这个角度来看，农村公共文化服务体系必须建立有效的农民精神文化需求表达机制，进一步拓宽民主参与渠道，让农民群众的需求能够及时而充分地吸纳到政府决策中来。目前，农民参与环节还比较薄弱，农民群众无论是在农村文化建设中的主体性地位和作用还是在农村公共文化服务中的民主参与程度都有待提高和加强。政府为农民提供公共文化服务首先要了解农民需要什么样的公共文化服务，这是公共文化服务的前提和基础。在现阶段的农村公共文化服务体制之中，大部分地区的公共文化服务的供给是自上而下的单向模式，农民在公共文化服务的需求方面很少有自己的话语权和表达权，结果导致农村公共文化服务的供给和需求的不平衡、公共文化服务的缺位和错位，进而使得农民真正的文化需要无法得到满足。随着我国社会主义市场经济的发展和完善，自上而下的、单边的文化服务决策及供给机制严重地限制着农民日益增长的精神文化需求的满足。

为此，需要改革旧有的文化服务决策机制，构建起适应社会主义市场经济体制的农民文化需求表达和参与机制：一是完善农民在公共文化服务需求方面自下而上的表达机制，以确保农民的真实文化需求纳入政府的公共文化服务决策和供给的议程之中来；二是建立健全农民在公共文化服务之中的监督机制，

避免或减少公共文化服务运行过程中违背农民意愿或侵害农民文化权益现象的发生。三是将农民对文化建设或服务的满意程度作为一项重要指标纳入宏观农村公共文化服务运行机制的绩效考核之中，建立起自下而上的考核问责机制。

（五）健全农村公共文化服务评价监督机制，积极促进农村公共文化服务体系建设

长期以来，地方政府一直是"重经济、轻文化"，农村基层呈现出很强的"选择性治理"。所谓"选择性治理"，就是以农村基层政府为本位，对那些于己有利的事就去管、去做，对那些于己不利或者吃力不讨好的事就尽量不去管、不去做，有选择性地展开行政作为。经济发展指标是上级政府考核下级政府的核心内容，并与下级相关部门和负责人的政绩、升迁、荣辱直接挂钩，因此农村基层政府对招商引资或者其他被上级定为一票否决的经济工作任务保持着超乎寻常的行动能力。而对于农村公共文化服务等农民本位的公共服务则仅仅停留在喊口号上，并未真正摆上政府的工作日程之中。为扭转这个局面，我们需要改变既有的以经济发展为导向、政府本位的压力型行政体制，并把地方政府的工作中心由抓经济增长转变为提供文化等公共服务，建构以农民公共需求为导向的公共服务型政府。为此，需要进一步完善考核评价机制，将政府部门、相关负责人的政治前途、政绩与农村公共文化服务体系建设的绩效考核结合起来。

编码与解码视域中的公共文化服务

党的十七届六中全会对深化文化体制改革推动社会主义文化大发展大繁荣做出重要决定，在这个决定中专章论述了公共文化服务，认为"满足人民基本文化需求是社会主义文化建设的基本任务"，"加强公共文化服务是实现人民基本文化权益的主要途径"，并就我国公共文化服务体系建设做出了战略部署——到 2020 年，达到"文化事业全面繁荣，覆盖全社会的公共文化服务体系基本建立，努力实现基本公共文化服务均等化"的目标①。因此，对公共文化服务进行研究具有重要的现实价值。

然而，目前国内关于公共文化服务的研究和实践仍然局限于"政府的视角"，借用霍尔的话来说，过多地探讨政府在公共文化服务中的"编码"问题而忽视了民众的"解码"立场。霍尔（Stuart Hall）的编码与解码理论使我们认识到公共文化服务不仅仅是一个"编码"的过程，而且必须从受众的角度研究"解码"；"解码"与"编码"是相互联系的两个环节，把它们放在一个关系框架中分析，对于进一步改进我国公共文化服务更加具有意义。

一、霍尔的编码与解码理论

英国文化研究学者霍尔的编码与解码理论一开始产生于对电视媒体的研究。在《编码/解码》一文中，霍尔把电视节目视为"有意义的话语"进行分析，他认为这些电视节目都是由承载意义的符码所构成，"这些符码就是促使权力和意识形态在各种特殊的话语中表达意义的途径"②。

尽管霍尔也同意，总体上而言，像电视这样的传媒是被结构在支配体系之中的，但是他并不赞成法兰克福学派的观点，例如阿多诺（Theodor W. Adorno）认

---

① 中共中央关于深化文化体制改革推动社会主义文化大发展大繁荣若干重大问题的决定 [EB/OL]．人民网，2011 – 10 – 25.

② ［英］斯图亚特·霍尔．编码，解码［M］//罗钢，刘象愚．文化研究读本．北京：中国社会科学出版社，2000：359.

为，"严密的制度化将现代大众文化转化为一种梦想不到的精神控制媒介。现代大众文化的重复性、同一性以及它之无所不在，导致生成自动化的反应，削弱个体的抵制力量"①——包括广大劳动阶级在内的消费者完全是被操纵被欺骗的"文化傻瓜"，沉溺于统治阶级的"虚假意识"之中。霍尔认为，电视观众等文化工业消费者有可能用他们自己的方式解码那些镶嵌在电视等传媒中的"统治话语"。因此，电视信息的消费（或接收）跟电视信息的发送并不是同质的，从发送到接收不是一个线性的过程，电视观众能够根据自己的社会处境（地位、利益和价值观）做出相应的价值判断。"借用马克思的术语来讲，流通和接收在电视传播中实际上就是生产过程的'环节'，并通过许多歪曲的和结构的'反馈'再次融入生产过程本身。因此，在更广泛的意义上，电视信息的消费或接收本身也是电视生产的一个'环节'，尽管后者是'主导的'，因为它是信息的'实现的出发点'。所以，电视信息的生产与接收不是同一的，而是相联系的，在由作为一个整体的交流过程的社会关系形成的总体性中，它们是各自区别的环节"②。这也就是说，解码的意义结构往往与编码的意义结构相左，二者不完全一致（参见图1）。

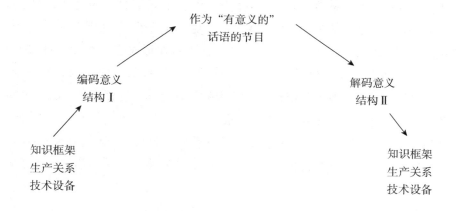

图1　编码与解码示意图③

①　THEODOR W. ADORNO. Television and the Patterns of Mass Culture ［M］//B. ROSENBERG & D. M. WHITE（eds.）. Mass Culture, The Popular Arts in America. New York: Free Press, 1957: 476.

②　［英］斯图亚特·霍尔. 编码，解码［M］//罗钢，刘象愚. 文化研究读本. 北京：中国社会科学出版社，2000：353.

③　［英］斯图亚特·霍尔. 编码，解码［M］//罗钢，刘象愚. 文化研究读本. 北京：中国社会科学出版社，2000：355.

　　更为重要的是，霍尔的编码与解码理论告诉我们，意义并非完全由编码所预设，意义在系统中是由接收符码所决定①。"解码过程并非不可避免地依据编码过程"，"解读不是从文本中读取意义，而是文本与处于社会中的读者之间的对话"②，这种对话不是简单的同意，也会有协商甚至抵制。最终"意义是社会决定的，也就是说，是由适应社会的读者与文本结合的产物"③。阅读文本是一种社会活动，是一种社会谈判的过程④。简言之，文化消费者并不是被动地接收编码的意义，而是在面对传输的文化符码时能够能动地做出反应。

　　在这篇文章中，霍尔的另一个重要贡献是，他还进一步区分了电视话语的解码得以建构的三种立场，即"主导—霸权""协商"和"对抗"的立场。在"主导—霸权"的立场中，遵循的是电视节目制作者的逻辑："当电视观众直接地完全地从电视新闻广播或者时事节目中获取内涵的意义，并根据用以将信息编码的参照符码把信息解码时，我们可以说电视观众是在主导符码范围内进行操作。"⑤ 也就是说，在主导性立场上，解码的意义结构与编码的意义结构几乎相同，电视观众接受、认同电视传送的话语意义。

　　协商性立场一般也是在既有的体制内进行的，它希望自己的利益诉求、价值表达能够被主流话语所吸纳，使得主流话语更具包容性。"在协商的看法内，解码包含着相容因素与对抗因素的混合：它认可旨在形成宏大意义（抽象的）的霸权性界定的合法性，然而，在一个更有限的、情境的（定位的）层次上，它制定出自己的基本规则——依据背离规则的例外运作。它使自己的独特地位与对各种事件的主导界定适合于'局部条件'、适合于它本身团体的地位"⑥。这也从另一方面提示人们，一个社会的主流文化要想保持"霸权"（hegemony）地位，必须适时地吸纳新的价值诉求，而不是僵化不变，简单地灌输、教条式

---

① 　陆扬，王毅．文化研究导论［M］．上海：复旦大学出版社，2009：157.

② 　［美］约翰·菲斯克．电视文化［M］．祁阿红，张鲲，译．北京：商务印书馆，2005：93.

③ 　［美］约翰·菲斯克．电视文化［M］．祁阿红，张鲲，译．北京：商务印书馆，2005：114.

④ 　陆扬，王毅．文化研究导论［M］．上海：复旦大学出版社，2009：159.

⑤ 　Stuart Hall. Encoding/decoding ［M］//S. HALL, D. HOBSON, A. LOWE, P. WILLIS (eds.). Culture, Media, Language：Working Papers in Cultural Studies, 1972—1979. London：Hutchinson, 1980：136.

⑥ 　Stuart Hall. Encoding/decoding ［M］//S. HALL, D. HOBSON, A. LOWE, P. WILLIS (eds.), Culture, Media, Language：Working Papers in Cultural Studies, 1972—1979, London：Hutchinson, 1980：137.

说教。正如威廉斯（Williams Raymond）所言，"实际存在的霸权总是一种过程，而不是一种系统或结构。……霸权绝不仅仅作为一种主导而消极地存在，霸权总是不断地被更新、被再造，得到辩护，受到修饰；同时它也总是不断地受到那些完全不是来自它自身的压力的抵制、限制、改变和挑战"①。在这个意义上，斯道雷（John Storey）认为，"一个阶级之所以能成为霸权阶级，并不在于它能够把对世界的统一看法强加给社会上的其他人，而在于它可以用这样一种方式来表达对世界的不同理解。这样的方式还可以使潜在的敌对中立化"②。

在对抗的立场上，尽管"电视观众有可能完全理解话语赋予的字面和内涵意义的曲折变化，但以一种全然相反的方式去解码信息"。"他/她以自己选择的符码将信息非总体化，以便在某一个参照框架中将信息再次总体化。……这时，'意义的政治策略'——话语的斗争——加入了进来"③。

上述三种解码立场的划分，再次说明了电视"'文本'的意义不是单一的，相反，它可以用不同的'重音'来表达"。进而言之，"文化从来就不是简单的共享意义的转移网络，相反，文化往往包括共享的和竞争的意义网络。即是说，文化就是我们分享和竞争关于我们自己、彼此之间以及我们所生活的社会世界之意义的场所"④。

霍尔的编码与解码理论不仅打破了从发送到接收的线性传播模式，更为重要的是它强调意义不是传送者"传递"的，而是接收者"生产"的。恰如斯道雷所论："通过话语的流通，'生产'成为'再生产'然后成为'生产'。这个周期从'社会的'开始，结束到'社会的'，结束又成为新的起点。换言之，意义和信息不是简单被'传递'，而是被生产出来的：首先产生于编码者对日常生活原材料的编码，其次产生于观众与其他话语的关系之中。每一阶段都举足轻重，运行于自身的生产条件之中。"⑤

霍尔所提出的编码与解码观点挑战了传统上认为消费者是被动的观点，强

---

① ［英］雷德蒙·威廉斯. 马克思主义与文学［M］. 王尔勃，周莉，译. 郑州：河南大学出版社，2008：121.

② ［英］约翰·斯道雷. 文化研究中的文化与权力［J］. 学术月刊，2005（9）.

③ Stuart Hall. Encoding/decoding［M］//S. HALL, D. HOBSON, A. LOWE, P. WILLIS（eds.）, Culture, Media, Language：Working Papers in Cultural Studies, 1972—1979, London：Hutchinson, 1980：137.

④ ［英］约翰·斯道雷. 文化研究中的文化与权力［J］. 学术月刊，2005（9）.

⑤ John Storey. Cultural Studies and the Study of Popular culture：Theories and Methods［M］. Edinburgh：Edinburgh University Press, 1996：11.

调人们可以用不同的方式来阅读、接收和诠释文本，文化消费既可以挪用，又可以积极地抛弃，还可以重新赋予某个文化产品新的意义，消费活动也是意义的再生产过程。

不过，在这篇文章中，霍尔仅从解码者的角度做出了三种立场的划分，这一划分确有简单化之嫌；对于整个传播过程的理解应该放在"编码—解码者"的关系之中，而且，从编码到解码并非一次性过程，解码反过来又再次影响编码者，使得编码者不断调适自己的编码和编码策略，以适应解码者的需求。后来，霍尔在反思《编码/解码》一文时，也认识到这一点："我曾经犯了一个错误，只是把图表画了上半部分。如果你想阅读全部内容，你必须画一个环形图显示它。因此我必须说明白解码是如何进入记者选题的实践和话语体系的。"①

尽管霍尔的编码与解码理论有待完善，但是它的价值毋庸置疑。对于公共文化服务而言，霍尔的编码与解码理论使我们认识到，公共文化服务不仅仅是一个"编码"的过程，而且还必须从受众的角度研究"解码"，重视公共文化服务消费者的需求表达，尊重民众的意见。此外，政府在生产和供给公共文化服务产品之前，也有必要根据民众所处的不同社会阶层等因素将公共文化服务的对象进行适当的分类，并有针对性地提供公共文化服务。

二、公共文化服务中的"编码"与"解码"关系

如果把公共文化服务视作一种文化"文本"的话，那么，它也必然存在"编码"和"解码"两个互动环节。在现有的研究和实践中，过多地关注了公共文化服务的"编码"而忽视了它的"解码"，这是一个比较严重的缺憾。因为"在这个信息产生效果（不管如何界定）、满足一个'需要'或者付诸'使用'之前，它首先必须被用作一个有意义的话语，并从意义上解码。就是这组已解码的意义'产生效果'、发生影响、取悦于人、引导或者劝说他人，产生非常复杂的感知、认知、情感、意识形态或者行为结果"②，只有这样才能达到公

---

① Stuart Hall. Reflections upon the Encoding/Decoding Model：An Interview with Stuart Hall［M］//Jon Cruz and Justin Lewis（eds.），Viewing，Reading，Listening：Audience and Cultural Reception. Boulder：Westview，1994：256. 转引自武桂杰. 霍尔与文化研究［M］. 北京：中央编译出版社，2009：134.

② ［英］斯图亚特·霍尔. 编码，解码［M］//罗钢，刘象愚. 文化研究读本. 北京：中国社会科学出版社，2000：354.

共文化服务的目的——"文化引导社会，教育人民，推动发展的功能"①。

从编码与解码的视角来看，公共文化服务大致可以划分为四种类型，即融合型、协商型、对立型和分离型（参见图2）。这一划分不是简单依据"解码"的立场，而是根据"编码"和"解码"之间的关系（参见表1）。

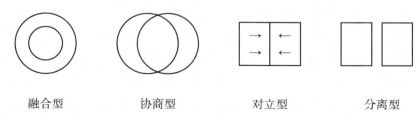

融合型　　　　　协商型　　　　　对立型　　　　　分离型

图2　公共文化服务的"编码"与"解码"关系类型示意图

表1　公共文化服务的各种类型列表

公共文化服务 编码与解码		核心价值（国家）		
		主导	协商	对抗
文化需求 （民众）	一致	融合型	协商型	对立型
	错位	协商型	协商型	对立型
	脱节	分离型	分离型	分离型

评价一项公共文化服务，融合型当然是一种理想的公共文化服务模式。在融合型公共文化服务中，公共文化服务满足了民众的公共文化需求，同时，公共文化服务所传播的核心价值也被民众所接受。在我国，公共文化服务一般被编写入两种主要符码：一是核心价值符码，即坚持社会主义先进文化的前进方向，用社会主义核心价值体系引领社会思潮，"把社会主义核心价值体系融入国民教育和精神文明建设全过程，转化为人民的自觉追求"②；二是文化需求符码，即满足人民群众的精神文化需求，保障人民基本文化权益。理想的公共文化服务是核心价值符码和文化需求符码的有效"耦合"或"接合"（articulation）。然而，在实际的公共文化服务中，两种符码的编写程度是不同的，民众对两种符码的期待和需求也不尽一致，从而造成了协商、对立和分离等不同的型式。

---

① 中共中央关于制定国民经济和社会发展第十二个五年规划的建议，2010年10月18日。

② 胡锦涛. 高举中国特色社会主义伟大旗帜，为夺取全面建设小康社会新胜利而奋斗——在中国共产党第十七次全国代表大会上的报告［EB/OL］. 新华网，2007 – 10 – 15.

在现实中，往往难以达成融合型公共文化服务，因此协商型公共文化服务不但是次优的，也是较为普遍的，甚至是不可避免地存在。笔者赞同的约翰·菲斯克（John Fiske）的观点，他认为"为其他人创造一种文化的努力是不可能彻底成功的——不管这里的其他人是根据阶级、性别、种族、国家还是别的什么来定义的，因为文化只能从内部，不能从外部来生产。在大众社会中，构成文化的物质和意义系统，几乎不可避免地从将由文化产业来生产；但要把这些体系中的东西转变为文化，也就是说，转变为自我意义和社会关系意义，并以此来换取快乐，这个过程只能由消费者和使用者来完成，而不能由生产者来完成"①。借用霍尔的语言来说，解码的意义结构在现实生活中往往难以与编码的意义结构相同。协商型公共文化服务才是公共文化服务实践的主要类型。

由于我国公共文化服务主要包含着两种意义符码，协商型公共文化服务也因此可以至少区分为三种具体的情形：（1）第一种情形是提供的公共文化服务虽然满足了民众的文化需求，但是民众对于公共文化服务中所包含的核心价值持有协商性立场，他们基于自身的独特地位和具体利益形成一定的价值偏好，期望宏观的核心价值能够更加包容具体的、多元化价值偏好。（2）第二种情形是民众虽然认同公共文化服务所包含的核心价值，但是不满意公共文化服务未能完全满足他们的文化需求，希望政府能够根据他们的文化需求进一步改善公共文化服务。（3）第三种情形是民众既对公共文化服务中包含的核心价值持有协商性意见，又不满意公共文化服务未能完全满足他们的文化需求。

此外，在实际的公共文化服务中也有可能存在分离或对抗的现象。前者是指公共文化服务与民众的需求完全脱节（脱离了民众的文化需要），从而导致公共文化服务的失效，诚如莫利（David Morley）所言，"意识形态只有与现存的常识形式和它所针对的群体的文化联系时才产生有效性"②；后者是指民众则"以一种全然相反的方式去解码"公共文化服务中所包含的"信息"，使得公共文化服务产生了相反的作用。

① ［美］约翰·菲斯克. 电视文化［M］. 祁阿红，张鲲，译. 北京：商务印书馆，2005：465.

② David Morley. The "Nationwide" audience［M］. London：British Film Institute；1980：151. 转引自［英］约翰·塔洛克. 电视受众研究：文化理论与方法［M］. 严忠志，译. 北京：商务印书馆，2004：281.

三、改善公共文化服务的政策性启示

运用霍尔的编码与解码理论重新审视公共文化服务，至少可以得到以下几点政策性启示，这些启示对于改善我国公共文化服务具有重要的现实意义。

（1）公共文化服务要确立消费者主位的意识。霍尔认为"解码"和"编码"是"各自区别的环节"，从"编码"到"解码"不是线性的过程，他还进一步区分了三种"解码"立场，这些观点反复强调了"解码"相对于"编码"的独立性、自主性和能动性。在他的影响下，莫利提出了"积极受众"理论，菲斯克大力赞扬所谓的"符号民主"（semiotic democracy）①。所有这些研究论点，无非是强调"解码者""受众"或"消费者"在文化消费中并不是消极被动地接受"编码"信息，而是根据自身的处境进行解读。从这个角度而言，在公共文化服务中，不能仅仅把民众视作消极被动的服务对象，应该重新确立作为公共文化服务消费者的民众主位意识，真正重视民众的文化需求表达，切实让民众参与到公共文化服务和公共文化建设中来，发挥民众的主体性作用，在实际的参与中不断建构公共精神、培育公民意识。

（2）根据公共文化服务消费的效果主动调整公共文化服务的"编码"及"编码"策略。一是及时吸纳民众的文化需求，提供有针对性的公共文化服务。除了国家提供的基本公共文化服务项目以外，地方政府也应根据本地实际和所在地居民的文化需求增加提供地方性公共文化服务项目；二是采取协商的态度和策略，主动整合民众的价值偏好。随着社会利益的不断分化和社会结构变化，人们的价值偏好必然趋向多元化，国家的主流价值也需要不断地"更新"，使其更加具有包容性；三是调整"编码"策略，最好的方式是"寓教于乐"，在享受公共文化服务的同时，在潜移默化之中达到"引导社会、教育人民"的目的。

（3）公共文化服务力求核心价值符码和文化需求符码有效"耦合"。在公共文化服务中，既要注重国家核心价值符码的编写、解读，也要注重民众文化需求符码的编写、解读，二者不但要达到一定的平衡而且要相互结合，更不能偏重一方而忽视一方。

（4）公共文化服务的消费也是一种文化"生产"。霍尔认为，电视观众可以根据自身的处境对"编码"进行能动性"解码"，这说明文化消费并不是消

---

① ［英］约翰·塔洛克. 电视受众研究：文化理论与方法［M］. 严忠志，译. 北京：商务印书馆，2004：295-298. 台湾地区学者将 semiotic democracy 翻译为"语意民主"。

极被动的，恰如斯道雷所清晰指出的那样，"文化并非供我们'消费'的某种现成物，而是我们在各种文化消费实践中所生产之物。消费是文化的生产"①。作为公共文化服务的提供者，政府不但要重视文化消费本身的生产性，而且要注意文化消费所"生产"之物是什么，从而适时调整公共文化服务的前端生产和供给。尤其要注意那些从相反的立场对公共文化服务的"文本"意义所进行的"解读"。

（5）公共文化服务要引入治理。由于公共文化服务涉及价值的生产和再生产（即意义的不同解读乃至竞争），需要引入文化治理的新视角，不能仅仅从"文化福利"（或"文化民生"）、"文化权利"的角度来看待公共文化服务。公共文化服务从实质上而言既是文化治理的一种形式，也是文化治理的一项内容。公共文化服务涉及资源分配、社会整合、政治认同，以及这些过程的象征化、美学化和合理化，而所有这些无疑都属于文化治理的议题。② 把治理引入公共文化服务，不但可以从更高的层面进一步认识公共文化服务的意义，而且有利于把握住公共文化服务的实质，促进公共文化服务沿着文化治理的轨道良性运转。

---

① ［英］约翰·斯道雷. 斯道雷：记忆与欲望的耦合：英国文化研究中的文化与权力［M］. 徐德林，译. 桂林：广西师范大学出版社，2007：110.

② 王志弘. 精神建设、艺文消费与文化政治：台北市政府文化治理的性质与转变（1967—2002）［EB/OL］. 台湾汇文网，2018－06－07.

第三篇 03

文化治理

把治理引入公共文化服务

从国内的现有研究来看，关于公共文化服务主要有两个研究视角：一个是"福利"的视角，一个是"权利"的视角。在前一个视角看来，公共文化服务是一种"文化福利"；在后一个视角看来，公共文化服务是民众理应享受的一种"文化权利"。令人遗憾的是，似乎至今没有人对这两个视角进行理论检讨，只是想当然地、人云亦云地使用它们。把公共文化服务仅仅视作"文化福利"或"文化权利"的要求，有其不足：作为文化福利的公共文化服务，往往缺失民众必要的民主参与，导致公共文化服务与民众公共文化需求相脱节；在当下，"权利"往往被人工具性使用，如果没有一定的公共意识和公共精神的规约，又会成为一种公共性的消解力量，而与通过公共文化服务建设文明健康的公共文化生活的主旨相背离。本文将分别对这两个研究视角进行理论检讨，期望引起大家的"文化自觉"，并建议把"治理"引入公共文化服务。公共文化服务从实质上而言既是文化治理的一种形式，也是文化治理的一项内容。把治理引入公共文化服务十分必要。

一、公共文化服务不仅是文化福利

翻阅现有的文献和新闻报道，有不少人把公共文化服务仅仅视为一种"文化福利"，对于他们而言，公共服务等同于公共福利，作为其中之一种的公共文化服务向民众提供的便是"文化福利"。对于"文化福利"合理性的论证又主要基于人们的文化需要，认为生活于社会之中的人不但具有经济方面和政治方面的需求，而且还有文化方面的需求，人们文化需求所获得的满足程度便构成人们的文化福利。①

---

① 胡象明. 广义的社会福利理论及其对公共政策的意义 [J]. 武汉大学学报（社会科学版），2002（4）.

深圳市在全国较早推行公共文化服务，"文化福利"的说法，也最早见之于深圳市的新闻报道，后来逐渐被其他媒体和政府官员所采用。① 胡象明认为，人的文化福利是各种文化因素对人的文化需求的满足。

> 文化福利根源于人们的文化需要。生活于社会之中的人不但具有经济方面和政治方面的需求，而且还有文化方面的需求，这种需求也是在经济需求的基础上产生的并高于经济需求的一种真正人的需要……文化需要是人的一种精神需要，因而是一种高层次的需要，人们只有通过科学、艺术等精神产品才能满足这方面的需求，而人们这方面需求所获得的满足程度便构成人们的文化福利。②

然而，一旦把公共文化服务视作一种"文化福利"，那么，公共文化服务的实际运作往往会难以克服自身的"惯习"，即只注重政府的供给乃至"包办"，其结果就会造成供给与需求的错位甚至脱节。这或许可以在一定程度上解释，当前为何普遍存在公共文化服务与民众公共文化需求相脱离的现象。

为了强调公共文化服务的重要性，一些人还提出了"文化民生"的说法——所谓"文化民生"，就是把为人民群众提供基本的文化保障作为民生问题的一个重要方面，摆在与解决人民群众最基本的"吃穿住行"、医疗、教育等问题同等重要的位置。认为"加快构建公共文化服务体系，就是将保障文化民生，促进文化公平作为重要的社会制度和政策"③；"关注文化民生，加快建设覆盖全社会的公共文化服务体系成为人们的新期待"④。提出"文化民生"表面上似

---

① 例如：市民尽享"文化福利"品味文化"大餐"［N］．深圳特区报，2007 - 02 - 27；我市将加大力度与投入满足民生文化福利［N］．深圳特区报，2007 - 06 - 27；实现文化权利增进文化福利［N］．深圳商报，2007 - 03 - 16；让群众共享文化福利［N］．深圳商报，2007 - 06 - 27；让文化福利惠及全体市民［N］．深圳商报，2007 - 07 - 31；让百姓享受更多文化福利［N］．经济参考报，2007 - 07 - 13；福田：公共文化服务体系基本建成 民生文化福利全民共享［N］．中国文化报，2007 - 07 - 26；让"文化福利"惠及城乡居民［N］．中国文化报，2007 - 10 - 30；让"文化福利"为和谐社会添砖加瓦［N］．黑龙江日报，2007 - 11 - 30；亿万农民乐享更多文化福利［N］．农民日报，2010 - 01 - 18；等等。
② 胡象明．广义的社会福利理论及其对公共政策的意义［J］．武汉大学学报（社会科学版），2002（4）．
③ 杨志今．积极构建公共文化服务体系，努力改善文化民生［J］．中国浦东干部学院学报，2010（5）．
④ 聂辰席．关注文化民生，加快建设覆盖全社会的公共文化服务体系［J］．中国党政干部论坛，2008（8）．

乎强调了包括公共文化服务在内的文化工作的重要性，类似的还有：为了强调文化的重要性，文化部门提出"文化也是重要生产力"或把文化纳入经济范畴来论述。这样的论述从表面上来看好像强调了文化的重要性，实际上削弱了文化的自主性、独立性以及它相对于经济更为重要的作用，尤其是它的社会治理功能。

公共文化服务不同于一般性的公共产品或公共福利。作为"公共文化产品"或"文化福利"，一方面它虽然具有经济学意义上公共产品的普遍属性，但是另一方面又由于它自身的文化特性，而与其他公共产品或公共福利存在一定的差别，具有自身独特的价值和功能。具体表现在以下四个方面：

（1）精神性。公共文化产品（或公共文化服务）往往借助于一定的物质载体或者以物质形态为表现形式，但是它的内核或实质却是某种价值理念，而且，这种价值理念是透过物质形式潜移默化地传播给人，影响着人们的行为，这与其他公共产品（或公共服务）相区别。

（2）政治性。几乎所有的公共文化产品都具有政治性。作为国家提供的公共文化产品，传播的是一个国家的主流意识形态或核心价值体系，以增强人们的政治认同，维护既有的政治秩序；即便作为公民社会自身生产和提供的公共文化产品，同样地传播着一种公民政治文化，对现有的政治统治产生积极或消极的影响作用。

（3）竞争性。作为一种公共产品或者一种公共服务形式，公共文化产品虽然在消费上具有其他公共产品同样的非排他性和非竞争性，但是，无论何种公共文化产品（或公共文化服务）最终所传播的核心价值理念往往又是排他的和竞争性的。英国文化研究学者约翰·斯道雷（John Storey）认为："文化从来就不是简单的共享意义的转移网络，相反，文化往往包括共享的和竞争的意义网络。即是说，文化就是我们分享和竞争关于我们自己、彼此之间以及我们所生活的社会世界之意义的场所。"① 他的这个观点应用到公共文化服务或公共文化产品上也是妥当的。

（4）再生产性。或许更为关键的不同在于，无论是公共文化服务提供的公共文化产品，还是文化产业所生产的文化商品，其实都不同于一般性的公共产品或一般性商品。因为，它们的价值或意义并非如事先所"制作"的那样一成不变，而是在它们的消费过程中被挪用、被重置、被（重新）赋予，而这些往

---

① ［英］约翰·斯道雷. 文化研究中的文化与权力 ［J］. 学术月刊，2005（9）.

往是生产者或供给者所不曾预料到甚至想象不到的。之所以如此，"文化文本的意义并不是被铭写进去的，其意义必须被'阐释'，即意义必须被生产"，并且，这些"意义始终是在（特定的）语境条件下被生产出来"。英国文化研究学者霍尔通过对电视节目的研究，认为观众可以根据自身的处境对"编码"进行能动性"解码"，这说明文化消费并不是消极被动的①。恰如约翰·斯道雷所言，"文化并非供我们'消费'的某种现成物，而是我们在各种文化消费实践中所生产之物。消费是文化的生产"②。公共文化服务（产品）的消费亦如此，它也是一种"文化的生产"。作为公共文化服务的提供者——政府不但要重视文化的生产和供给，而且要注重文化的消费，不但要重视文化消费本身的生产性，而且要注意文化消费所"生产"之物是什么，从而适时地调整公共文化服务的前端生产和供给，达到最佳的公共文化服务目的。

二、权利语境中的公共文化服务

除了把公共文化服务视为"文化福利"以外，如今越来越多的人把政府提供的公共文化服务，当作公民应该享有的一项基本权利。从理论上来说，比把它简单地视为"文化福利"要进步了许多。

一般地，国内学者大多是引用国际公约来论述公共文化服务为公民的一项基本文化权利。譬如，《世界人权宣言》第二十七条规定："人人有权自由参加社会的文化生活，享受艺术，并分享科学进步及其产生的福利。""人人对由于他所创作的任何科学、文学或美术作品而产生的精神的和物质的利益，有享受保护的权利。"《经济、社会、文化权利国际公约》③ 在其第十三条和第十五条明确规定了人人有权享有的文化权利，特别是第十五条第一款规定："本公约缔约各国承认人人有权：（甲）参加文化生活；（乙）享受科学进步及其应用所产生的利益；（丙）对其本人的任何科学、文学或艺术作品所产生的精神上和物质上的利益，享受被保护之权利。"因而，这些学者认为，为公民提供公共文化服务是公民的文化权利要求，而不简单是政府提供的一种福利。其实，仔细地阅

① ［英］斯图亚特·霍尔. 编码，解码［M］//罗钢，刘象愚. 文化研究读本. 北京：中国社会科学出版社，2000.
② ［英］约翰·斯道雷. 斯道雷：记忆与欲望的耦合：英国文化研究中的文化与权力［M］. 徐德林，译. 桂林：广西师范大学出版社，2007：110.
③ 1997 年 10 月 27 日中国政府签署加入该公约，2001 年 2 月 28 日全国人大九届二十次会议表决通过了批准这项公约的决定。

读这些国际公约的规定不难发现，它们并不主要讨论文化服务方面的权利问题，其落脚点是保护文化的多样性、维护知识产权以及促进文化权利平等问题。

在"文化权利"的基础上，我国提出"加快建立覆盖全社会的公共文化服务体系"，从而"维护好、实现好、发展好人民群众基本文化权益"。有学者认为，"文化权益"与"文化权利"是两个不同的概念，二者的"差别在于，文化权益不仅包括文化权利，同时也包括文化利益"，"文化权益这个专属概念乃是中国当代语境中的语词创建"。① 在我看来，无论是"权利"还是"权益"，究其实质都是一种个体化的东西，这种个体化的东西，如果没有一定的公共意识和公共精神的规约、育导，往往会滑向自利的一端，成为一种公共性的消解力量。在当下，一些人只是一味地强调"权利"而忽视担当与之相应的"责任"，造成了权利与责任的失衡。在当下中国特殊语境中，"权利"往往被工具地使用，它不是积极的主张，而是消极等要的"东西"。这一点并非庸人自扰。阎云翔提到，"集体化终结、国家从社会生活多个方面撤出之后，社会主义的道德观也随之崩溃，既没有传统又没有社会主义道德观，非集体化之后的农村出现了道德与意识形态的真空。与此同时，农民又被卷入了商品经济与市场中，他们便在这种情况下迅速地接受了以全球消费主义为特征的晚期资本主义道德观。这种道德观强调个人的权利，将个人欲望合理化"②，最终造成了大量"无公德的个人"的成长。阎云翔的解释未必是恰当的，但也不是完全"不靠谱"。

这也从一个方面说明，权利本身并不是"自恰的"和自我生成的，个人的权利与共同体、社会之间始终是一种相互支持、相互依赖的关系。恰如米尔恩（Milne，A. J. M.）所言："这些权利中的许多权利是什么，取决于个别共同体的情况，如它的生活方式、特定道德、成员身份的条件、制度与价值。"③ 同时，他还指出，"那种在一切时间和场合都属于全体人类的权利就是人类作为无社会和无文化的存在物所享有的权利。既然人类不是也不可能是这样的存在物，那么，就不可能有这样的权利"④。文化权利更是如此，它与所在的社会紧密

---

①　王列生.论公民基本文化权益的意义内置［J］.学习与探索，2009（6）.

②　阎云翔.私人生活的变革：一个中国村庄里的爱情、家庭与亲密关系 1949—1999［M］.龚小夏，译.上海：上海书店出版社，2006：260.

③　［英］A. J. M. 米尔恩.人的权利与人的多样性：人权哲学［M］.夏勇，张志铭，译.北京：中国大百科全书出版社，1995：144.

④　［英］A. J. M. 米尔恩.人的权利与人的多样性：人权哲学［M］.夏勇，张志铭，译.北京：中国大百科全书出版社，1995：5.

相关。

　　文化权利同样也是一种个体化的东西，与之相对，文化无疑是一个公共性的范畴，公共文化服务也具有公共性特点。用个体化的文化权利来论述公共性的文化服务，在逻辑上似乎有些别扭和怪异。笔者认为，把公共文化服务等同于一般的公共产品和公共福利，显然是错误的；把公共文化服务视为公民应该享有的基本权利，无疑是误导的。因为，它们都没有把握住公共文化服务的实质和主旨。

　　公共文化服务的主旨，不是这个服务本身以及它提供了什么样的"公共文化产品"，而是通过它建设文明健康的公共文化生活。通过公共文化生活的建设，建构公民的主体价值；通过公共文化生活的建设，培育公民的公共理性或公共精神。公共精神是公民社会的灵魂。一个社会的公共精神越发达、越充分，这个社会的环境和氛围就越好，每个社会成员享有的社会资源和福利就越多；公共生活的建设可以为构建富有生机的、互相支持的和赋予包容性的公民社会带来愿景；同时，也能够抵御生活在这个个人主义时代的一些消极因素①。需要进一步说明的是，在现代社会里，公共性不是"同质性"。在集体化时期，我国城乡虽然也存在某种形式的公共生活，但是这种公共生活是以全民同质性为前提，又以高度集中的计划经济为基础，这样的公共生活方式必然会被抛弃。现代社会的公共性是在尊重个人自由的基础上，关注公共利益，并通过公民的公共参与不断增进公共利益。

三、从文化治理看公共文化服务

　　如果用一句话来概括的话，公共文化服务的实质就是建构公共性，这在一个公共性日趋衰落的转型社会中，它将发挥着越来越重要的社会治理功能。因此，把"治理"引入公共文化服务，从文化治理的高度重新审视公共文化服务，就会发现，公共文化服务既是文化治理的一种形式，也是文化治理的一项内容。

　　首先，公共文化服务涉及资源分配、社会整合、政治认同，以及这些过程的象征化、美学化和合理化，而所有这些无疑地都属于文化治理的议题②。套用行政语言来说，通过公共文化服务，可以达到"文化引导社会、教育人民、

---

①　[英] 保罗·霍普. 个人主义时代之共同体重建 [M]. 沈毅，译. 杭州：浙江大学出版社，2010：81.

②　王志弘. 精神建设、艺文消费与文化政治：台北市政府文化治理的性质与转变（1967—2002）[EB/OL]. 台湾汇文网.

推动发展的功能"。换言之，公共文化服务本身是政府文化职能转变的表征，政府文化职能的这一转变是现代政府治理的一个重要义项。传统政府的文化职能主要是意识形态的宣传、主流价值的灌输和核心价值体系的教育以及对于文化事物和文化市场的行政管理，这些传统的文化职能具有明显的"文化霸权"（hegemony）色彩；公共文化服务作为现代政府的一项主要职能，它除了为民众提供文化性公共服务（产品）以外，更主要地透过它培育公民精神、建构文化认同，在认同、协商的基础上达成治理。现代性治理不再主要依靠国家权力的强制，而更主要依赖认同、说服和协商，公共文化服务可以在文化治理中扮演更加积极的作用。

其次，公共文化服务包含权力关系的议题，主要体现在政府（供给者）与民众（消费者）之间的关系上。通过公共文化服务，实质上促进了二者关系的互动和重新建构。一方面，政府通过公共文化服务这种软性治理的方式，使得民众在享受这种公共文化服务之中潜移默化地加强了对政府的合法性认同，达到了政治整合的效果；另一方面，民众在享受公共文化服务、参与公共文化生活的同时，也从中自然而然地生长出公民的公共理性或公共精神，达到社会整合的目的。最终，在一个互动体系中相互依存的各种政治、经济、社会组织将逐步培育一种新的公民社会关系①。

像公共文化服务这样"所有的指意实践——也就是说，所有带有意义的实践——都涉及权力关系"②。因此，最好把治理引入公共文化服务，从文化治理的视角重新审视公共文化服务。"文化治理概念的根本意涵，在于视其为文化政治场域，亦即透过再现、象征、表意作用而运作和争论的权力操作、资源分配，以及认识世界与自我认识之机制"③。笔者非常赞同托尼·本尼特（Tonney Bennett）的看法，他说："如果把文化看作一系列历史特定制度形成的治理关系，目标是通过审美智性文化的形式、技术和规则的社会体系实现广大人口的思想行为的转变，文化就会更加让人信服地构想。同样，它的出现最好可以被看作

---

① 郭灵凤."欧盟文化政策与文化治理"[J].欧洲研究，2007（2）.

② JORDAN, G., WEEDON C. Cultural Politics: Class, Gender, Race and the Postmodern World [M].Oxford: Blackwell, 1994: 11. 转引自［英］阿雷恩·鲍尔德温，布莱恩·朗赫斯特，斯考特·麦克拉肯，等.文化研究导论 [M].陶东风，等，译.北京：高等教育出版社，2004：229.

③ 王志弘.精神建设、艺文消费与文化政治：台北市政府文化治理的性质与转变（1967—2002）[EB/OL].台湾汇文网.

现代化早期社会生活特有的日益治理化过程的一部分。"① 即使公民社会精神与国家的主流价值存在一定的差异，但二者的互动无疑会推动文化治理的不断进步。

再次，公共文化服务涉及政府、社会和市场多元主体关系以及这些关系的协调和合作，也体现了现代多元合作治理的精神。作为现代政府的一项重要文化职能，公共文化服务理应由政府承担和主导，但是政府主导并不排斥市场的机制和社会的参与，而是要积极顺应社会主义市场经济发展和现代多元治理要求，充分发挥市场、社会的作用，共同参与到公共文化服务之中。在公共文化产品的生产、供给和公共文化具体服务中引入市场机制，优化公共文化资源的配置，鼓励社会捐资、企业投资文化服务体系建设，拓宽支持公益性文化事业建设的途径，建立灵活高效的投融资机制，形成资金来源多渠道、投资方式多元化的新格局。鼓励社会力量积极参与公共文化服务，大力支持民办文化机构、社会文化团体、非营利公益性社会文化组织发展和文化志愿者队伍建设。最终形成政府、市场和社会三个主体之间良性互动并形成有效合作机制和网络化的社会治理结构。

最后，公共文化服务也有赖于政府体系内部的资源整合和功能协调，促进政府自身治理结构的转变，形成合作共赢的政府治理结构。仅从我国现有的公共文化服务涵盖的内容而言，它需要相关部门的协调和合作，只有这些部门之间真正建立了合作式治理结构，才能实现公共文化服务的最佳价值。

---

① ［英］托尼·本尼特．本尼特：文化与社会［M］．王杰，强东红，等，译．桂林：广西师范大学出版社，2007：163．

文化治理的三张面孔

文化治理日益成为现代治理的一部分。英国文化研究学者本尼特（Tonney Bennett）认为，"如果把文化看作一系列历史特定制度形成的治理关系，目标是通过审美智性文化的形式、技术和规则的社会体系实现广大人口思想行为的转变，文化就会更加让人信服地构想"①。英国社会学家鲍曼（Zygmunt Bauman）也指出，"'文化'这一观念，是在18世纪中后期作为管理人类思想与行为之缩略语而被创造命名的"②。因而，文化往往包含着另一个暗含的意思，便是把人教化（或驯化）为容易治理的对象（也就是所谓的"文明人"）。然而，文化的这一含义往往被一些美学的修辞所包装，成为人们难以把握其实质的"虚假意识"。

什么是文化治理？至今没有形成一致性的看法。即便是较早将治理引入文化研究的英国伯明翰学派，对于文化治理的理解其实也是大异其趣的，早期的伯明翰学派主要受到马克思主义和葛兰西（Antonio Gramsci）"文化霸权"思想的影响，较为明显地体现在威廉斯（Raymond Williams）、霍尔等人的学术研究之中；发展到后期它更主要地受到福柯（Michel Foucault）的治理术（governmentality）思想的影响，显著地表现在本尼特的文化政策研究上。后者批评前者的"文化政治"研究，只是把文化简化为一种符号的表意实践，可以加以挪用来建构认同或反抗，却忽略了许多现代的文化政治都是文化治理的副产品，并非自发地孕育而生。对于他而言，18至19世纪之间，文化的定义在英语世界中有了变动，随着政治经济学与社会科学的诞生，在社会管理的脉络中，文化开始被视为治理的对象和治理的工具，对象是下层社会阶层的道德、举止与生活

---

① ［英］托尼·本尼特. 本尼特：文化与社会［M］. 王杰，强东红，等，译. 桂林：广西师范大学出版社，2007：163.
② ［英］齐格蒙特·鲍曼. 流动的生活［M］. 徐朝友，译. 南京：江苏人民出版社，2012：56.

方式，工具是作为一种意义上更为严谨的文化、艺术与智识活动，而这也正好提供了治理干预与文化管制的手段①。对前者而言，文化斗争主要发生在语言、话语和意识形态领域；对于后者而言，文化治理更主要地体现在文化制度、文化政策和具体的文化管理之中。然而，几乎所有的制度、政策和管理背后都包含着一定的话语、意识形态，在实践中彼此不能分离。本文所论的文化治理概念可以视为两者的综合，甚至其内涵更为宽泛。

王志弘等学者较早将文化治理概念引进到中文世界，并把它作为一个分析架构对台北等都市文化治理进行了实证研究②。在《文化如何治理？一个分析架构的概念性探讨》一文中，王志弘分别从福柯"治理术"（也翻译为"治理性""统理性"等），以及新的政治组织和沟通网络、政权理论和反身性自我驾驭等治理概念，说明文化治理的内涵；同时，结合文化领导权（或译为"文化霸权"）和调节学派（regulation school）等观点，将文化治理的结构性作用标定于政治和经济之调节与争议，并联结于多元文化主义和反身自控式主体化等操作机制。从而，将文化治理界定为："藉由文化以遂行政治与经济（及各种社会生活面向）之调节与争议，透过各种程序、技术、组织、知识、论述和行动等操作机制而构成的场域。"③很显然，王志弘关于文化治理的理论建构，既吸收了葛兰西的文化霸权思想，又引入了福柯的"治理术"以及本尼特的文化治理论述，还试图将调节学派等观点包含进来。因此，他招致吴彦明的批评，认为"在希望鱼与熊掌皆得的企图心下，王志弘对于文化与治理性之间的理论化关系是过于繁杂，与企图兼容并蓄，以至于在这样如万花筒式的架构下，不仅治理的理论角色被稀释掉，文化也被限缩成一种'以不在场的方式出现'的概念，它变成一个派生、临时角色式的概念，它可以是建筑物、博物馆、节庆、城市书写、社会运动、都市或国族认同等，它轻易地变成一个可被操弄或可治理的对象"④。王志弘承认，文化治理概念还在发展之中，对吴彦明的批评做了回应，并强调他更加注重文化治理作为分析架构的工具性作用："文化治理能否成为理解台湾社会，乃至有广泛适用性的关键词，取决于它在描述现象上的用处，优先于它是否遵从特定分析观点，犹如我们用资本主义这个概念来描述某种复

---

① 吴彦明. 治理"文化治理"[J]. 台湾社会研究，2011（82）.
② 王志弘. 文化治理与空间政治[M]. 台北：群学出版有限公司，2011.
③ 王志弘. 文化如何治理？一个分析架构的概念性探讨[J]. 世新人文社会学报，2010（11）.
④ 吴彦明. 治理"文化治理"[J]. 台湾社会研究，2011（82）.

杂的社会状况,但有很多不同观点来分析资本主义。"① 由此可见,王志弘更加注重他所定义的文化治理概念对现实理解的适用性,而不是这个概念本身的自洽性。如果这一概念能够更加适合描述我国台湾地区的文化实践,我们又何必如此对它计较呢?因为所有的概念都是为了描述、理解现实世界而人为建构的。

相对于台湾地区学者,我国大陆地区学者对于文化治理概念的运用似乎简单、随意得多。从既有的文献来看,何满子早在1994年就撰文论提及"文化治理",他所谓的文化治理是指"矫正社会文化趣味,提高文明水平",对"大众文化中庸俗趣味所滋蔓的社会低劣情趣"进行"治理"②。此处的"文化治理",明显不是学术意义上的论述。这种等同于"治理(或整治)文化"的表述,也见之于其他的文献之中。严格地从学术意义上论述文化治理的可谓屈指可数。譬如,郭灵凤《欧盟文化政策与文化治理》一文借用ERICarts的表述:"'文化治理'指的是为文化发展确定方向的公共部门、私营机构和自愿(或非营利)团体组成的复杂网络。其中包括来自公共部门、私营企业、非营利团体等各种性质的机构和个人,涵盖文化、经济、社会等各个政策领域,涉及跨国、民族国家、地区、地方等不同地理和行政运作层面。治理也指公民不仅作为投票者和利益集团的成员,而且作为消费者、专业工作者、文化工人、企业家、志愿者以及非营利组织的成员,拥有了更为多样化的渠道影响文化的发展。"③ 这种公共管理学式定义,主要是强调文化作为公共事务进行管理时,政府(公共部门)与非政府组织(私营机构)之间开展合作的必要性。此外,胡惠林认为:"文化治理是国家通过采取一系列政策措施和制度安排,利用和借助文化的功能用以克服与解决国家发展中问题的工具化,对象是政治、经济、社会和文化,主体是政府和社会,政府发挥主导作用,社会参与共治。""文化治理的特征是通过主动寻求一种创造性文化增生的范式实现文化的包容性发展。"④ 二者均侧重于文化发展和文化管理的技术或实务层面的论述,只是他们论述的重点有所不同,郭灵凤偏重于文化发展和文化管理中国家文化部门(或机构)与社会、企业之间的合作,胡惠林的论述偏重于文化发展所发挥的工具化、包容性功能。

---

① 王志弘. 文化治理是不是关键词?[J]. 台湾社会研究,2011(82).
② 何满子. 文化治理[J]. 瞭望新闻周刊,1994(9).
③ "Creative Europe:On Governance and Management of Artistic Creativity in Europe",an ERI-Carts Report to the NEF,2002,p.21. 转引自郭灵凤. 欧盟文化政策与文化治理[J]. 欧洲研究,2007(2).
④ 胡惠林. 国家文化治理:发展文化产业的新维度[J]. 学术月刊,2012(5).

人们之所以对文化治理有纷纭复杂的理解，一方面是由于对文化、治理以及文化与治理关系的不同诠释，另一方面是由于文化治理本身具有诸多不同的"面孔"，在具体的文化治理实践中这些不同的面孔又以各种形式交汇在一起。对于前一方面的讨论或争议较多，对于后一方面似乎鲜有论述①。本文尝试对文化治理的不同面孔做初步图绘。如果说王志弘等学者试图借鉴诸多理论资源来界定文化治理概念以描绘、分析现实的话，那么笔者更主要地是从文化治理的各种实践形态来反观文化治理概念，并尝试解读它、理解它。

一、政治面孔

"政治的视角乃是一切阅读和解释行为的地平线"②，阅读和解释文化治理也不可避免地从政治的视角出发。文化治理的政治面孔，相对而言是人们较为熟悉的，这主要是因为马克思主义经典作家的论述。

在马克思主义经典作家看来，文化和文化治理往往具备政治的面孔。一定时期的文化观念总是服务于统治阶级的利益，并为阶级统治提供合法的意识形态支持。因为：

> 统治阶级的思想在每一时代都是占统治地位的思想。这就是说，一个阶级是社会上占统治地位的物质力量，同时也是社会上占统治地位的精神力量。支配着物质生产资料的阶级，同时也支配着精神生产资料，因此，那些没有精神生产资料的人的思想，一般地是隶属于这个阶级的。……既然他们作为一个阶级进行统治，并且决定着某一历史时代的整个面貌，……他们在这个历史时代的一切领域中也会这样做，就是说，他们还作为思维着的人，作为思想的生产者进行统治，他们调节着自己时代的思想的生产和分配：而这意味着他们的思想是一个时代的占统治地位的

---

① 默瑟（Colin Mercer）从文化能力方面做过类似的论述，他认为文化能力包括四个取向：（1）资源取向——帮助人们理解无论是日常生活或是在特定工业部门之中文化所扮演的经济角色；（2）社会再建构取向——帮助人们认知在社会组织形构过程中，文化所扮演的角色；（3）政治取向——帮助人们理解在建构、维持、挑战权力关系中文化的角色；（4）认知与表达取向——帮助人们理解在形成个人价值体系、生活方式中的角色（参阅 Colin Mercer. Towards cultural citizenship：Tools for cultural policy and development [M]. Stockholm：the Bank of Sweden Tercentenary Foundation, 2002：1.）
② FREDRIC JAMESON. The Political Unconscious [M]. London：Methuen, 1981：17.

思想。①

在马克思主义者看来，文化作为意识形态，作为资产阶级片面、褊狭的支撑物，是资产阶级为了它的自身利益而设计的。而且他们还认为，文化作为意识形态钝化了无产阶级的理解和思考：它是一个欺骗的工具，掩盖了资产阶级的真正利益。对于马克思而言，文化的信仰和实践是权力关系的一种文化符码②。马克思意欲表明，文化是偏袒的，经常宣扬关于世界的"虚假意识"，从而作为一种统治阶级压迫工具而起作用。例如，资本主义社会个人主义价值观、利润、竞争和市场等主导文化观念，明确表明了正在巩固其阶级力量的新兴资产阶级意识形态。在竞争激烈和个人主义泛滥的资本主义社会中，它使人们坚信人在本质上是自私自利且相互竞争的，就像坚信在共产主义社会里，人类本质上是相互合作的一样，是自然而然的事情。然而，事实上人类和社会的关系极其复杂、充满着矛盾，但意识形态却抹平了这些矛盾、冲突和负面特性，将人类或社会一些特性理想化为个体性和竞争性，并将其提升为统治观念和主导性价值观。马克思和恩格斯批判意识形态，试图揭示统治观念重塑占统治地位社会阶层利益的机制，这些利益符合现行社会及其体制，也是社会价值观念的自然化、理想化和合法化表现③。

葛兰西认为，意识形态是一种统治性观念，它起着一种"社会黏合剂"作用，能整合和巩固已有的社会秩序。他在《文化主题：意识形态的材料》（Culture theme：Ideological Material）一文中写到，在日常生活中，新闻传媒成为构筑现有制度和社会秩序之意识形态合法性的统治工具，而教会、学校和社会团体等各种社会建制也发挥了一定的辅助作用④。在马克思的思想基础上，葛兰西发展出一套文化霸权理论。葛兰西认为，"一个社会集团的至尊地位以两种方式展现自身，其一是'支配'，其二是'知识和道德领导权'"⑤。而知识和道德

① 马克思，恩格斯. 马克思恩格斯选集：第1卷［M］. 北京：人民出版社，1995：98－99.
② ［英］阿雷恩·鲍尔德温，布莱恩·朗赫斯特，等. 文化研究导论（修订版）［M］. 陶东风，等，译. 北京：高等教育出版社，2004：102.
③ ［美］道格拉斯·凯尔纳（Douglas Kellner）. 文化马克思主义和现代文化研究［J］. 上海行政学院学报，2006（5）.
④ ［美］道格拉斯·凯尔纳（Douglas Kellner）. 文化马克思主义和现代文化研究［J］. 上海行政学院学报，2006（5）.
⑤ ANTONIO GRAMSCI. Selections from the Prison Notebooks［M］. London：Lawrence and Wishart，1971：57.

"领导权的作用是在不同阶级之间的社会关系中，去保证每一个阶级在现存的'统治—从属'的形式中被持续地再生产"①。

或许是在这个意义上，王志弘认为，文化治理"在政治层面上，便可以更精简地界定其性质或目标为：文化领导权的塑造过程和机制"②。所谓"霸权"（hegemony）指的是统治阶级（连同其他相关阶级或阶级成分）通过操纵"精神及道德领导权"的方式对社会加以引导而非仅仅依靠国家机器进行统治的过程。在霸权之中包含了一种特殊的共识，即某个社会群体想方设法将自己的特定利益展示为整个社会的整体利益；被统治阶级因此服膺于所谓的"共同"价值、观念、目标以及文化和政治内涵，从而被既有的权力结构所"收编"（incorporate）③。

在现实生活中，许多人"在客观上"遭到了压迫，但除非这些人将自己的被统治地位认识为压迫，否则这种关系永远不会变成实际的抵抗，因此也就不可能激发社会变革。文化霸权之所以可能出现并发生效力，除了统治阶级把它自己的特别利益呈现为社会全体的普遍利益，还常常通过把潜在的"敌对"弱化成简单的"差异"。恰如拉克劳（Ernesto Laclau）所言，"处于霸权地位的阶级并不一定能够将一套整齐划一的世界观强加给整个社会，却往往可以用各种不同的方式来描述世界，进而将潜在的敌对力量消弭掉"④。在霸权过程之中，"文化并不像看起来的那样描述现实，它还构造现实"⑤，发挥着政治治理的功能。也就是说，有效的文化霸权不是简单的自上而下实施的强制或控制，往往是统治阶级和被统治阶级相互"协商"乃至"合谋"的结果，是一个同时包含着"抵抗"和"收编"的过程。许多我们认为以社会公益之名而获得的权益（譬如社会保障、大众教育、民主参与），其实都可以被更好地理解为是统治阶

---

① STUART HALL, TONY JEFFERSON（eds）. Resistance through Rituals: Youth Subcultures in Post – war Britain［M］. London: Hutchinson，1976：41.

② 王志弘. 文化如何治理？一个分析架构的概念性探讨［J］. 世新人文社会学报，2010（11）.

③ ［英］约翰·斯道雷（John Storey）. 文化理论与大众文化导论［M］. 北京：北京大学出版社，2010：98.

④ ERNESTO LACLAU. "Discourse", in A Companion to Contemporary Political Philosophy, edited by R. E. Goodin & P. Pettit［M］. London: Blackwell. 1993：161 – 162. 转引自［英］约翰·斯道雷（John Storey）. 文化理论与大众文化导论［M］. 北京：北京大学出版社，2010：103.

⑤ ［英］约翰·斯道雷. 文化研究中的文化与权力［J］. 学术月刊，2005（9）.

级为了维持霸权而做出的"让步""妥协"。

　　　　但是，毫无疑问这些让步妥协不能触及本质的东西。霸权虽然是伦理的政治的，它必然同样也是经济的，它的基础必然是领导集团在经济活动的关键内核中所发挥的、举足轻重的功能。①

　　也就是说，这种协商和让步是有限度的。葛兰西明确指出，霸权的争夺绝不可能对权力的经济基础构成威胁，一旦危及统治阶级的根本利益，强权立即露出狰狞的面目，军队、警察和监狱系统等"压迫性的国家机器"不得不发挥其专制统治的功能。

　　随着现代国家治理的日益精致化，文化霸权的技艺也在不断发展，它逐渐深入人们的需求和内心欲望等隐秘世界之中操控社会大众。恰如布迪厄（Pierre Bourdieu）所指出的那样，"'利用需求而不是反复灌输规范'的方式进行统治，是一个划时代的标志。通过劝说和诱惑，由消费手段来创造身份认同的幻觉（或误认），由此来消除既有的被支配（劳动）阶级的集体性和团结性"②。"因此要成功的统治，"伊格尔顿（Terry Eagleton）说，"权力必须理解男人与女人隐秘的欲望和他们所厌恶的事情，而不是他们的投票习惯或社会抱负。如果权力要从内部规范他们，还必须能够从外部想象他们。"不过，他又指出："由于世界上贫富之间的差距不断增大，即将到来的千年所面临的前景将在艰难中前进，独裁的资本主义在衰败的社会风景中，受到来自内部与外部的日益绝望的敌人的进攻，最终抛弃了一致同意的政府的所有伪装，转而残酷而直接地保护它们的特权。"③ 然而，进入新的千年以后，资本主义发展并没有像他预期的那样迅速堕入衰败之境，相反地，资本主义文化霸权借助全球化浪潮继续操纵着这个世界。

　　但是，无论文化霸权的技艺如何地向前发展，在本质上它都包含着主导与从属的关系，"这些关系在形式上体现为实践意识，它们实际上渗透于当下生活的整体过程——不仅渗透在政治活动和经济活动中，也不仅渗透在明显的社会

---

① ANTONIO GRAMSCI. Selections from the Prison Notebooks ［M］. London：Lawrence and Wishart，1971：161.

② PIERRE BOURDIEU. Distinction：A Social Critique of the Judgement of Taste ［M］. London：Routledge，1984：154.

③ ［英］特瑞·伊格尔顿. 文化的观念 ［M］. 方杰，译. 南京：南京大学出版社，2003：57 – 58.

活动中，而且还渗透在由业已存在的种种身份和关系所构成的整体之中，一直渗透到那些压力和限制的最深处——这些压力和限制来自那些最终被视为某种特定的经济体系、政治体系和文化体系的事物"①。威廉斯指出，"并非只有进行教育或施加外部压力才是真正的霸权过程，真正的霸权状态是霸权形式再加上有效的自我确认——这是一种具体而又主观内化了的'社会化'过程，它被期待成是确实可信的"②。这样一来，基于霸权的文化治理越来越呈现为一幅社会面孔，深入社会生活的各领域。

二、社会面孔

进入现代（特别是晚期现代性社会）以后，文化治理的社会面向越来越重要，并日渐渗透于社会的每一角落乃至意义和价值领域。

这一过程，本尼特将它称为"社会生活的治理化"（governmentalization of social life）③。他通过博物馆这个看似中性的文化场所的观察与分析发现，它也不可避免地布满着国家规训斧凿斑斑的痕迹，艺术或文化的科层化其实是为了促使工人阶级与移民者学习自我管理并促进整体国民的文明化④。实际上，公共图书馆、美术馆、文化馆等无不隐秘地贯彻着社会生活的治理化逻辑。仅以我国文化馆为例，近代以来它沿着"通俗教育馆""民众教育馆""人民文化馆"或"群众艺术馆"的名称转换而变迁，其名称本身的变化就极好地体现着"匿名的、非主体的臣民""作为管治对象的民众""社会权利主体的人民群众"的转变，它在不同的历史时期先后起着社会教化、政治宣传、文化服务的社会治理功能。

本尼特关于文化治理的社会面向研究，深受福柯的"治理术"思想的影响。"治理术"是福柯创造的词汇，它涉及在现代社会中各种不同的权威用来管理民众或人口的方式，涉及个人用来塑造他们自我的方式，也涉及二者结合起来的方式。

---

① [英] 雷德蒙·威廉斯. 马克思主义与文学 [M]. 王尔勃，周莉，译. 郑州：河南大学出版社，2008：118.
② [英] 雷德蒙·威廉斯. 马克思主义与文学 [M]. 王尔勃，周莉，译. 郑州：河南大学出版社，2008：127 – 128.
③ TONY BENNETT. Putting policy into cultural studies [M] //L. GROSSBERG. , C. NELSON, P. TREICHLER（Eds. ），Cultural Studies. N. Y. : Routledge，1992：26 – 27.
④ TONY BENNETT. The Birth of the Museum: History，Theory，Politics [M] . London and New York: Routledge，1995.

"治理术"（gouvernementalité）一词有三个意思。（1）由制度、程序、分析、反思以及使得这种特殊然而复杂的权力形式得以实施的计算和策略所构成的总体，这种权力形式的目标是人口，其主要知识形式是政治经济学，其根本的技术工具是安全配置。（2）在很长一段时期，整个西方存在一种趋势，比起所有其他权力形式（主权、纪律等），这种称为"治理"的权力形式日益占据了突出地位。这种趋势，一方面形成了一系列特有的治理装置（appareils），另一方面则导致了一整套知识（savoirs）的发展。（3）通过这一过程，中世纪的司法国家在十五六世纪转变为行政国家，而现代国家逐渐"治理化"。①

对于福柯而言，"治理"的对象不是领土，而是人（口）。他认为，"对人的治理，首先应当考虑的不再是人的恶习，而是人的自由，考虑他们想做什么，考虑他们的利益是什么，考虑他们之所想，所有这些都是相互关联的"②。所谓的"治理术"，一句话，就是使人误认为"治理""被认为是维护他们的自由"，"通过自由来显示治理"。或者更简洁地说，通过自由进行治理③。

本尼特将福柯的"治理术"或"治理"引入他的文化研究之中，从而"将文化视为一组独特知识、专门艺术、技术与机制——透过符号系统的技艺（technologies of sign system）与权力技艺（technologies of power）建立关系，以及透过自我技艺（technologies of the self）的机制——并作用在社会之上，或与之建立关系"④。因此，文化被他解读为"一系列历史建构的实体……相比于经济与社会性的生产，文化是被生产出如同一个自主的领域，并且被建构为区隔于社会并回过头以一种道德化与进步化的力量作用于社会之上"⑤。换言之，文

---

① ［法］米歇尔·福柯. 安全、领土与人口［M］. 钱翰，陈晓径，译. 上海：上海人民出版社，2010：91.

② ［法］米歇尔·福柯. 安全、领土与人口［M］. 钱翰，陈晓径，译. 上海：上海人民出版社，2010：38.

③ ［美］史蒂文·卢克斯. 权力：一种激进的观点［M］. 彭斌，译. 南京：江苏人民出版社，2008：92.

④ Tony Bennett. Culture and governmentality［M］//J. Z. Bratich, J. Packer, and C. McCarthy (Eds.), Foucault, Cultural Studies, and Governmentality. Albany：State University of New York Press, 2003：60.

⑤ Tony Bennett. Civic laboratories：museums, cultural objecthood and the governance of the social［M］. Cultural Studies, 19 (5), 2005：542. 转引自吴彦明. 治理"文化治理"［J］. 台湾社会研究，2011 (82).

化被支配阶级故意建构为一种自主的实体，对社会（大众）实施治理。

　　本尼特对于文化的社会治理功能的看法，影响了他和跟随他的文化研究者对于文化政策的研究。

　　例如，麦圭根（Jim McGuigan）就注意到：无论是社会主义的还是资本主义的，几乎所有的现代国家都越来越自觉地介入文化的建设和发展。"而且，文化政策有重塑灵魂的作用——这一理念既成为集权主义的普遍假设，也在一定程度上成为自由主义和社会民主主义的思想和实践"①。在《重新思考文化政策》一书中，他谈到纳粹德国和苏联的文化政策，指出"他们把艺术意义上的文化视为社会工程的构建手段"。根据苏联 1934 年作家代表大会的精神，文化政策的宗旨是造就"社会主义新人"。同时，他也指出，在社会民主条件下，在整个西欧，人们对国家的文化政策同样寄予极高且无疑是错误的期望。即便是在标榜文化自由的英国以及与政府保持"一臂之距"的英国艺术委员会也曾招致强烈的批评："20 世纪最严重的艺术欺骗是强行向所有人灌输……这就是英国艺术委员会建立的逻辑前提。其基础是这样一个观念：经常教育人民，把你希望他们能够'欣赏'的艺术摆在他们面前，芭蕾、交响乐、戏剧和绘画在全国巡回展演的依据就是这个理念。"②

　　其实，早在 19 世纪阿诺德（Matthew Arnold）就曾论到：国家是社会"善良的一面"。文化与政治无调控的无政府状态是刺激"高明"国家干预的主要因素。他认为，"文化不以粗鄙的人品味为法则，任其顺遂自己的喜好去装束打扮，而是坚持不懈地培养关于美观、优雅和得体的意识，使人们越来越接近这一理想，而且使粗鄙的人也乐于接受"③；文化能够整合中产阶级、贵族和普通民众，带来国家团结，政府必须要依靠文化来规训现代国民。文化、自我、国家三者共同形成现代性，使人们服从于理性的权威④。就像本尼特所指出的那样，对于阿诺德等人来说，"文化"背后始终渗透着"改革"或"改造"民众的逻辑，它也因此成为"改革者的科学"。不过，他也指出："如果文化是改革

---

①　［英］吉姆·麦圭根. 重新思考文化政策［M］. 何道宽，译. 北京：中国人民大学出版社，2010：48.

②　［英］吉姆·麦圭根. 重新思考文化政策［M］. 何道宽，译. 北京：中国人民大学出版社，2010：48 – 54.

③　Matthew Arnold. Culture and Anarchy：An Essay in Social and Political Criticism［M］. Indianopolis and New York：Bobbs – Merrill，1971：39.

④　Jim McGuigan. Culture and the Public Sphere［M］. London：Routledge，1996：55.

者的科学，它就几乎不可能是准确的，也一定不是中性的。准备启动文化改革机器和如此具体地说明这台机器运转的逻辑和方向的标准内容是有待争论的问题。"

　　但是，它也从另一个侧面说明，"政策也是文化构成的重要部分"①。现代文化政策的目的在于，把公民培养成为有品味（taste）的人，而品味的形成方式就要通过文化管理或者文化政策。文化政策就是把治理性和品味合并起来，致力于生产个体，在个人或公众的层次上，形成类似的行为风格。对此，米勒（Toby Miller）和尤迪斯（George Yúdice）的认识非常到位，他们认为，文化和政策在美学和人类学两个方面产生联系。在美学世界中，文化所具有的是一种标识性的作用，在各个社会团体中区分品味和身份；在人类学层面而言，文化是指基于语言、宗教、习惯、时代以及空间进行区分的生活方式。而文化政策就是两方面的桥梁，通过体制上的支持对美学创造力和集体生活的方式进行引导②。

　　随着社会的发展，社会面向的文化治理也在不断发展之中。从最初依赖文化政策对社会实施文化治理，转向公民的"自我治理"（self-governance）。其实，关于这一点福柯在阐述"权力"和"治理术"时也曾多次论及。

　　福柯从不把权力看作一种真实的实体，而是看作一种关系或机制。"将自己的分析对象界定为权力关系而非权力自身……世界上根本就不存在权力这样的实体……只有当一部分人将权力用在他人身上，只有在被付诸实践时，权力才存在……"③，"在思考权力机制的过程中，我宁可思考它细微的存在形式，考虑权力影响到个人的真实性情、触及他们的肉体以及将它自身嵌入他们真实的行为和态度、他们的交谈、学习过程与日常生活中的特征"④。如果不理解福柯对"权力"的定义，是不能理解他的"治理术"概念的，因为"治理术"是建立在"权力"的"关系"（场域）之中的。福柯说："个体被他者驱使以及他们如何引导自己所接触的点，我认为，就是治理。治理民众，广义来说，并非威

①　[英] 托尼·本尼特. 本尼特：文化与社会 [M]. 王杰，强东红，译. 桂林：广西师范大学出版社，2007：197.
②　Toby Miller, George Yúdice. 文化政策 [M]. 蒋淑贞，冯建三，译. 巨流图书有限公司，2006：1.
③　Michel Foucault. The subject and power, in J. D. Faubion (ed.), Power: Essential Works of Foucault 1954—1984, Volume Tree [M]. New York: The New Press, 2000: 339–340.
④　Michel Foucault. Power/Knowledge: Selected interviews and Other Writings, 1972–1977 [M]. Brighton: Harvester, 1980: 39.

迫民众做治理者所希望的事情，它总是在胁迫的技艺以及透过自己建构或修正自我的互补或冲突过程之中达到一种可变动的均衡状态。"① 福柯所说的"治理性"，就是透过自我与他人的关系的调适来对自我进行治理②。甚至福柯认为，"治理性意味着自我与自我之间的关系，并且，治理性的概念应该包括一系列能建构、定义、组织与制度化个体在处理彼此之间关系时可运用之策略的实践"③。

　　受福柯治理术概念的启发，狄恩（Mitchell Dean）强调，他所谓的"文化治理"的形态或趋势，即当代自由民主体制越来越透过"自我治理"的方式而运作；各种制度和实际的改革，也必须接合（articulate）特定话语，这种话语是"文化性的"，也就是说制度改革必须紧系于个人的属性和能力，以及个人行为的转变和自我转变④。类似地，班恩（Henrik P. Bang）也认为："文化治理指涉的是反身现代性（reflexive modernity）下的一种新的驾驭情境，在其中，自我治理和共同治理的扩张成为福利国家（即一切专家系统）的先决条件，以便使他们具备无须通过直接指挥和控制其成员与环境便可以获得的那种整全、连贯和效能。"⑤ 对于班恩而言，文化治理与其是一种庞大的网，"促使越来越多的人改变自己，成为自我反身性个体，能够、愿意且理解如何按照既定社会、领域、场域或他人形成决策的过程，来操作差异或操持其自由"⑥。由此看来，文化治理对民主是一项威胁，因为它以其成功、效能或影响力的系统逻辑，殖民了公共理性、日常政治参与和民主协商⑦。

---

① Michel Foucault. About the Beginning of the Hermeneutics of the Self：Two Lectures at Dartmouth ［N］. Political Theory, 1993：21（2），203 – 204.

② Michel Foucault . "Subjectivity and truth", in P. Rabinow（Ed. ），Ethics：Subjectivity and Truth ［M］. New York：The New Press. 1997：88.

③ Michel Foucault . "The ethics of concern for self as a practice of freedom". in P. Rabinow（Ed. ），Ethics：Subjectivity and Truth ［M］. New York：The New Press. 1997：300.

④ Mitchell Dean. "Cultural governance and individualization", in Henrik P. Bang（Ed. ），Governance as Social and Political Communication ［M］. Manchester：Manchester University Press, 2003：117. 转引自王志弘. 文化如何治理？一个分析架构的概念性探讨 ［J］. 世新人文社会学报，2010（11）.

⑤ Henrik P. Bang. Cultural governance：Governing self – reflexive modernity ［M］. Public Administration, 2004, 82（1）：159.

⑥ Henrik P. Bang. Cultural governance：Governing self – reflexive modernity ［M］. Public Administration, 2004, 82（1）：160.

⑦ 王志弘. 文化如何治理？一个分析架构的概念性探讨 ［J］. 世新人文社会学报，2010（11）：16.

　　不仅发达的西方社会是这样的，陈美兰通过对我国台湾地区"台语创作民歌"的脉络梳理同样发现，在东方社会，"官方文化治理"的脉络底下，种种显性隐性的条文在隐含规范的意味，当"自我"被驯化之后，个体对于生命的欲望、动能、信念、价值也相对降低动机高度，形成"自我制约"，于是个体的自我价值被放诸集体认同的框架之内形成"体制化"的直观价值。如此的驯化反相来说亦是一种相对性的自我治理。它将治理意图内隐在人民生活里，化整为零出现在理所当然的实践当中，这些架构性意识由外部渗透调整族群的自我本质，引导个人理解自我的社会身份与主体想象①。由此可见，对社会生活领域的治理必然关涉价值领域的治理，在价值领域，往往把文化视为意义争夺和身份认同的场域。这是文化治理所展现的另一幅社会性面孔。

　　诚如萨义德（Edward Said）所言，"文化远远不是具有古典美的上流阶层的一个平静的领域，而甚至可以是各种动机自我暴露在光天化日之下并彼此斗争的战场"②。这个战场主要在两个方面展开，一是意义的争夺，二是身份的认同，进而延伸到性别、族群、种族、宗教、阶级等话语争议和后现代主义之中。

　　在这里，文化被重新理解为符码、表征系统或"意义之图"，基于性别、族群、种族、宗教、阶级等区分的各种社会身份团体，试图用这种符码、意义之图来定义自己、他人以及他们在生活中的位置。社会、经济、政治以及人际关系都通过文化意义加以界定。于是，围绕着"定义"与"反定义"、"整合"与"反整合"、"霸权"与"反霸权"的冲突由此而产生。在某种意义上，对文化公民身份日益增长的关心反映了这样一个趋势：过去被认为是"社会的"问题如今被认为是"文化的"问题。身份和归属感问题似乎取代了物质权利的问题③。

　　实际上，身份政治还与各种新兴社会运动纠缠在一起，成为后现代主义所关注的问题域。这其中最突出的是妇女解放运动、反种族主义运动，这些都从不同方面给治理带来各种新的问题。

　　这主要是因为，"文化身份不仅是已存在的（being），更是转变生成的（becoming）；既是过去的，更是未来的……文化身份有它的过去和历史，但是，像历史上其他任何事情一样，它处于不断转换过程中，从来不是固定滞留在过去，

---

①　陈美兰. 台湾"台语创作民歌"的文化治理脉络［J］. 理论界，2011（4）.

②　Edward Said. Culture and Imperialism［M］. London：Chatto & Windus，1993：xiv.

③　［英］吉姆·麦圭根（Jim McGuigan）. 重新思考文化政策［M］. 北京：中国人民大学出版社，2010：45.

而注定要随着历史、文化和权力不断变化"①。也就是说，身份认同往往是因为文化而被建构的，而且处于不断变换和相互冲突之中。就像伊格尔顿所说的：

> 自从20世纪60年代以来……鉴于这些身份都自认为受到了抑制，曾经一度被构想为一致性的领域已经被转变成了一个冲突的地带。简而言之，文化已经由解决问题的一种办法一跃而成了一种问题。文化不再是解决政治争端的一种途径，一个我们纯粹地作为人类同伴在其中彼此遭遇的更高级或更深层的维度，而是政治冲突辞典本身的组成部分。……对于过去几十年间支配全球议事日程的激进政治的三种形式——革命的民族主义、女性主义和种族斗争，作为符号、形象、意义、价值、身份、团结和自我表达的文化，正好成为政治斗争的通货。②

尤其是"在宗教、民族、性别、种族地位等这后一种意义上的文化，是一个论争激烈的领域，因此，文化变得越实用，就越不能完成其调和作用，而它越是起调和作用，也就越是变得丧失效用"③。伊格尔顿所论的文化"危机"，揭橥了文化治理的一个内在悖论，文化或许因为意义的激烈争夺或身份感的冲突，从而使它失去了"意义"。

在当今社会，文化治理已经不可能回避文化民主、多元文化主义（multiculturalism）以及差异政治等议题了，甚至这些议题成为后现代主义论争的一个中心问题。后现代主义总是强调"差异"，即性别的差异、文化差异、种族差异、民族差异，它不是简单地将原来边缘的文化放置到文化中心，而是围绕差异所进行的"差异文化政治学"（cultural politics of difference），并因此产生新的身份，使其登上文化政治的舞台。种族、边缘族群、女性主义等都被看作是文化政治学问题，都被看作新的文化政治学带来的变化。霍尔指出，全球后现代抹去了"高"文化和大众文化（大众文化也常常被一些人解读为一种"低"文化）的界限，但是"文化霸权"从来不像这个术语的字面意思那样简单纯粹，它不能显示纯粹的胜利或彻底的统治；它不是"有最终输赢的游戏"（zero-

---

① STUART HALL. "Cultural Identity and Diaspora" [M]. Identity, Community, Culture, Difference, ed. Jonathan Rutherford. London: Lawren & Wishart, 1998: 225.

② [英] 特瑞·伊格尔顿. 文化的观念 [M]. 方杰，译. 南京：南京大学出版社，2003：44.

③ [英] 特瑞·伊格尔顿. 文化的观念 [M]. 方杰，译. 南京：南京大学出版社，2006：47.

sum game），总是在各种文化关系间的权力平衡之中起伏变化①。

实际上，文化治理的社会面向和政治面向总是相互配合、相互影响乃至交融在一起。

三、经济面孔

如今，文化治理也日渐深入产业发展之中，常常以其经济面孔示人。

然而，文化治理的经济面孔却不是单一、呆板的，而是多色调的（但未必是协调的）。最早从产业角度关涉文化治理的法兰克福学派，基本上是从"大众"的视角注目它，主要论述文化工业和大众文化对"大众"主体的消极影响作用，试图揭示其维持或不断再生产资本主义制度的内在逻辑。如今，大多是从"政府"的视角凝视它，越来越多的政府把文化视为经济发展的新兴产业乃至一个国家或地区的"软实力"，企望通过文化产业促进经济的持续发展，从而提升其合法性。

早在 1944 年，法兰克福学派代表人物阿多诺（Theodor W. Adorno）和霍克海默（Max Horheimer）就专文论述"文化工业"（culture industry），他们批判文化工业"使得所谓的文化不再是一种艺术形式，而使启蒙变成了欺骗，灌输给人们的是一种错误的意识，文化工业使人们变得驯服，停止了对现实批判的思考"②。尤其是在所谓的休闲领域，文化工业通过迷惑人们进入一种催眠和恍惚状态来保持既有体制，反对内部挑战，以此促进资本家的利润，实现资本主义社会控制③。在前资本主义社会，专制统治者不允许人们自由思考，尽管资本主义社会标榜允许人们自由思考，却因为诸如文化工业这样的隐秘治理机制使得人们不能去自由思考。在现代资本主义社会里，人们虽然可以自由地加入党派、自由地投票、自由地行动，但是所有这些自由都是在一种既有的规制下运作的，而这种隐藏或潜在的文化性规制却与资本主义的治理逻辑相一致。

在法兰克福学派看来，资本主义制度下的劳动阻碍着理性的发展，文化工业扮演了帮凶的角色："文化工业可以让人们从一整天的辛苦劳作中暂时解脱出来……仿佛一个天堂……然而，这种解脱其实是预先设计好的，其目的就是把

---

① 武桂杰. 霍尔与文化研究［M］. 北京：中央编译出版社，2009：165.
② 霍克海默，阿多诺. 启蒙的辩证［M］. 林宏涛，译. 台北：商周出版社，174.
③ ［美］本·阿格. 作为批评理论的文化研究［M］. 郑州：河南大学出版社，2010：77.

人们拉回原点，继续劳动。娱乐本应激励他们反抗，如今却只教会他们顺从。"① 而且，"文化向来可以产生驯服那些革命和野蛮本能的作用，工业文化也助其一臂之力。这充分说明，人们根本无法摆脱这种残酷的生活境遇。那些感到身心疲惫的工人必须把疲劳化成动力，为使他疲惫不堪的集体权力服务"②。然而，"集权社会不仅没有为它的成员祛除苦难，反而制造和安排了这些苦难，大众文化亦步亦趋，紧随其后"③。

最为可悲的是，"文化工业的权力是建立在被制造出来的需求和认同的基础上，而不是简单地建立在对立的基础上，即使这种对立是彻底掌握权力与彻底丧失权力之间的对立。晚期资本主义的娱乐是劳动的延伸。人们追求它是为了从机械劳动中解脱出来，养精蓄锐以便再次投入劳动"④。于是，"被蒙蔽的大多数"被困在一个"循环往复的操纵性的怪圈里，而整个系统的一致性也就日益增强"⑤。

洛文塔尔（Leo Lowenthal）认为，这主要是由于文化工业生产出来的文化具有"标准化、模式化、保守、虚幻等特征，是极具操控性的消费品"。这些文化商品给苦药包上糖衣的技巧如此娴熟，以致人们在消费和享受文化商品时并未意识到他们是在从事一种意识形态实践。这些文化商品对工人阶级进行去政治化，让工人阶级忘记自己在资本主义社会体系内遭遇的剥削和压迫，进而也就放弃了政治和经济理想。他还坚称："革命的趋势只要稍露锋芒，就会立即为财富、历险、热恋、权力和感动等白日梦般的虚假满足感所冲淡和打断。"⑥ 简而言之，文化工业让"大多数人"只考虑眼前，不关心将来。恰如马尔库塞（Herbert Marcuse）在《单向度的人》中所论述的那样：

---

① Theodor Adorno, Max Horkheimer. Dialectic of Enlightenment ［M］. London：Verso, 1979：142.

② ［德］马克斯·霍克海默, 西奥多·阿道尔诺. 启蒙辩证法 ［M］. 渠敬东, 曹卫东, 译. 上海：上海人民出版社, 2006：138.

③ ［德］马克斯·霍克海默, 西奥多·阿道尔诺. 启蒙辩证法 ［M］. 渠敬东, 曹卫东, 译. 上海：上海人民出版社, 2006：137.

④ ［德］马克斯·霍克海默, 西奥多·阿道尔诺. 启蒙辩证法 ［M］. 渠敬东, 曹卫东, 译. 上海：上海人民出版社, 2006：123.

⑤ ［英］约翰·斯道雷. 文化理论与大众文化导论 ［M］. 北京：北京大学出版社, 2010：76.

⑥ Leo Lowenthal. Literature, Popular Culture, and Society ［M］. Palo Alto, California：Pacific Books, 1961：11.

娱乐和信息工业（文化工业）生产出来的东西是令人难以抗拒的，因其蕴含着某种预设的观念和习俗，通过激发精神上或情感上的反应将"心甘情愿的"消费者和文化的生产者绑定在一起；进而，文化的受众也就被纳入了整个资本主义体系。这些文化产品向人们灌输着某种虚假意识，操纵着人们的思想，让大众无法看清其欺骗性……这已经成了一种生活方式。这是一种很"好"的生活方式，至少比以前好。在这种生活方式之下，绝不会发生任何质变。因此，就产生了一种单向度的思维与行为模式，那些试图超越既有话语和行为范畴的观念、愿望和理想，要么被摒弃，要么被纳入现存的体系。①

在一定时候，资本主义也会通过满足大众的某些需求，消解人们心底更为基本的愿望，文化工业阻碍了政治理想的生发②。文化工业为了追逐利润和文化的同质性，不惜剥夺"本真"文化所具有的批判功能和协商机制，使其丧失了"说不的勇气"③。或许本·阿格（Ben Agger）是正确的，他认为："在马克思时代，虚假意识呈现出来的形式实际上是对现实合理性的虚假文本断言（如宗教和资产阶级经济理论）。今天的虚假意识还才开始，以一种看上去似乎残忍的真实性来书写和解读人们所经历的、一成不变的资本主义的日常生活。换言之，今天的人类经验具有超越的不可能性和社会变革的不可能性的特点。"④

总之，对于法兰克福学派而言，"文化工业"的发展在某种程度上迎合了资产阶级统治的需要，成为资本主义体系不断再生产的一种机制。

不得不承认，法兰克福学派对文化工业的批判，以及通过文化工业的分析揭示资本主义隐秘的文化治理机制，虽有其独到之处，但也确有偏颇之嫌。在他们看来，人民大众只是一个消极的文化工业消费者，不能对隐身于文化工业之中的治理机制产生能动反应甚或抵抗。英国著名文化研究学者霍尔对此进行了学术批判，并形成了自己的编码与解码理论。尽管霍尔也同意，总体上而言，像电视这样的传媒是被结构在支配体系之中的，但是他并不赞成法兰克福学派的观点——包括广大劳动阶级在内的消费者完全是被操纵被欺骗的"文化傻

---

① Herbert Marcuse. One Dimensional Man ［M］. London：Sphere，1968：26 – 27.

② ［英］约翰·斯道雷. 文化理论与大众文化导论 ［M］. 北京：北京大学出版社，2010：76 – 77.

③ Herbert Marcuse. One Dimensional Man ［M］. London：Sphere，1968：63.

④ ［美］本·阿格. 作为批评理论的文化研究 ［M］. 郑州：河南大学出版社，2010：184.

瓜"，沉溺于统治阶级的"虚假意识"之中。

霍尔认为，电视观众等文化工业消费者有可能用他们自己的方式解码那些镶嵌在电视等传媒中的"统治话语"。因此，电视信息的消费（或接收）跟电视信息的发送并不是同质的，从发送到接收不是一个线性的过程，电视观众能够根据自己的社会处境（地位、利益和价值观）做出相应的价值判断。"借用马克思的术语来讲，流通和接收在电视传播中实际上就是生产过程的'环节'，并通过许多歪曲的和结构的'反馈'再次融入生产过程本身。因此，在更广泛的意义上，电视信息的消费或接收本身也是电视生产的一个'环节'，尽管后者是'主导的'"①。这也就是说，解码的意义结构往往与编码的意义结构相左，二者不完全一致。霍尔的编码与解码理论告诉我们，意义并非完全由编码所预设，意义在系统中是由接收符码所决定。② "解码过程并非不可避免地依据编码过程"，"解读不是从文本中读取意义，而是文本与处于社会中的读者之间的对话"③，这种对话不是简单的同意，也会有协商甚至抵制。最终"意义是社会决定的，也就是说，是由适应社会的读者与文本结合的产物"④。阅读文本是一种社会活动，是一种社会谈判的过程。⑤ 简言之，文化消费者并不是被动地接收编码的意义，面对传输的文化符码能够能动地做出反应。霍尔所提出的编码与解码观点挑战了传统上认为消费者是被动的观点，强调人们可以用不同的方式来阅读、接收和诠释文本，文化消费既可以挪用，又可以积极地抛弃，还可以重新赋予某个文化产品新的意义，消费活动也是意义的再生产过程。

法兰克福学派对文化工业的批判，至今仍然影响着文化研究。但是，这并不能因此而影响、阻挡当今许多国家发展文化产业的巨大热情和冲动。如今，许多国家（无论是资本主义国家还是社会主义国家）都把文化直接视为经济增长的一个驱动力，表征为一个国家的软实力。

"实际上，国家话语和市场话语是把文化当作工具，比如把它作为美化民族

---

① ［英］斯图亚特·霍尔. 编码，解码［M］//罗钢，刘象愚. 文化研究读本. 北京：中国社会科学出版社，2000：353.
② 陆扬、王毅. 文化研究导论［M］. 上海：复旦大学出版社，2009：157.
③ ［美］约翰·菲斯克. 电视文化［M］. 祁阿红，张鲲，译. 北京：商务印书馆，2005：93.
④ ［美］约翰·菲斯克. 电视文化［M］. 祁阿红，张鲲，译. 北京：商务印书馆，2005：114.
⑤ 陆扬、王毅. 文化研究导论［M］. 上海：复旦大学出版社，2009：159.

国家的手段"①。麦圭根就这样一语道破了当下各个国家正在盛行的经济面向的文化治理的"玄机"。麦圭根指出，自20世纪80年代以来，公共文化投资日益增多且主要是用经济因素来评判。迈尔斯可夫（John Myerscough）的新凯恩斯主义著作《英国艺术的经济意义》（The Economic Importance of the Arts in Britain）及其城市研究试图证明，艺术投资对刺激经济有立竿见影的效果；在分权时代的城市更新过程中，艺术投资尤其能够产生直接的"撞击"作用。类似的研究越来越多，这些研究成果恰好可以用来论证政府投资文化产业的合理性。在某种程度上，人们似乎抛弃了法兰克福学派对文化工业的意识形态和政治性批评，更主要地关注文化对经济发展所产生的积极功能。

1994年，澳大利亚政府提出"创新国家"（creative nation）的议程，它认为，"文化能创造财富。……文化可以增值，对创新、市场营销以及设计做出了重要的贡献。它是我们产业的徽章。我们创造力的水平在很大程度上决定了我们适应新的市场需求的能力。它本身就是一种高价值的出口商品，也是其他商品出口时的重要搭配"②。

1997年，英国不甘人后正式提出"创意产业"（creative industry）概念，努力把英国变成一个创意国家。追随其后的加拿大、新西兰、美国、芬兰和一些东亚国家和地区，也纷纷出台文化的经济发展政策。"经济论述俨然成为文化政策中最重要的部分，各国政府深信文化将带来丰厚的经济成果，相关的政策与产业评估不断出笼，对于创意产业所带来的产值、国民生产总值的贡献、就业机会的增加、市场的扩大率等，许多国家都传来正面的消息与发展"③。不仅在富裕国家文化政策演化为经济政策，而且它在贫穷国家也成为思考发展问题的一种新方式。如今，在许多国家或地区，文化都成为发展的一个新修辞④。借助它给人们描绘了一个光明的社会前景。

然而，事实未必如此，"那种'完全利用'现有技术资源和设备资源来满足大众审美消费的想法，正是构成经济制度的重要组成部分，而这种经济制度却

---

① ［英］吉姆·麦圭根. 重新思考文化政策 ［M］. 北京：中国人民大学出版社，2010：70.

② Department of Communications and the Arts（DCA）（1994），Creative Nation：Commonwealth Cultural Policy. Canberra：Australian Government Publishing Service.

③ 王俐容. 文化政策中的经济论述：从精英文化到文化经济？ ［J］. 文化研究，2005（1）.

④ ［英］吉姆·麦圭根. 重新思考文化政策 ［M］. 北京：中国人民大学出版社，2010：126 – 129.

从来不肯利用资源去消除饥饿"①，消除不平等。这种"文化经济"所激发出来的消费主义如今正在全球蔓延，这幅全球化景观跟全球资本主义意识形态相映成趣："全球资本主义的文化—意识形态工程就是说服人们消费，不仅为了满足自己的生物需要和其他稍次的需要消费，而且要满足人为制造的欲望，其目的是为了私利而永久地积累资本，换言之，其目的是确保全球资本主义永世长存。"②

仅仅从产业角度来关注文化工业或文化经济显然"忽略了文化在商品化中起作用的意识形态化、霸权化和物化的力量，尤其忽视了文化商品化具有破坏公众话语真实领域的趋势"③。当文化成为发展的修辞的时候，更不能忽视它一向所起到的意识形态的作用、文化霸权的效应以及在社会和文化领域所达成的治理功效。

尽管在理论上我们可以尝试辨别文化治理的不同面孔，但是在现实生活中，文化治理的经济面孔往往与其政治、社会面孔交织、重叠在一起，展现多样形态。而且，在不同的历史时期，政治、社会、经济面向的文化治理各自所起的作用也并不一定相同。

我们从理论上辨别文化治理的几张面孔，不是简单地区别它们，而是为了更好地认识它，从而更加方便人们去分析具体的文化治理实践。虽然具体的文化治理实践可以展现多样面孔和丰富形态，但是其实质都是要透过文化和以文化为场域达成治理。并且，围绕文化所建构的诸理论及话语也无不蕴含着治理的意涵。

---

① ［德］马克斯·霍克海默，西奥多·阿道尔诺. 启蒙辩证法［M］. 渠敬东，曹卫东，译. 上海：上海人民出版社，2006：126.

② Leslie Sklair. Globalization：Capitalism and Its Alternatives［M］. Oxford University Press，2002：62.

③ ［美］本·阿格（Ben Agger）. 作为批评理论的文化研究［M］. 郑州：河南大学出版社，2010：79.

文化权利概念及其论争

　　比较我国前后对公共文化服务的政策性论述发现，尽管在 2005 年 10 月 11 日党的十六届五中全会通过的《中共中央关于制定国民经济和社会发展第十一个五年规划的建议》中首次提出"公共文化服务体系"的概念，但是对这个新概念并没有引入公民文化权利（或文化权益）的论述，而是援引此前一贯的"丰富人民群众精神文化生活"的表述；2006 年 9 月颁布的《"十一五"时期文化发展规划纲要》才首次引入文化权利的论述，提出"以实现和保障公民基本文化权益、满足广大人民群众基本文化需求为目标"，将政府的职能由主要办文化转到公共文化服务上来。此后，在正式的政策性文本中，基本上转向从文化权利的逻辑论述公共文化服务或公共文化服务体系①。

　　尽管"文化权益这个专属概念乃是中国当代语境中的语词创建"，但是王列生的看法——认为"文化权益"与"文化权利"是两个不同的概念也并不恰当，二者的"差别在于，文化权益不仅包括文化权利，同时也包括文化利益"②。肖巍、杨龙波、赵宴群也持王列生相似的看法，认为"'文化权益'是

---

① 例如，2006 年 10 月 11 日，党的十六届六中全会通过的《中共中央关于构建社会主义和谐社会若干重大问题的决定》提出："坚持把发展公益性文化事业作为保障人民文化权益的主要途径，……加快建立覆盖全社会的公共文化服务体系。"2007 年 8 月 21 日，中共中央办公厅、国务院办公厅《关于加强公共文化服务体系建设的若干意见》认为："加快建立覆盖全社会的公共文化服务体系，是维护好、实现好、发展好人民群众基本文化权益的主要途径。"2011 年 10 月 18 日，党的十七届六中全会通过的《中共中央关于深化文化体制改革推动社会主义文化大发展大繁荣若干重大问题的决定》再次强调"大力发展公益性文化事业，保障人民基本文化权益"，并认为"加强公共文化服务是实现人民基本文化权益的主要途径"。2012 年 2 月，中共中央办公厅、国务院办公厅印发的《国家"十二五"时期文化改革发展规划纲要》指出：加快构建公共文化服务体系要"以保障人民群众看电视、听广播、读书看报、进行公共文化鉴赏、参与公共文化活动等基本文化权益为主要内容"。

② 王列生. 论公民基本文化权益的意义内置［J］. 学习与探索，2009（6）.

文化权利和文化利益的集合，是指人们在法律规定所拥有的文化权利中，已经真实获取、支配和享有的文化利益"①。实际上，"权利"这个概念本身就包含"利益"的意涵。就像夏勇所说的那样，权利一般包含利益、主张、资格、权能和自由五大要素②。因为一个现实的人要充分享有权利，必须具备：（1）某种特定的利益；（2）能够通过现实途径提出自己的要求；（3）具备提出要求的资格；（4）这种要求必须得到现实权威的支持；（5）提要求的个人或群体必须有起码的自由和选择能力③。也就是说，"文化权益"与"文化权利"两个概念并无实质性区别，二者的区别仅仅是意识形态上的不同表述而已，西方自由主义者偏爱"权利"一词，强调个人的自由和平等，而在中国政治语境中常用"权益"一词替代"权利"，试图突出"公益"而弱化（在中国语境中带有贬义的）"自利"之意。因此，为了便于讨论，本文将文化权益和文化权利视为同一个概念。

翻阅现有的文献，我国学者通常不注重对文化权利概念的追根穷源，往往把它视为一个当然的概念来使用。在这一点上，姜广华的看法是比较符合当下实际的，他认为，"迄今为止，我们对文化权利的研究，还很不充分，尤其是在使它成为社会的共识并进而影响决策方面，我们还有很多工作要做。尽管我们在较短时间内，在确立公共文化服务观念、建立公共文化服务体系方面，取得了令人瞩目的成绩，但是我们对于公民文化权利的实质及其内涵的认识，对于公共文化服务体系建设实践的指导，还很薄弱"④。在我国，指导公共文化服务体系建设实践的理论研究相对滞后，尤其是关于公民文化权利的研究尚未深化，以致在一定程度上影响了公共文化服务体系建设政策的有效论证，不利于我国公共文化服务体系建设的持续发展。为此，本书的主要目的是对文化权利概念以及自由主义和社群主义围绕这个概念所展开的争论进行必要的梳理，为下一步厘清公共文化服务中的若干文化权利问题确定一个逻辑起点，以便促进对我国公民文化权利的深入研究。

---

① 肖巍，杨龙波，赵宴群. 作为人权的文化权及其实现［J］. 学术月刊，2014（8）.
② 夏勇. 人权概念起源：权利的历史哲学［M］. 北京：中国社会科学出版社，2007：38－40.
③ 夏勇. 人权概念起源：权利的历史哲学［M］. 北京：中国社会科学出版社，2007：53.
④ 姜广华. 公共文化服务政策选择［J］. 特区实践与理论，2010（1）.

一、文化权利的概念

什么是文化权利？其实它在西方也是一个颇具争议的概念。曾任职联合国教科文组织人权、民主与和平部主任的西摩尼迪斯（Janusz Symonides）教授指出：作为人权的一个重要组成部分，"文化权利的内容和价值并没有受到应有的重视，常常被称为人权中的'不发达部分'。所谓'不发达'，是指相对于其他种类的人权，比如公民权、政治权利、经济和社会权利而言，文化权利在范围、法律内涵和可执行性上最不成熟"。虽然人们常说"经济、社会和文化权利"，但是重点通常是经济和社会权利，这一点不仅表现在理论上，也表现在国家实践中。之所以如此，他认为缘由是多方面的。文化权利散见于联合国和专门机构的各种文件，其中有全球性的，也有地区性的。由于没有编纂成完整的条约或宣言，人们便可以把它们任意组合。有时文化权利是一个整体，一种权利——对文化的权利或参与文化生活的权利，有时则被分得很细。① 然而问题是，对文化权利的争论，不仅体现在文化权利概念本身的内容与价值上，而且体现在自由主义与社群主义对文化权利认识的分歧上。

文化权利是人们随着对公民权利概念认识的发展近期才提出来的。在17、18世纪的西方社会，人们所认识的公民权利仅仅是指人身权利、财产权利、言论自由、信仰自由等基本人权；到了19世纪公民权利才逐渐扩展到政治领域，形成公民的政治权利；直到20世纪公民权利进一步扩大到社会领域，形成公民的社会权利。因此，1949年，英国社会学家马歇尔（Thomas H. Marshall）通过对公民权利演化的历史考察将其划分为基本民权、政治权利和社会权利②。尽管有关文化权利的立法最早见之于1919年德国魏玛宪法，但是对于文化权利的讨论是从1948年12月10日联合国制定的《世界人权宣言》开始的。根据这个宣言，1966年12月先后通过了《公民及政治权利国际公约》和《经济、社会、文化权利国际公约》（这两个公约1976年才生效）。这三份文件构成世界人权的基本体系，被称为世界人权宪章。

然而，它们关于人权的两分法，即公民和政治权利，经济、社会和文化权利，至今仍有争议。大致有三种不同的意见：第一种意见，反对将经济、社会、

---

① ［波兰］雅努兹·西摩尼迪斯. 文化权利：一种被忽视的人权［J］. 国际社会科学杂志（中文版），1999（4）.

② Thomas H. Marshall. Citizenship and Social Class and Other Essays［M］. Cambridge：Cambridge University Press，1950.

文化权利作为人权予以保护，认为这些权利需要国家的积极投入，它主要的是政府提供的一种福利、利益或好处，而不是一种权利①；第二种意见，虽然承认经济、社会、文化权利是基本权利，但认为经济、社会、文化权利是国家的积极义务（但事实上未必完全是国家的积极义务，尤其是对文化权利来说自由主义者一般不赞成政府的积极作为），需要国家逐步实现，而公民权利和政治权利是国家的消极义务，只要国家不干涉即可，它的实现是即刻的；第三种意见，认为在基本权利体系中，经济、社会、文化权利与公民和政治权利具有同样的地位，人权是普遍的，适用于一切国家一切社会（可能社群主义者承认两类权利同等重要，但一般不承认它们是普遍的，适用于一切社会），而公民、政治权利与经济、社会、文化权利是相互依存、相互联系、不可分割的，必须平等对待，任何一套权利体系不优于另外一套权利体系。②

在文化权利的发展和保护方面，联合国教科文组织（UNESCO）起着至关重要的作用。在 1968 年的巴黎会议（8 月 8—13 日）上，它较早地给文化权利作出如下定义："文化权利包括每个人在客观上都能够拥有发展自己个性的途径：通过其自身对创造人类价值的活动的参与；对自身所处环境能够负责——无论是在地方还是全球意义上。"很显然，UNESCO 最初是基于自由主义立场给文化权利定义的，认为文化权利是一种个体的权利。但是，随着对文化权利认识的发展，UNESCO 也认为文化权利至少包括文化认同的尊重、被认可为一个文化社群的权利、参与文化生活、教育与训练、资讯权、接近文化遗产权、保护研究、创意活动、智慧财产权与文化政策参与权③。由此可见，其中也吸纳了社群主义者的某些观点，譬如认可社群的文化权利（后文将详尽论述自由主义与社群主义在此问题上的分野）。

文化权利到底包括哪些内容？其实人们的看法并不一致。基于对国际人权法案的理解，挪威人权研究所艾德（Asbjørn Eide）认为，载于《世界人权宣言》第 27 条和《经济、社会和文化权利国际公约》第 15 条，文化权利包括参与文化生活权、享受文化成果的权利、作者精神和物质利益受保护的权利、文

---

① ［英］R. J. 文森特. 人权与国际关系［M］. 张在恒，译. 北京：知识出版社，1998：12.

② 薛小建. 基本权利体系的理论与立法实践［J］. 法律适用，2004（5）.

③ Halina Nie'c. Cultural Rights and Wrong：A Connection of Essays in Commemoration of the 50 the Anniversary of the Universal Declaration of Human Rights［M］. Paris：UNESCO，1998：176 - 190.

化创造权和国际文化合作权。而西摩尼迪斯则认为，除了《世界人权宣言》第27 条和《经济、社会和文化权利国际公约》第 15 条外，《世界人权宣言》第 26 条与《经济、社会和文化权利国际公约》第 13 条谈到的受教育权，《世界人权宣言》第 19 条和《公民权利和政治权利国际公约》第 19 条谈到的发表意见的权利（被概括为信息权），以及联合国教科文组织在《国际文化合作原则宣言》中讲到的国际文化合作权都属于文化权利的范畴。他认为文化权利包括受教育权、文化认同权、文化信息权、参与文化生活权、文化创造权、享受科学进步的权利、保护作者物质和精神利益的权利、国际文化合作权。①

艾德跟西摩尼迪斯虽然对文化权利有不同的理解，但是他们基本上把文化权利视为公民的个人权利。此外，还有一些学者把少数族群或民族的文化问题引入文化权利概念之中，譬如，普若特（L. V. Prott）进一步将文化权利细分为11 项：表达自由，教育权，父母为子女教育选择权，参与社群的文化生活权，保护艺术、文学与科学作品权，文化发展权，文化认同权，少数族群对其认同、传统、语言及文化遗产的尊重权，民族拥有其艺术、历史与文化财产的权利，民族有抗拒外来文化加诸其上的权利，公平享受人类共同文化遗产的权利②。其中就包含了少数族群和民族的文化议题，从而加剧了人们对文化权利认识的分歧。

我国学者也有类似的关于文化权利的划分和讨论。例如，艺衡、任琚、杨立青在《文化权利：回溯与解读》一书中则将文化权利归纳为 4 种：享受文化成果的权利、参与文化活动的权利、开展文化创造的权利以及对个人进行文化艺术创造所产生的精神上和物质上的利益享受保护的权利③。这种文化权利概念应该是一种非常狭义的理解。姜广华认为，文化权利具体包括文化共享权、接受教育权、人格发展权、精神自由权、文化参与权、思想表达权、作品创造权、文化交流权等。其中，文化共享权、接受教育权、人格发展权、文化参与权，可以称之为基本文化权利。并且，认为"基本文化权益"的提法，是基于

---

① ［波兰］雅努兹·西摩尼迪斯. 文化权利：一种被忽视的人权［J］. 国际社会科学杂志（中文版），1999（4）.

② Prott，L. V. Cultural rights as people's rights in international law，in James Crawford（Ed. ），*The Rights of Peoples.* Oxford：Clarendon Press，1992：96 – 97.

③ 艺衡、任珺、杨立青. 文化权利：回溯与解读［M］. 北京：社会科学文献出版社，2005：12.

现阶段我国社会发展水平的实事求是的政策性规定①。

不过，以上这些关于文化权利内容的认识，大多是从有关的法律条文中引申出来的，有些划分未必具有严格的学理依据。相对而言，墨西哥 El Colegio 研究所斯塔温黑根（Rodolfo Stavenhagen）关于文化权利内容的划分更加严谨。对应于对"文化"三个不同层面的理解，他认为文化权利包含三个层面的内容：文化第一个层面的含义是指作为资本的文化，等同于人类累积的物质遗产，如文化遗址和人工制品等，与此相对应的文化权利意味着"个人有获得这一累积文化资本的平等权利"；第二个层面的含义是指作为创造力的文化，指的是艺术和科学创作的一个过程，与此相对应的文化权利意味着"个人不受限制地自由创造自己的文化作品的权利，以及所有人享有自由利用这些创造品（博物馆、音乐会、剧院、图书馆等）的权利"；第三个层面的含义是指作为全部生活方式的文化，指的是"特定社会群体的物质和精神活动及其成果的总和"，而与此相对应的文化权利指的是集体意义上的文化权利，即每一个文化群体都有权保留并且发展自己特有的文化，享有遵循或采纳自己选择的生活方式的权利②。

艾德等人对斯坦温黑根教授的观点持赞成态度，但对该定义进行了进一步发挥，认为文化权利问题还有另一面，即我们不但要考虑到尊重世界上不同地区、不同历史传统和不同政治制度下的各种文化价值，而且要尊重各国内部的不同文化价值。……那么，就人权和文化发展权而言，这种多样性意味着什么呢？如果我们理解的文化发展权不仅意味个人发明、创新及接受更多文化服务等权利，而且意味着个人坚持自己的文化的权利——个人出生时所在群体的文化、个人生活环境的文化和个人认同的文化——即文化认同的权利。③

于是，文化权利的概念渐次引入到 1980 年代晚期的文化人类学、文化研究乃至社会学、政治学研究领域之中。相较于过去的公民权利概念，文化权利主要用来描述对于某些不被国家力量所保障的社群，或是被基本权利所否认的文化与社会权利的诉求。换言之，关于文化权利的讨论从这个概念本身以及它相

① 姜广华. 公共文化服务政策选择［J］. 特区实践与理论，2010（1）.
② ［墨西哥］斯塔温黑根. 文化权利：社会科学视角［M］//［挪威］A. 艾德、C. 克洛斯、A. 罗萨斯. 经济、社会和文化权利教程（修订第二版）. 中国人权研究会组织翻译，成都：四川出版集团、四川人民出版社，2004：71 - 73.
③ ［挪威］A. 艾德、C. 克洛斯、A. 罗萨斯. 经济、社会和文化权利教程（修订第二版）［M］. 中国人权研究会组织翻译，成都：四川出版集团、四川人民出版社，2004：78 - 79.

对其他权利的比较视域上扩展到新社会运动等实践视域中，将关注点聚焦到一些亚文化群体、边缘性社会群体等少数群体的文化权利的诉求和抗争上来。新社会运动所强调的差异的政治，将性别、阶级、族群、生态、性倾向的团体视为"公民"来考量。但这只是公民权利中"量"的转变，罗萨尔多（Renato Rosaldo）认为"质"的影响——文化权利的出现，才是改变公共资源的重新分配，以及公民权利认知的新因素。在公民权利"质"的部分的扩充方面：首先，他认为公民在"享有充分的民主与参与的成员权时，也有维持差异的权利（the right to be different）"；而差异的落实则与文化领域有高度相关。因此，文化公民权最基本的面向在于提供"文化意义与社会暴力不断争辩、协商、抗争的场域"；进而，文化公民权不只在于试图解决"社会宰制的排斥与边缘化，也希望寻求公民解放的定义与方向"①。王爱华（Aihwa Ong）则认为，罗萨尔多虽然注意到文化权利与公民权利关系中的一个面向，即文化公民权成为劣势团体对主流社会诉求文化认同与差异的权利，文化公民权的落实得以保有更完整公民权利的可能；但却忽视了另一个面向，即文化公民权应该被视为文化实践与信仰的一环，在公民与国家及其霸权形式既矛盾又竞争的关系及不断的协商中产生。因此，她认为，文化公民权是在民族国家与公民社会的权力网络中，一个"双重的自我制造与再生产的过程"：一方面，作为一个"公民"，其主体倚赖着权力关系的提交与实践的过程从而被定位与型塑生成；另一方面，公民的态度应在民族国家甚或更大的外在世界中，及不断变动的权力领域里自我生成。因此，文化公民权既是被定位的，也是公民意识自我形成的重要部分。②

二、自由主义视野中的文化权利

对自由主义来说，文化权利仅仅是个体的权利，强调个体选择或认同某一文化的权利。就像唐纳利（Jack Donnelly）所鲜明地指出的那样："文化权利是

① Renato Rosaldo（1997），Cultural citizenship，inequality，and multiculturalism，in William V. Flores & Rina Benmayor（Ed.），Latino Cultural Citizenship. Boston：Beacon Press，pp. 36 -37. 转引自王俐容. 文化公民权的建构：文化政策的发展与公民权的落实［J］. 公共行政学报，2006（20）.

② Aihwa Ong（1999），Cultural citizenship as subject making：Immigrants negotiate racial and cultural boundaries in the United States，in Rodolfo D. Torres，Louis F. Miron and Jonathan Xavier Inda（Ed.），Race，Identity and Citizenship：A Reader，Oxford：Blackwell，pp. 264. 转引自王俐容. 文化公民权的建构：文化政策的发展与公民权的落实［J］. 公共行政学报，2006（20）.

由一个特定的文化团体的成员所拥有的，可是，这样的权利是由作为受保护的社会团体成员的个人所拥有的。也就是说，文化权利并非团体的权利。特别是，它们不是团体可以针对个人所拥有和运用的权利。"虽然唐纳利也承认，"除了与世隔绝的个人之外，个人总是共同体的成员。事实上，对于人的尊严的任何合理的考虑必然包含社会成员在内，如果人们想要过一种称得上是人的生活，他们就必须是社会团体的组成部分。同样，个人对于社会负有责任，这些责任也许是与社会的权利相一致的"，不过，他又强调，"我们不能由此推论认为，社会或者任何其他社会团体拥有人权"①。

自由主义强调个人及其权利的优先性和基础地位，一个社会的首要正义原则就是尊重和维护这些权利。"个人拥有权利，有些事情是任何他人或团体都不能对他们做的，做了就要侵犯到他们的权利。"② 文化权利同样是如此，其根本目的在于个人选择过一种（自认为）好的生活。文化社群是个人自由结社的结果，尽管文化社群会影响个体的行为，塑造其认同感，但是它却不是最基本的③。人们之所以重视社群，只是它对个人幸福的重要性使然。个体的根本利益在于过一种好的生活，而权利是个体追求以及实现自己理想生活的重要手段。

论及自由主义的文化权利观，就不能不提到塔米尔（Yael Tamir）和金里卡（Will Kymlicka），尽管他们二位的自由主义均经过了一定的改造。

以色列学者塔米尔说："我认为权利是允许个人过他们反思之后所珍视的生活，而非历史或命运强加于他们的生活的手段。保证个体依附他们蔑视的文化或者归属于他们不想成为其成员的共同体是没有意义的。文化的权利意在允许个体在他们自己选择的文化中生活，决定他们自己的社会归属，再创造他们所属的共同体的文化，并重新界定它的边界。"④ 对于塔米尔而言，文化权利是一种个人权利，它包括两个方面："个体选择其民族身份的权利，以及他们坚守其选择的民族文化的权利"⑤；"文化权利不仅意在保护个体遵从他们的既定文化

---

① ［美］杰克·唐纳利. 普遍人权的理论与实践［M］. 北京：中国社会科学出版社，2001：16.

② ［美］罗伯特·诺奇克. 无政府、国家与乌托邦［M］. 何怀宏，等，译. 北京：中国社会科学出版社，1991：1.

③ Chandran Kukaths. Are there cultural rights? . Political Theory，No. 1，1992：105 – 139.

④ ［以色列］耶尔·塔米尔. 自由主义的民族主义［M］. 陶东风，译. 上海：上海世纪出版集团，2005：导言6.

⑤ ［以色列］耶尔·塔米尔. 自由主义的民族主义［M］. 陶东风，译. 上海：上海世纪出版集团，2005：33.

的权利，同时也包括保护他们重新创造自己的文化的权利"①。

她质疑"文化权利是一种群体权利"："我们之所以能够获得一种利益是因为我们在特定的群体中的成员身份，这并不能改变它作为个体利益的基本性质。相应地，保护这种利益的权利也就应该被看作是一种个体权利。"② 而且，她认为："权利的本质来自它的合理性而不是权利的某些方面得以最佳实施的方法。由于所有这些权利（不管是宗教的还是政治的）的合理性都建立在个体追求它们的过程中所获得的利益的基础上，所以它们应该被看作是个体权利。没有理由认为这个规则不适用于遵从文化的权利。"③

尽管塔米尔认为文化权利是一种个人选择文化的权利，但是她反对"原子化的自我"观点，并不认为一定的文化社群身份对于个人是毫无价值的。"声称个体可以选择他们的公共归属并不意味着他们不假思索地处理他们的成员身份，或者他们把它看作是与自己的自我定义无关的东西。有一些因素虽然对我们的个人身份——宗教信仰、政治归属、职业、生活方式等具有建构意义，但依然是受制于反思与选择的"④。由此可见，她也同时反对"在境性的自我"（即个体受文化处境所决定）这种极端的观念。

几乎所有的社群主义者和民族主义者都毫无例外地认为，个体不可避免地是其文化的产物。而自由主义者坚信依靠自主、选择与反思，个体可以成为自己生活的主人。个体虽然会被一种命定的生活方式无情地塑造，但这并不意味着人们只能是其文化的囚徒。塔米尔试图调和自由主义和民族主义，她指出："更加深入仔细地观察将表明，自由主义者不必反对文化语境化（cultural contextualization）的重要性，而民族主义者也不能忽视个人自由的重要性。于是产生了一种更加平衡的、显示这两种似乎对立的论点之间广泛一致性的人的观念。例如，这两个思想流派都同意把个体的特性刻画为期待的时候赋予他们的个人思想及语境的行动者，亦即他们承认他们的目标只有在社会语境中才是有意义的，但是他们不一定不加反思地接受社会制定的目标，他们关于好的概念既不

---

① ［以色列］耶尔·塔米尔. 自由主义的民族主义［M］. 陶东风，译. 上海：上海世纪出版集团，2005：40.
② ［以色列］耶尔·塔米尔. 自由主义的民族主义［M］. 陶东风，译. 上海：上海世纪出版集团，2005：34.
③ ［以色列］耶尔·塔米尔. 自由主义的民族主义［M］. 陶东风，译. 上海：上海世纪出版集团，2005：36.
④ ［以色列］耶尔·塔米尔. 自由主义的民族主义［M］. 陶东风，译. 上海：上海世纪出版集团，2005：导言6.

是完全个人主义的，也不是完全社群主义的，他们有时可能把个人的好放在共同的好之前，而有时则把这种优先性的次序颠倒过来。这样，社会被看作是实现某些目标的必要条件，也是达成另外一些目的的障碍。"

她认为，"绝大多数的自由主义者的确把个体看作是根植于社会性之中的，是依赖于群体关系来寻求其道德发展与个人发展的"①。对此，加拿大学者金里卡是同意的。他就曾注意到，早期的（"二战"前）自由主义者，如密尔（John S. Mill）、格林（Thomas H. Green）、霍布豪斯（Leonard T. Hobhouse）和杜威（John Dewey）都强调文化成员身份对个人的重要性②。他同样认为，"人们必然在一种重要的程度上受制于他们自己的文化社群。我们不能直接把人们从一种文化移植到另一种文化中，即使我们可以提供学习其他语言和文化的机会。一个人的出身不是随便就可以抹杀的，它是也仍然是形成他是谁的一个构成部分。文化成员身份影响了我们对个人认同和能力的理解"③。

因此，金里卡主张："自由主义的价值既要求个体的自由选择，又要求个体选择的一个可靠的文化背景。因此，自由主义要求我们能够认同、保护和增进作为一个基本善的文化成员身份……被看作选择背景的文化社群的存在是一项基本的善，也是自由主义者的一种正当的关注。"④ 不过，我们必须特别注意到，金里卡对"文化"的独特定义，因为他的观点跟这一定义不无关联。金里卡说："我是在与此截然不同的另一种意义上使用文化概念的，我所谓文化是指文化社群或文化结构本身。从这个意义上来看，即使当它的成员感觉传统的生活方式再也没有价值，并对传统的文化特征进行自由地调整变更时，文化社群仍会继续存在。"⑤ 也就是说，对于金里卡而言，人们可以选择不同的文化，但是原有的文化（结构）并不因此而得以改变。

如果说塔米尔的自由主义借鉴了民族主义的某些观点，是一种"自由主义

---

① ［以色列］耶尔·塔米尔. 自由主义的民族主义［M］. 陶东风，译. 上海：上海世纪出版集团，2005：7.

② ［加］威尔·金里卡. 自由主义、社群与文化［M］. 应奇，葛水林，译. 上海：上海世纪出版集团，2005：194～196.

③ ［加］威尔·金里卡. 自由主义、社群与文化［M］. 应奇，葛水林，译. 上海：上海世纪出版集团，2005：168.

④ ［加］威尔·金里卡. 自由主义、社群与文化［M］. 应奇，葛水林，译. 上海：上海世纪出版集团，2005：162.

⑤ ［加］威尔·金里卡. 自由主义、社群与文化［M］. 应奇，葛水林，译. 上海：上海世纪出版集团，2005：159.

的民族主义"，那么金里卡的自由主义渗透了社群主义的某些元素，或可称为"自由主义的社群主义"。金里卡认为："无论共产主义者和社群主义者怎样反对，自由主义的正义似乎是适合于支配我们的政治制度和实践的一种可行的政治道德。它表达了一种有吸引力的社群观，在承认我们的自我发展和我们的选择情境依赖于一个文化的社群的同时，仍然承认我们作为自我导向的存在物要求独立存在于社群中的任何特定的角色和关系。它通过对正义的说明承认社群成员的平等地位，而又不强迫人们以他们关心的人或计划为代价行使他们的权利。作为自由主义的基础的个人主义并不是以我们的社会性或我们共享的社群为代价得到珍视的。毋宁说，它力图承认每个人在社群中的生活的价值，并以所涉及的人能够自觉地接受的方式促进那种价值。它是一种与我们的社会世界对我们的无可否认的重要性相一致的而不是相对抗的个人主义。"①

正因为金里卡抱持的这种自由主义的社群主义，使他不仅赞同个体的文化权利而且为少数群体文化权利辩护。他坚称："人们是作为公民，同时也是作为文化社群中的成员享受到尊重的。在许多情形下，这两者是完全相容的，事实上或许也是彼此重合的。但是在文化多元的社会中，为保护一个文化社群免遭人们不希望见到的崩溃的可能，不同的公民身份权利或许是必要的。假如是这样，那么公民身份和文化成员身份的各自要求便被拽向了不同的方向。两者也都碰到了各自的问题，并且双方中任何一方的问题似乎都不可以简化为另外一方的问题。"②

在这里需要特别指出的是，金里卡所称的"少数群体的权利"并不是人们通常所指的非文化的少数派的权利或者非歧视性的权利，譬如针对残疾人、农民工的团体权利，工会等集体权利，而仅仅是指在一个多元文化社会里的少数文化社群的权利。他"在'少数群体权利'这个标签下进行的讨论关注的是人们与文化多元国家的文化成员身份要求有关的内容和根据，并且这个问题较以'集体权利'或'团体权利'的名义进行的讨论而言既要狭窄许多，又要宽泛许多"③。因此，金里卡的学术贡献在于，将文化公民权与少数族群、种族等相

---

① ［加］威尔·金里卡. 自由主义、社群与文化［M］. 应奇，葛水林，译. 上海：上海世纪出版集团，2005：124 - 125.

② ［加］威尔·金里卡. 自由主义、社群与文化［M］. 应奇，葛水林，译. 上海：上海世纪出版集团，2005：146.

③ ［加］威尔·金里卡. 自由主义、社群与文化［M］. 应奇，葛水林，译. 上海：上海世纪出版集团，2005：133 - 134.

联结，讨论在民主国家里如何处理文化多样性的问题。

　　金里卡主张把这样一些少数群体的文化权利分为两类：第一类涉及文化或族群内部成员的规定，称为"内部限制"，目的在于保护群体免受内部不满的破坏性影响；第二类涉及一个群体针对较大社会的要求，称为"外部保护"，目的在于保护群体不受外部文化的压力影响。金里卡同时指出，现代国家赋予少数群体的权利，只是为了实现"外部保护"，而对于"内部限制"的做法应当予以拒绝①。在金里卡看来，文化只是"作为手段的价值"，而不具有"内在的价值"。因此尤其要警惕少数群体以保护文化传统或习俗为由限制群体成员的基本公民自由②。究其思想实质，金里卡最终还是回归到自由主义的基本立场，以个人文化权利为追求目标。

　　金里卡有时候认为，"个体权利和集体权利不可能竞争同一道德空间"③，二者未必是冲突的关系，以此来回避自由主义与社群主义的争执——自由主义认为社群的正当性不能自我论证，其正当性在于维护个体的权利；社群主义认为个体脱离社群，其权利毫无意义。

三、社群主义视野中的文化权利

　　如果说自由主义者对个人文化权利的合理性进行了较为系统的理论阐述，那么社群主义者所谓的文化权利观往往是对自由主义零散的批判形成的，严格而言社群主义并未对集体文化权利进行系统的理论论证，甚至只是提出一些有关集体权利的主张而已。

　　首先，社群主义通过对自由主义的原子化个人或自我的批判，建构社群性文化权利观。社群主义者认为，从人们生活、思考的文化环境中抽离出来的个人并不存在。泰勒（Charles Taylor）认为，我的"自我"定义是被理解为对"我是谁"这个问题的回答，而不是"我应当成为什么样的人，我应当过什么样的生活"。这个问题在说话者的交替中发现其个人原初含义。他谈道："我通过我从何处说话，根据家谱、社会空间、社会地位和功能的地势、我所爱的与我

---

① ［加］威尔·金里卡. 多元文化公民权：一种有关少数族群权利的自由主义理论［M］. 杨立峰，译. 上海：上海世纪出版集团，2009：44-46.
② ［加］威尔·金里卡. 少数的权利：民族主义、多元文化主义和公民［M］. 邓红风，译. 上海：上海世纪出版集团，2005：56.
③ ［加］威尔·金里卡. 自由主义、社群与文化［M］. 应奇，葛水林，译. 上海：上海世纪出版集团，2005：135.

关系密切的人，还有在其中我最重要的规定关系得以出现的道德和精神方向感，来定义'我是谁'。"① 也就是说自我的自由并不是天生的，是在环境中形成的。按照泰勒的解释，自我是拥有身份、有必要深度和复杂性的存在②。

在这个意义上，社群主义者认为，所谓的普遍的、先验的、与生俱来的个人权利或道德权利根本不存在，它是一种未经检验或证实的虚假想象。那些批评以权利为基础之自由主义的社群主义者认为，我们不能将自己看作是如此独立的，即自我的载体完全脱离于我们的目标和附属。他们认为，我们某些特定的角色部分地构成了我们所是的人。如果我们部分地由我们所生活其中的共同体所定义，那么我们也必须暗含于这些共同体特质的目标和目的之中③。自由主义忽略了人是处在一定的社群之中的人，只有在社群中个人的权利才存在。就像"一个人的尊严不仅存在于他的个体性之中，而且存在于他所从属的集体之中，并通过集体而存在"［然而，弗莱纳（Thomas Fleiner）还是紧接着补充说，"这没有赋予集体以完全不顾个人价值的权利，也没有赋予集体为了整体而戕害个人价值的权利"④］。

其次，社群主义通过强调社群对个人权利的重要性，阐述社群性文化权利观。社群主义者认为，社群的共同实践和交往是个人权利产生的前提和基础。个人权利是社会实践的产物，是历史形成的，并不具有优先性。而且，在社群主义者看来，"严格地说，权利是一种关系——是资格和义务之间制度化的关系"；而"与制度和权利语言相联系的资格和义务是由规范决定的，规范是一些行为规则，它们是由共同体制定出来的，用以支配其成员之间的关系，并带有共同体的权威性，这种权威是这些规范力量的源泉"⑤。离开了一定的社会规范，个人的正当行为就无法转变成不受他人干涉的权利，所以，自由主义者所说的普遍的、应然的权利缺乏说服力。

---

① ［加］查尔斯·泰勒. 自我的根源：现代认同的形成［M］. 韩震，等，译. 南京：译林出版社，2001：49.
② ［加］查尔斯·泰勒. 自我的根源：现代认同的形成［M］. 韩震，等，译. 南京：译林出版社，2001：44.
③ ［美］迈克尔·桑德尔. 公共哲学：政治中的道德问题［M］. 朱东华，等，译. 北京：中国人民大学出版社，2013：140.
④ ［瑞士］托马斯·弗莱纳. 人权是什么［M］. 谢鹏程，译. 北京：中国社会科学出版社，2000：24.
⑤ ［美］贝思·J. 辛格. 实用主义、权利和民主［M］. 王守昌，等，译. 上海：上海译文出版社，2001：30 - 31.

　　第三，社群主义批评片面主张个人权利的危害，论证社群性文化权利观。在社群主义看来，把个人权利置于集体权利之上会造成不良的后果。譬如，可能会导致国家借保护个人权利之名，否定群体的权利；甚至可能威胁他人自由，尤其对某种文化自由造成伤害。杨（Iris M. Young）认为：“族群的需求是不同且多元的，主流文化所主导的单一认同，不能满足族群的多元需求，结果会造成族群间矛盾、紧张、冲突的产生。”① 人们担心一旦统治阶层掌握了国家权力，他们都会按照一种绝对信念进行统治。这必然会影响到种族上的少数民族文化权利的实现。泰勒也赞同这类观点，他认为，“两种模式的张力在这里就出现了——我不可能乐意以个人权利的名义压倒集体的决策，如果我不是已经在一定程度上远离了作出这些决策的社群”②。

　　总之，对于社群主义而言，公共的善优先于个体的权利；而所谓的社群性文化权利，也主要是指属于某一社群的文化身份或资格。然而，在一个日益流动的社会里，文化身份往往也是流动的，恰如霍尔所言，“文化身份不仅是已存在的（being），更是转变生成的（becoming），既是过去的，更是未来的……文化身份有它的过去和历史，但是，像历史上其他任何事情一样，处于不断转换过程中，从来不是固定滞留在过去，而注定要随着历史、文化和权力不断变化”③，无法逃脱文化权力的重新分配之网。于是，因为文化身份的流变而衍生出霍尔（Stuart Hall）的“差异文化政治学”（cultural politics of difference）、后殖民主义者的“混杂身份”（hybrid identities）、王爱华的“弹性公民身份”（flexible citizenship）、霍米·巴巴（Homi K. Bhabha）的“第三空间”（third space）等文化身份理论。贯穿这些文化身份理论的一条线索，终究是一个文化的选择或认同问题。自由主义与社群主义在这一问题上的分歧，跟各自所坚持和维护的个体的立场或是社群的立场不无关系。

　　此外，由于缺乏对社群的判断标准，社群主义者始终无法说明到底什么社群应该享有什么样的文化权利；由于对文化这一用词的模糊性，社群主义也无

① Iris M. Young. Polity and Group Difference: A Critique of the Ideal of Universal Citizenship [M] //Ronald Beiner ed.. Theorizing Citizenship. Albany: State University of New York Press, 1995: 185.
② Charles Taylor. Philosophy and The Human Sciences: Philosophical Papers 11 [M]. Cambridge: Cambridge University Press, 1985: 211.
③ Stuart Hall. Cultural Identity and Diaspora [M] //Jonathan Rutherford, ed.. Identity, Community, Culture, Difference. London: Lawren & Wishart, 1998: 225.

法判断当群体权利侵犯个人权利的时候，用什么标准来衡量。这些也使得社群主义的辩护显得苍白无力。这主要是由于社群主义者无意去建立一套自己的文化权利理论，而且，社群主义本身也不是一套严密的理论体系。这些批判自由主义的学者绝大多数不愿意自己被贴上社群主义者的标签，或许他们更乐意称之为自由主义者——恰如华尔泽（Michael Walzer）所言，"不管一位社群主义者的批判多尖锐，它实质上也是自由主义的一个变种"①。

---

① ［美］华尔泽. 社群主义者对自由主义的批判［J］. 孙晓莉，译. 世界哲学，2002 (4).

漫谈对文化的政治学研究

一、研究文化的缘起

早在安徽省社科院工作期间，我就跟随辛秋水研究员做农村文化贫困问题的研究。文化贫困问题之所以引起辛老的关注，缘起于他在 20 世纪 80 年代中后期在贫困农村的经验调查和蹲点扶贫的实践体验，他认为，这些农村贫困并不仅仅由于自然资源的匮乏，经济、技术的落后，更重要的是由于这些地区社会文化的贫困。但是，这并不表示这些地区没有或不存在文化，只是他们的文化是一种与社会发展不相适应的"贫困文化"。因此，改变这些农村的贫困面貌，首要的任务是改造他们的"贫困文化"，为此辛老提出：改造贫困文化必须从"人"开始，因为人是文化的主体；而改造"人"的关键是开启民智，提高人的素质。这就是辛老的"以文扶贫、扶智扶人"的文化扶贫思想。在国内，文化扶贫最早是由辛老提出来的，后来上升为国家决策，成为国家一项重要扶贫工程。后来，我们对辛老的文化扶贫理论及实践进行了初步总结，出版了《文化贫困与贫困文化》一书。作为一名研究者，我最早以贫困的视角从辛老那里触及农民文化问题。但是，那个时候所理解的文化主要是人力资本和观念意义上的。

来到华中师范大学工作一年后，2005 年中宣部、文化部委托学校做一个关于农民工文化生活的大型问卷调查，我又参与了这个重大调查项目。我在实地调查的基础上写成的调研报告《游走在城乡之间——来自安徽、四川和湖北内陆省份农民工的报告》得到了俞正声的高度肯定，他批示道："报告很好，用数据说明概念，事实产生结论，而不是反之。读后很有帮助和启发。此件发至省几大班子领导，各市州县区领导参阅。"这项研究成果后来分别获得武汉市第十次社科优秀成果一等奖、第七届湖北省社会科学优秀成果二等奖。2006 年湖北省社科联和湖北省文化厅，又让我做一个湖北省农村文化体制改革与农村文化发展的报告。2007 年湖北省委宣传部委托我对农民工思想道德状况进行调查。2008 年我又主持了一项关于"改革开放以来我国农村文化变迁研究"的教育部重点研究基地重大项目。同年，我以"社会主义新农村建设中的文化建设"为题参加了国家重大招标项目的申报，尽管这一次我没有获得重大项目，但最终获得了重点资助。正是因为前期积累了一定的研究基础，2010 年年底，我申报的国家社科基金重大招标项目《加快公共文化服务体系建设研究》最终获准立项。自此以后，我正式转向了文化研究，并努力尝试从政治学切入当代中国文化研究。

二、文化研究的三个主要领域

应该说，国内外有一大批顶尖学者和大家从事文化研究，他们主要是从文化学、人类学、文学批评、文化产业的角度进行研究，已经取得了很高的学术成就，也产生了一大批优秀成果。说实在的，要想在这些领域有所创新非常难。

而且，人们对于"文化"的看法也是千差万别的，比较难以把握。据说，现在世界上有关文化的定义已达 200 多种。但比较权威并系统归纳起来的定义源于《大英百科全书》引用的美国著名人类学家阿尔弗雷德·克洛伯（Alfred L. Kroeber）和克莱德·克拉克洪（Clyde Kluckhohn）在 1952 年出版的《文化：概念和定义批判分析》（*Culture：A Critical Review of Concepts and Definitions*）一书中所列举的 164 条定义。克拉克洪在《人类之镜》①　一书中论述文化概念时，他用了将近 27 页的篇幅将文化依次界定为：（1）"一个民族的生活方式的总和"；（2）"个人从群体那里得到的社会遗产"；（3）"一种思维、情感和信仰的方式"；（4）"一种对行为的抽象"；（5）就人类学家而言，是一种关于一群人的实际行为方式的理论"；（6）"一个汇集了学识的宝库"；（7）"一组对反复出现的问题的标准化认知取向"；（8）"习得行为"；（9）"一种对行为进行规范性调控的机制"；（10）"一套调整与外界环境及他人的关系的技术"；（11）"一种历史的积淀物"。最后，或许是出于绝望，他转而求助于比喻手法，把文化直接

---

①　Clyde Kluckhohn. Mirror for Man［M］. New York：Fawcett，1944.

比作一幅地图、一张滤网和一个矩阵①。

但这并不表示，我们不能对它进行研究。如果我们把研究的视域转向当代中国，从政治学、社会学和公共管理等学科出发，运用实证研究方法对文化展开研究，仍然有许多重大现实性和理论性问题值得进一步探索。

不可否认，过去在我国也有一些关于文化的研究，但这些研究要么将文化内涵仅仅局限于价值、精神层面，而难以进行实证研究；要么将文化外延无限扩大、与"文明"概念或"整个生活方式"相等同，抓不住文化的主要内容，失去了文化研究的本身特色和独特魅力。

因此当前至少有三个主题值得深入研究：一是文化发展研究，二是文化政策研究，三是文化政治研究。当然，这只是一个粗糙的划分，其实这三个主题是相互影响的，甚至存在一定的交叉或重叠。

关于文化发展研究，我后面还要进一步展开。先说说文化政策研究。最近几年，随着公共管理学科的兴起，对公共政策的研究日益成为我国的一个显学。然而，在目前的公共政策研究之中，对文化政策的研究相对薄弱。

其实，文化政策作为一个相对独立的学科领域进行研究，在西方也是20世纪70年代以后才正式开始的。他们主要讨论文化政策的历史演变、文化政策与身份认同的关系、知识分子与国家文化政策间的复杂纠葛、全球化对文化政策的影响、文化政策的反思与批判、作为公共政策的文化政策、文化政策与公民的文化权力、法律与文化政策、国际文化政策的比较研究等一系列重大问题。严格而言，我国大陆地区的文化政策研究才刚刚起步。

在我国，关于文化政策的研究被人为地区隔为两个领域，一是文化产业政策研究，另一个是文化事业政策研究。目前，研究前者的学者较多，而研究后者的人尤其较少。我被文化部聘为国家公共文化服务体系建设委员会委员，从我掌握的情况来看，目前国内从事公共文化服务乃至公共文化政策的研究，只有屈指可数的几个学者。这也从另一个侧面说明，在我国从事公共文化政策研究具有极大的创新空间。

接下来，我想简单地谈谈文化政治研究。

什么是"文化政治"呢？先得追溯一下这一概念的缘起。1991年，一位出生于美国的非裔女作家贝尔·胡克斯（bell hooks）写了一本名为《向往：种族、

---

① ［美］克利福德·格尔茨. 文化的解释［M］. 韩莉，译. 南京：译林出版社，1999：4－5.

性别和文化政治学》（*Yearning：Race，Gender，and Cultural Politics*）的书，第一次提出"文化政治学"的概念，对于种族主义、女性主义、后现代主义、社区、身份、电视、文学等问题予以关注。这可以视为文化政治研究的发端。此后同在 1994 年有两本以"文化政治学"为名的著作问世，一是格伦·乔丹（Glen Jordan）和克里斯·威登（Chris Weedon）的《文化政治学：阶级、性别、种族和后现代世界》（*Cultural Politics：Class，Gender，Race and Postmodern World*），二是艾伦·森费尔德（Alan Sinfield）的《文化政治学——酷儿读本》（*Cultural Politics—Queer Reading*）。贝尔·胡克斯的观点揭晓了文化政治研究的宗旨："清醒地坚持将文化研究与进步、激进的文化政治相联系，将会保证文化研究成为一个使批判性介入成为可能的领域。"① 贝尔·胡克斯等人从女性主义、种族主义、后现代主义出发，吸收了阿尔都塞的意识形态理论、葛兰西的文化霸权理论、福柯的话语权力理论等，形成研究所谓"非常规政治"或"非正式政治"的"文化政治学"。当今文化研究中大力推崇文化政治学并予以身体力行的是弗雷德里克·詹姆逊（Fredric Jameson）和特里·伊格尔顿（Terry Eagleton），他们不仅以卓著的理论建树推进了文化政治学，而且在具体的文学、文化研究中采用文化政治批评方法，取得了许多重要的成果。

在西方学术领域里，"文化政治"主要关注和研究种族、民族、族裔、身份、性别、年龄、地缘、生态等问题，而且这些问题所关涉的对象一般是社会的边缘群体或受支配群体。以致詹姆逊认为，文化政治的任务就是"详细列出各种边缘群体、被压迫或受支配群体——所有所谓的新社会运动以及工人阶级——所忍受的种种'束缚'结构，同时承认每一种苦难形式都产生出了它自己的特殊'认识方式'（epistemology），它自己的特殊的由下而上的视野，以及它自己的特殊的真理"②。这些问题的核心其实仍然是权力，包括权力的界定、分配、使用、执行、生效、争夺、转移、巩固、延续等内容。正如格伦·乔丹和克里斯·威登所说："社会和文化生活中的每种事物在根本上都与权力有关。权力处于文化政治学的中心。权力是文化的核心。所有的指意实践——也就是

---

① Bell Hooks. Yearning：Race，Gender，and Cultural Politics［M］. London：Turnaround，1991：9.
② Fredric Jameson. History and Class Consciousness as an Unfinished Project［J］. Rethingking Marxism，1988（1）：71. 转引自［美］道格拉斯·凯尔纳、斯蒂文·内斯特. 后现代理论：批判性的质疑［M］. 张志斌，译. 北京：中央编译出版社，1999：220.

说，所有带有意义的实践——都涉及权力关系。"①

西方"文化政治"的研究主要受马克思主义和新马克思主义、法兰克福学派、伯明翰学派以及后现代主义的影响，以揭示社会边缘群体、亚群体或被压迫群体的"无意识"支配的隐秘权力机制为己任，从而对资本主义进行理论批判，甚至主张"迈向一种渐进的民主政治"。

这些显然不是我们当代中国学者的主要任务，我们所理解的"文化政治"这个概念不仅比上述这些文化研究者要宽泛一些，而且更具（传统）政治学的特性，它主要关注国家政治或总体性政治。具体而言，它主要论述（国家）政治权力的定义、政治权力的展现（或再现）、政治权力的论证。因此，文化政治研究一般是由这些关键词构建的：意识形态、话语、文化霸权、合法性、（身份）认同（差异政治）、接合、文化权利、收编、文化整合、规训、定义、论述、表征（文化符号）、文化资本、公民文化。我们的研究旨趣与西方学者之所以不同，是因为各自政治社会发展的现实要求不一样，我国尚处于社会主义初期发展阶段，而西方发达国家已普遍进入了晚期资本主义社会，各自面对的政治、社会和文化发展问题是不完全相同的。尽管如此，西方学者的研究仍然有可资借鉴之处。

文化政治研究的核心，简洁而言，就是围绕文化与权力之间关系的线索展开的，主要探讨"文化治理"的议题。

国内关于文化政治的研究，严格而言，才刚刚开始。为了开始这项研究，我们认为首先必须梳理文化政治研究的主要关键词，并尝试运用这些关键词来理解、阐释当代中国文化政治现象和问题，从而逐步建构中国本土的文化政治学，服务于当代中国文化政治发展的现实需要。这项工作，无疑地需要包括政治学者、公共管理学者、社会学者等在内的社会科学学者的共同努力。

三、我对文化发展的研究

在我看来，文化不是玄之又玄、高深莫测的价值命题，只能做阳春白雪式研究，而是当下中国现实的一个核心问题。文化，尽管有不同的定义，但是，在我看来它首先是一个公共性概念。

比如农村文化发展研究。透过对改革开放以来我国农村文化变迁的研究，

---

① 阿雷恩·鲍尔德温，等. 文化研究导论［M］. 陶东风，等译. 北京：高等教育出版社，2004：229.

我的主要结论是当代中国农村公共性日渐消解——所有的农村文化之变几乎都是围绕着公共性的消解这根逻辑主线展开的：农民对自己社区的认同日益弱化，农村的公共文化生活日渐衰微，村庄的公共舆论日趋瓦解，农民之间的互助合作精神逐渐消解，那个曾经是农民生活的家园"村社共同体"也处在解体之中。对于当代中国农村文化变迁的研究，必须抓住其主要矛盾，即公共性的消解和再造这个核心问题来展开，而不能仅仅停留在描述农民观念的变化上面。

如今，人们在行动之前，总是要问自己能从中得到什么好处，于是人际关系变成了待价而沽的交易关系。在许多地区，农民邻里之间传统的互惠性换工、帮工、互助已不复存在，无论是在生产上还是在日常生活上农民之间的劳动关系都变成即时性的金钱交易。

农民在日渐功利化的同时，也日益原子化、疏离化，使得传统社区公共生活走向瓦解；由于各种理性计算因子开始渗透到农民的生活逻辑中来，其行为充满着越来越多的变数而无法有效预期。"农民善分不善合"不再是一个争论不休的价值判断问题，而是当下农村社会的现实写照。对于当下农民而言，个人利益远远超过了公共利益，公共事务陷入了"越是集体的越少有人关注"的自利经济学陷阱之中。

公共精神是一个共同体或社会的灵魂。一个社会的公共精神越发达、越充分，这个社会的环境和氛围就越好，每个社会成员享有的社会资源和公共福利就越多。然而，令人遗憾的是，在当下农村社会里，这种公共精神正在不断流失，农村的公共事业也因此而萎缩。虽然最近这些年国家逐年加大了对农村公共事业的投资，但是即便是这样，农民考虑是否参与这些公共事业建设也是看他能否从中获取即时性利益——政府是否给予金钱报酬以及所给的报酬是否高于外出打工的收入，而不是因为这项公共事业给他们带来长远的利益。

在一个日益开放、认同日渐减弱的乡村社会里，村庄公共舆论对于人们行为的影响越发显得乏力无效，各种偏常或失范行为层出不穷。诸如"那是人家的事"这样的村庄公共舆论，形式上似乎趋向尊重他人的个人权利和隐私而显得更加包容，实质则是公共道德力量的式微或消解。人们不再在公开场合或公共领域谈论、批评甚或指责社区内某个人的失范或败德行为；人们偶尔会讨论与自己社区无关的"大话题"，这些大话题不仅失却了在地性，也失却了公共规范的功能，总之，这些公共舆论不再以公共利益为旨归了。

没有了公共舆论的规约作用，也没有了对村庄公共舆论的顾忌，人们开始肆无忌惮地做任何事情，年轻人开始频繁地抛弃父母、虐待老人，村干部可以毫无顾忌地贪污，甚至与乡村混混势力联合在一起。农村社区成为无规制之地，丛林原则肆虐横行，成为当下农村治理无可回避的问题。

　　改革开放以后，农村基层治理发生了重大变革，在抛弃"全能主义"① 治理形式的同时，国家也逐步放松了对私人生活的控制；"市场"逐渐取代国家将其力量延伸到农民的私人生活世界，从而加速了对传统农村社会生活方式的解构作用。诚如阎云翔所观察的那样，这种私人生活的变革，导致了自我中心主义的泛滥——他们只强调个人的权利，却无视应有的义务与责任，最终沦为"无公德的个人"②。

　　私人生活的变革总是跟公共领域的变革相互影响、交织作用，其中最坏的情形同时也在当下中国一些农村地区正在泛滥的是：一方面是私欲的无限膨胀或自我中心主义的泛滥，另一方面是互助精神的消解和公共意识的衰落。这种农民私人生活的异化，实际上是农村公共生活退化的一种表征和映射。

　　家庭生活是农村社会生活方式的普遍基础，它既是农民私人生活的主要场所，也是农村公共领域的基本组成单元。如今，原来视为农民日常生活最坚固的"堡垒"——在集体化时代，国家曾试图通过各种方式摧毁农民小家庭利益，将它融入社会主义"大集体"之中，然而每次都以失败而告终——也日益变得不堪一击了。近些年，农民的离婚率急剧上升，打破了农民婚姻家庭一贯的稳定形态，农民的性观念、婚姻观念、家庭观念和养老观念也随之发生着深刻的变化。原来农民对婚前性行为说三道四，如今外出打工农民婚外同居等行为已屡见不鲜，农民对此也见怪不怪了。农民的家庭生活无论是在形态上还是在结构上乃至是在内容上都发生了根本性的变化。

　　大量青壮年农民走出农村，进城务工，不仅仅使往昔其乐融融的农村失却了生机和活力……最初发生在人口和社会经济层面的"空心化"也日渐蔓延到农民的伦理、道德和价值之域。农村文化的"空心化"，不单表现在农民伦理道德的缺失和异化，更表现在年轻一代农民从骨子里瞧不起自己的农村文化——他们的行为取向亦或心理意识都是城市化的，他们不知晓也不愿意遵从传统农

---

① "全能主义"一词由邹谠所创，他认为："全能主义"（totalism）的概念与"极权主义"（totalitarianism）不同，它指的是一种指导思想，即政治机构的权力可以随时地、无限制地侵入和控制社会每一个阶层和每一个领域。邹谠. 二十世纪中国政治：从宏观历史和微观行动的角度看［M］. 香港：牛津大学出版社，1994：69.

② 阎云翔. 私人生活的变革：一个中国村庄里的爱情、家庭与亲密关系（1949—1999）［M］. 龚小夏，译. 上海：上海书店出版社，2006：257－261.

村社区的伦理道德规范；他们拼命地从农村社会关系网络中抽身、逃离出来，纷纷拥抱五光十色的城市。

实际上，当代中国农村公共性的消解跟改革开放以来所开启的乡村社会个体化（individualization）是相辅相成的。或者说，二者是一体两面的。

这些发生在乡村社会的变化，其实已经弥漫于整个当代中国社会了。重建中国社会的公共性，将成为目前中国文化建设最紧要的历史使命。可是，对此所进行的研究却严重不足。对于我们这些生逢当代、恰逢中国社会的学者而言，不但十分"幸运"，而且也有历史责任，去研究当代中国现实社会文化发展和建设问题——当代中国社会正处于急剧转型时期，甚至可以说，当下中国处在千年未有之变革时代，这给我们这些从事社会科学研究者提供了极好的切身体验和思考的机遇，我们没有理由不去理会它，因为我们的苦乐痛痒、愁闷与喜悦、激情与梦想无不跟这个时代、跟当下中国社会紧密关联着。

主要参考文献

（按作者音序排列）

一、著作

［1］陈威. 公共文化服务体系研究［M］. 深圳：深圳报业集团出版社，2006.

［2］陈威. 完备的公共文化服务体系研究［M］. 深圳：深圳报业集团出版社，2010.

［3］费孝通. 乡土中国 生育制度［M］. 北京：北京大学出版社，1998.

［4］顾忠华. 韦伯学说［M］. 桂林：广西师范大学出版社，2004.

［5］何俊志. 制度等待利益：中国县级人大制度模式研究［M］. 重庆：重庆出版社，2005.

［6］李景源，陈威. 中国公共文化服务发展报告（2009）［M］. 北京：社会科学文献出版社，2009.

［7］李强. 农民工与中国社会分层［M］. 北京：社会科学文献出版社，2004.

［8］林耀华. 金翼：中国家族制度的社会学研究［M］. 北京：生活·读书·新知三联书店，1989.

［9］刘志军. 乡村都市化与宗教信仰变迁：张店镇个案研究［M］. 北京：社会科学文献出版社，2007.

［10］陆学艺. 当代中国社会阶层研究报告［M］. 北京：社会科学文献出版社，2002.

［11］陆扬，王毅. 文化研究导论［M］. 上海：复旦大学出版社，2009.

［12］罗钢，刘象愚. 文化研究读本［M］. 北京：中国社会科学出版

社，2000.

[13] 荣敬本，崔之元，等．从压力型体制向民主合作体制的转变：县乡两级政治体制改革［M］．北京：中央编译出版社，1998.

[14] 沈立人．中国农民工［M］．北京：民主与建设出版社，2005.

[15] 王列生，郭全中，肖庆．国家公共文化服务体系论［M］．北京：文化艺术出版社，2009.

[16] 王颖．新集体主义：乡村社会的再组织［M］．经济科学出版社，1996.

[17] 王志弘．文化治理与空间政治［M］．台北：群学出版有限公司，2011.

[18] 文化部文化科技司，武汉大学国家文化创新研究中心．中国文化创新报告（2013）［R］．北京：社会科学文献出版社，2013.

[19] 武桂杰．霍尔与文化研究［M］．北京：中央编译出版社，2009.

[20] 夏勇．人权概念起源：权利的历史哲学［M］．北京：中国社会科学出版社，2007.

[21] 阎云翔．私人生活的变革：一个中国村庄的爱情、家庭与亲密关系1949－1999［M］．龚小夏，译．上海：上海书店出版社，2006.

[22] 阎云翔．中国社会的个体化［M］．陆洋，等，译．上海：上海译文出版社，2012.

[23] 杨庆堃．中国社会中的宗教：宗教的现代社会功能及其历史因素之研究［M］．范丽珠，等，译．上海：上海书店出版社，2007.

[24] 叶辛，蒯大申．2006—2007年：上海文化发展报告［M］．北京：社会科学文献出版社，2007.

[25] 艺衡，任珺，杨立青．文化权利：回溯与解读［M］．北京：社会科学文献出版社，2005.

[26] 张兴杰，游艳玲，谭均乐．农村社区建设与管理研究［M］．广州：华南理工大学出版社，2007.

[27] 折晓叶，陈婴婴．社区的实践："超级村庄"的发展历程［M］．杭州：浙江人民出版社，2000.

[28] 郑杭生．社会学概论新修［M］．北京：中国人民大学出版社，1997.

[29] ［德］斐迪南·腾尼斯．共同体与社会：纯粹社会学的基本概念［M］．林荣远，译．北京：北京大学出版社，2010.

[30] ［德］哈贝马斯．交往行为理论［M］．曹卫东，译．上海：上海人

民出版社，2004.

　　[31][德] 马克斯·霍克海默，西奥多·阿道尔诺. 启蒙辩证法 [M].
渠敬东，曹卫东，译. 上海：上海人民出版社，2006.

　　[32][德] 施路赫特. 理性化与官僚化：对韦伯之研究与诠释 [M]. 顾
忠华，译. 桂林：广西师范大学出版社，2004.

　　[33][法] 爱弥儿·涂尔干. 宗教生活的基本形式 [M]. 渠东，汲喆，
译. 上海：上海人民出版社，2006.

　　[34][法] 米歇尔·福柯. 安全、领土与人口 [M]. 钱翰，陈晓径，译.
上海：上海人民出版社，2010.

　　[35][加] 查尔斯·泰勒. 自我的根源：现代认同的形成 [M]. 韩震，
等译. 南京：译林出版社，2001.

　　[36][加] 威尔·金里卡. 少数的权利：民族主义、多元文化主义和公民
[M]. 邓红风，译. 上海：上海世纪出版集团，2005.

　　[37][加] 威尔·金里卡. 自由主义、社群与文化 [M]. 应奇，葛水林，
译. 上海：上海世纪出版集团，2005.

　　[38][美] W. E. 佩顿. 阐释神圣：多视角的宗教研究 [M]. 贵阳：贵州
人民出版社，2006.

　　[39][美] 贝思·J. 辛格. 实用主义、权利和民主 [M]. 王守昌，等译.
上海：上海译文出版社，2001.

　　[40][美] 本·阿格. 作为批评理论的文化研究 [M]. 郑州：河南大学
出版社，2010.

　　[41][美] 丹尼尔·贝尔. 资本主义文化矛盾 [M]. 赵一凡，等译. 北
京：生活·读书·新知三联书店，1989.

　　[42][美] 费正清. 中国新史 [M]. 薛绚，译. 台北：正中书局，2004.

　　[43][美] 杰克·唐纳利. 普遍人权的理论与实践 [M]. 北京：中国社
会科学出版社，2001.

　　[44][美] 杰里·D. 穆尔. 人类学家的文化见解 [M]. 欧阳敏，邹乔，
王晶晶，译. 北京：商务印书馆，2009.

　　[45][美] 克利福德·格尔茨. 文化的解释 [M]. 韩莉，译. 南京：译
林出版社，1999.

　　[46][美] 克利福德·吉尔兹. 地方性知识：阐释人类学论文集 [C]. 王
海龙，张家瑄，译. 北京：中央编译出版社，2004.

　　[47][美] 兰德尔·科林斯，迈克尔·马科夫斯基. 发现社会之旅：西方

社会学思想述评［M］. 李霞，译. 北京：中华书局，2006.

［48］［美］罗伯特·达尔. 现代政治分析［M］. 上海：上海译文出版社，1987.

［49］［美］罗伯特·诺奇克. 无政府、国家与乌托邦［M］. 何怀宏，等译. 北京：中国社会科学出版社，1991.

［50］［美］罗德尼·斯达克、罗杰尔·芬克. 信仰的法则：解释宗教之人的方面［M］. 杨凤岗，译. 北京：中国人民大学出版社，2004.

［51］［美］迈克尔·桑德尔. 公共哲学：政治中的道德问题［M］. 朱东华，等译. 中国人民大学出版社，2013.

［52］［美］史蒂文·卢克斯. 权力：一种激进的观点［M］. 彭斌，译. 南京：江苏人民出版社，2008.

［53］［美］约翰·菲斯克. 电视文化［M］. 祁阿红，张鲲，译. 北京：商务印书馆，2005.

［54］［挪威］A. 艾德，C. 克洛斯，A. 罗萨斯. 经济、社会和文化权利教程（修订第二版）［M］. 中国人权研究会组织，译. 成都：四川人民出版社，2004.

［55］［挪威］贺美德，鲁纳. “自我”中国：现代中国社会中个体的崛起［M］. 许烨芳等，译. 上海：上海译文出版社，2011.

［56］［瑞士］托马斯·弗莱纳. 人权是什么［M］. 谢鹏程，译. 北京：中国社会科学出版社，2000.

［57］［以色列］耶尔·塔米尔. 自由主义的民族主义［M］. 陶东风，译. 上海：上海世纪出版集团，2005.

［58］［英］A. J. M. 米尔恩. 人的权利与人的多样性：人权哲学［M］. 夏勇，张志铭，译. 北京：中国大百科全书出版社，1995.

［59］［英］R. J. 文森特. 人权与国际关系［M］. 张在恒，译. 北京：知识出版社，1998.

［60］［英］阿雷恩·鲍尔德温，布莱恩·朗赫斯特，斯考特·麦克拉肯，等. 文化研究导论［M］. 陶东风，等译. 北京：高等教育出版社，2004.

［61］［英］安东尼·吉登斯. 历史唯物主义的当代批判：权力、财产与国家［M］. 郭忠华，译. 上海：上海译文出版社，2010.

［62］［英］安东尼·吉登斯. 社会的构成：结构化理论大纲［M］. 李康，李猛，译. 左岸文化，2007.

［63］［英］安东尼·吉登斯. 现代性的后果［M］. 田禾，译. 南京：译

林出版社，2000.

　　[64]［英］安东尼·吉登斯．现代性与自我认同［M］．赵旭东，方文，译．北京：生活·读书·新知三联书店，1998.

　　[65]［英］保罗·霍普．个人主义时代之共同体重建［M］．沈毅，译．浙江大学出版社，2010.

　　[66]［英］吉姆·麦圭根．重新思考文化政策［M］．何道宽，译．中国人民大学出版社，2010.

　　[67]［英］凯·弥尔顿．环境决定论与文化理论：对环境话语中的人类学角色的探讨［M］．袁同凯，周建新，译．北京：民族出版社，2007.

　　[68]［英］克里斯·希林．身体与社会理论［M］．李康，译．北京：北京大学出版社，2010.

　　[69]［英］雷德蒙·威廉斯．马克思主义与文学［M］．王尔勃，周莉，译．郑州：河南大学出版社，2008.

　　[70]［英］玛丽·道格拉斯．洁净与危险［M］．黄剑波，卢忱，柳博赟，译．北京：民族出版社，2008.

　　[71]［英］齐格蒙特·鲍曼．共同体［M］．欧阳景根，译．凤凰出版传媒集团、江苏人民出版社，2007.

　　[72]［英］齐格蒙特·鲍曼．流动的恐惧［M］．谷蕾，杨超，等译．南京：江苏人民出版社，2012.

　　[73]［英］齐格蒙特·鲍曼．流动的生活［M］．徐朝友，译．南京：江苏人民出版社，2012.

　　[74]［英］斯蒂芬·亨特．宗教与日常生活［M］．王修晓，林宏，译．北京：中央编译出版社，2010.

　　[75]［英］特瑞·伊格尔顿．文化的观念［M］．方杰，译．南京：南京大学出版社，2003.

　　[76]［英］托尼·本尼特．本尼特：文化与社会［M］．王杰，强东红，等译．桂林：广西师范大学出版社，2007.

　　[77]［英］约翰·斯道雷．文化理论与大众文化导论［M］．北京：北京大学出版社，2010.

　　[78]［英］约翰·斯道雷．斯道雷：记忆与欲望的耦合：英国文化研究中的文化与权力［M］．徐德林，译．桂林：广西师范大学出版社，2007.

　　[79]［英］约翰·塔洛克．电视受众研究：文化理论与方法［M］．严忠志，译．北京：商务印书馆，2004.

［80］马克思，恩格斯. 马克思恩格斯选集（第 1 卷）［M］. 北京：人民出版社，1995.

［81］Jeffrey C. Alexander, Steven Seidman. 文化与社会：当代论辩［M］. 台北：立绪文化事业有限公司，2005.

［82］Toby Miller, George Yúdice. 文化政策［M］. 蒋淑贞，冯建三，译. 台北：巨流图书有限公司，2006.

［83］Antonio Gramsci. Selections from the Prison Notebooks［M］. London：Lawrence and Wishart，1971.

［84］Charles Taylor. Philosophy and The Human Sciences：Philosophical Papers 11［M］. Cambridge：Cambridge University Press，1985.

［85］Clyde Kluckhohn. Mirror for Man［M］. New York：Fawcett，1944.

［86］Edward B. Tylor. Primitive Culture［M］. Reprint 1958，New York：Harter & Row，1871.

［87］Edward Said. Culture and Imperialism［M］. London：Chatto & Windus，1993.

［88］Fredric Jameson. The Political Unconscious［M］. London：Methuen，1981.

［89］Halina Nie' c. Cultural Rights and Wrong：A Connection of Essays in Commemoration of the 50 the Anniversary of the Universal Declaration of Human Rights［M］. Paris：UNESCO，1998.

［90］Herbert Marcuse. One Dimensional Man［M］. London：Sphere，1968.

［91］Jim McGuigan. Culture and the Public Sphere［M］. London：Routledge，1996.

［92］John Storey. Cultural Studies and the Study of Popular culture：Theories and Methods［M］. Edinburgh：Edinburgh University Press，1996.

［93］Kenneth L. Pike. Language in Relation to a Unified Theory of the Structure of Human Behavior［M］. 2nd ed. The Hague：Mouton，1967.

［94］Leo Lowenthal. Literature, Popular Culture, and Society［M］. Palo Alto, California：Pacific Books，1961.

［95］Leslie Sklair. Globalization：Capitalism and Its Alternatives［M］. Oxford University Press，2002.

［96］Lewis H. Morgan. Ancient Society or Researches in the Lines of Human Progress from Savagery, through Barbarism to Civilization［M］. New York：Henry

Holt，1877.

[97] Littoz – Monnet，A. The European Union and Culture：Between Economic Regulation and European Cultural Policy［M］. Manchester：Manchester University Press，2007.

[98] Matthew Arnold. Culture and Anarchy：An Essay in Social and Political Criticism［M］. Indianopolis and New York：Bobbs – Merrill，1971.

[99] Michel Foucault. The Archaeology of Knowledge & The Discourse on Language［M］. New York：Pantheon Books，1972.

[100] Michel Foucault. Power/Knowledge：Selected interviews and Other Writings，1972 – 1977［M］. Brighton：Harvester，1980.

[101] Paul Bohannan & Mark Glazer. High in Anthropology［M］. New York：McGraw – Hill，1988.

[102] Pierre Bourdieu. Distinction：A Social Critique of the Judgement of Taste［M］. London：Routledge，1984.

[103] Stuart Hall & Tony Jefferson（eds）. Resistance through Rituals：Youth Subcultures in Post – war Britain［M］. London：Hutchinson，1976.

[104] Terry Eagleton. Literary Theory［M］. Minneapolis：University of Minnesota Press，1983.

[105] Theodor Adorno，Max Horkheimer. Dialectic of Enlightenment［M］，London：Verso，1979.

[106] Tony Bennett. The Birth of the Museum：History，Theory，Politics［M］. London and New York：Routledge，1995.

二、论文

[1] 毕天云. 社区文化：社区建设的重要资源［J］. 思想战线，2003（4）.

[2] 常永才. 人类学经典涵化概念的局限及其心理学视角的超越［J］. 世界民族，2009（5）.

[3] 陈柏峰. 代际关系变动与老年人自杀：对湖北京山农村的实证研究［J］. 社会学研究，2009（4）.

[4] 陈柏峰. 农民价值观的变迁对家庭关系的影响：皖北李圩村调查［J］. 中国农业大学学报（社会科学版），2007（1）.

[5] 陈柏峰. 现代性、村庄与私人生活：评阎云翔《私人生活的变革》

［J］．学术界，2006（4）．

　［6］陈楚洁，袁梦倩．传播的断裂：压力型体制下的乡村文化建设：以江苏J市为例［J］．理论观察，2010（4）．

　［7］陈立旭．改革开放以来的中国文化发展［J］．中共中央党校学报，1999（1）．

　［8］陈美兰．台湾"台语创作民歌"的文化治理脉络［J］．理论界，2011（4）．

　［9］陈小娟．农村流动人口的文化社会学研究［J］．安徽大学学报（哲学社会科学版），2004（1）．

　［10］陈赵阳．青年农民工初显"文化反哺"功能［J］．中国国情国力，2006（9）．

　［11］豆建民，刘欣．中国区域基本公共服务水平的收敛性及其影响因素分析［J］．财经研究，2011（10）．

　［12］费孝通．关于"文化自觉"的一些自白［J］．学术研究，2003（7）．

　［13］傅才武，陈庚．论文化创新战略的确立与文化管理体制的转型［J］．华中师范大学学报（人文社会科学版），2010（6）．

　［14］傅才武，陈庚．我国文化体制改革的过程、路径与理论模型［J］．江汉论坛，2009（6）

　［15］傅才武，陈庚．三十年来的中国文化体制改革进程：一个宏观分析框架［J］．福建论坛·人文社会科学版，2009（2）．

　［16］傅才武，宋丹娜．我国文化体制的缘起、演进和改革对策［J］．江汉大学学报（社会科学版），2004（2）．

　［17］高丙中．精英文化、大众文化、民间文化：中国文化的群体差异及其变迁［J］．社会科学战线，1996（2）．

　［18］高伟华．我国基本公共文化服务的地区差异分析［J］．福建行政学院学报，2010（2）．

　［19］顾金喜，宋先龙，于萍．基本公共文化服务均等化问题研究：以区域间对比为视角［J］．中共杭州市委党校学报，2010（5）．

　［20］桂华．阶级、"怨恨"与宗教意识［J］．文化纵横，2013（1）．

　［21］郭灵凤．欧盟文化政策与文化治理［J］．欧洲研究，2007（2）．

　［22］何慧丽．农村宗教生态："多元一体"关系的动态发展［J］．中国农村观察，2011（2）．

［23］何满子．文化治理［J］．瞭望新闻周刊，1994（9）．

［24］贺雪峰．农村家庭代际关系的变动及其影响［J］．江海学刊，2008（4）．

［25］贺雪峰．现代化进程中的村庄自主生产价值能力［J］．探索与争鸣，2005（7）．

［26］胡惠林．国家文化治理：发展文化产业的新维度［J］．学术月刊，2012（5）．

［27］胡述宝．新农村建设中的宗教问题探讨［J］．中共郑州市委党校学报，2008（1）．

［28］胡象明．广义的社会福利理论及其对公共政策的意义［J］．武汉大学学报（社会科学版），2002（4）．

［29］黄纪苏，陶子．从"裤子城"到"官衙门"的文化馆：关于中国基层文化馆文化建设功能的对话［J］．文化纵横，2010（2）．

［30］黄里，钟晓晴，吴璟．"馆团合一"流动舞台照亮广阔天地［N］．农民日报，2013-01-19．

［31］霍步刚，傅才武．我国文化体制改革的理论分期与深化文化体制改革的策略问题［J］．中国软科学，2007（8）．

［32］姜广华．公共文化服务政策选择［J］．特区实践与理论，2010（1）．

［33］赖晓飞，胡荣．论社会资本与农村社区文化建设：基于CGSS2005调查数据的分析与思考［J］．西南政法大学学报，2008（6）．

［34］蓝宇蕴．都市村社共同体：有关农民城市化组织方式与生活方式的个案研究［J］．中国社会科学，2005（2）．

［35］李安民．关于文化涵化的若干问题［J］．中山大学学报（哲学社会科学版），1988（4）．

［36］李敏纳，覃成林．中国社会性公共服务空间分异研究［J］．人文地理，2010（1）．

［37］李少惠，余君萍．公共治理视野下我国农村公共文化服务绩效评估研究［J］．四川行政学院学报，2010（1）．

［38］马季方．文化人类学与涵化研究（上）［J］．国外社会科学，1994（12）．

［39］马敏，傅才武．新时期深化文化体制改革中的文化政策研究［J］．中国地质大学学报（社会科学版），2009（3）．

［40］毛少莹. 发达国家的文化管理与服务［J］. 特区实践与理论, 2007 (2).

［41］聂辰席. 关注文化民生, 加快建设覆盖全社会的公共文化服务体系［J］. 中国党政干部论坛, 2008 (8).

［42］邱梦华. 中国农民公私观念的变迁: 基于农民合作的视角［J］. 内蒙古社会科学 (汉文版), 2008 (6).

［43］阮荣平, 郑风田, 刘力. 公共文化供给的宗教信仰的挤出效应检验: 基于河南农村调查数据［J］. 中国农村观察, 2010 (6).

［44］尚妍, 彭光芒. 大众传媒与农村社会文化变迁［J］. 理论观察, 2006 (3).

［45］邵汉明, 王艳坤. 传统意识形态的理论局限性与当代中国文化的一般特征［J］. 文化学刊, 2007 (1).

［46］田洁菁, 林詠能. 从福利体制探讨台湾文化政策对地方文化馆发展之影响［J］. 博物馆学季刊, 2010 (2).

［47］王俐容. 文化政策中的经济论述: 从精英文化到文化经济?［J］. (台) 文化研究, 2005 (1).

［48］王列生. 当代中国文化制度创新中的机构改革［J］. 艺术百家, 2010 (4).

［49］王列生. 论公民基本文化权益的意义内置［J］. 学习与探索, 2009 (6).

［50］王列生. 论构建公共文化服务体系的意识形态前置［J］. 文艺理论与批评, 2007 (2).

［51］王列生. 论内在焦虑中的中国文化制度创新［J］. 文艺研究, 2009 (11).

［52］王列生. 论文化创新中的技术支撑［J］. 文艺研究, 2010 (5).

［53］王瑞涵. 农村公共文化服务体系建设: 财政责任与经费保障机制研究［J］. 地方财政研究, 2010 (8).

［54］王晓洁. 中国基本公共文化服务地区间均等化水平实证分析［J］. 财政研究, 2012 (3).

［55］王晓玲. 我国省区基本公共服务水平及其区域差异分析［J］. 中南财经政法大学学报, 2013 (3).

［56］王志弘. 台北市文化治理的性质与转变, 1967—2002［J］. 台湾社会研究, 2003 (52).

［57］王志弘．文化如何治理？一个分析架构的概念性探讨［J］．世新人文社会学报，2010（11）．

［58］王志弘．文化治理是不是关键词?［J］．台湾社会研究，2011（82）．

［59］邬书林．全面发挥文化的社会功能 推动社会主义文化大发展大繁荣［J］．中国党政干部论坛，2008（2）．

［60］巫志南．免费开放背景中文化馆功能定位思考［J］．艺术评论，2012（2）．

［61］吴理财，夏国锋．农民的文化生活：兴衰与重建：以安徽省为例［J］．中国农村观察，2007（2）．

［62］吴彦明．治理"文化治理"［J］．台湾社会研究，2011（82）．

［63］肖巍，杨龙波，赵宴群．作为人权的文化权及其实现［J］．学术月刊，2014（8）．

［64］许纪霖．文化认同的困境［J］．战略与管理，1996（5）．

［65］薛小建．基本权利体系的理论与立法实践［J］．法律适用，2004（5）．

［66］杨凤岗．中国宗教的三色市场［J］．中国人民大学学报，2006（6）．

［67］杨琳，傅才武．二十年来文化体制改革进程评估［J］．江汉大学学报（社会科学版），2006（2）．

［68］杨倩倩，陈岱云．农民社会支持网络的演变与农村宗教热现象研究［J］．东岳论丛，2011（3）．

［69］杨志今．积极构建公共文化服务体系，努力改善文化民生［J］．中国浦东干部学院学报，2010（5）．

［70］俞可平．公民参与的几个理论问题［N］．学习时报，2006－12－20.

［71］俞可平．现代化和全球化双重变奏下的中国文化发展逻辑［J］．学术月刊，2006（4）．

［72］俞吾金．当代中国文化的内在冲突与出路［J］．浙江大学学报（人文社会科学版），2007（4）．

［73］张桂芳．试论转型期农村社区文化建设［J］．兰州学刊，2004（5）．

［74］张健．论城市社区文化的功能与发展［J］．学术交流，2000（1）．

［75］张晓明，李河．公共文化服务：理论和实践含义的探索［J］．出版发行研究，2008（3）．

［76］张兆远. 农民工对农村文化变迁的作用［J］. 湖北经济学院学报（人文社会科学版），2007（11）.

［77］周晓丽，毛寿龙. 论我国公共文化服务及其模式选择［J］. 江苏社会科学，2008（1）.

［78］周雪光. 基层政府间的"共谋现象"：一个政府行为的制度逻辑［J］. 社会学研究，2008（6）.

［79］邹广文. 当代中国的主流文化、精英文化与大众文化［J］. 杭州师范学院学报（社会科学版），2002（6）.

［80］［波兰］雅努兹·西摩尼迪斯. 文化权利：一种被忽视的人权［J］. 国际社会科学杂志（中文版），1999（4）.

［81］［美］道格拉斯·凯尔纳. 文化马克思主义和现代文化研究［J］. 上海行政学院学报，2006（5）.

［82］［美］华尔泽. 社群主义者对自由主义的批判［J］. 孙晓莉，译. 世界哲学，2002（4）.

［83］［英］约翰·斯道雷. 文化研究中的文化与权力［J］. 学术月刊，2005（9）.

［84］Chandran Kukaths. Are there cultural rights？［J］. Political Theory，1992（1）.

［85］Henrik P. Bang. Cultural governance：Governing self – reflexive modernity［J］. Public Administration，2004，82（1）.

［86］Michel Foucault. About the Beginning of the Hermeneutics of the Self：Two Lectures at Dartmouth［J］. Political Theory，1993，21（2）.

［87］Mulcahy，E. V. Cultural patronage in comparative perspective：Public support for the arts in France，Germany，Norway，and Canada［J］. Journal of Arts Management，Law，and Society，winter，1998，27（4）.

［88］18. Redfield，R. Linton，M. Herskovits. Memorandum on the Study of Acculturation［J］. American Anthropologist，1935，38.

［89］T. D. Graves. Psychological Acculturation in a Tri – ethnic Community［J］. South – Western Journal of Anthropology，1967，23.